Arbeiter bei Haarmann & Reimer, 1950er
Workers at Haarmann & Reimer, 1950s

Friseursalon Gerberding, um 1910
Gerberding hairdressing salon, around 1910

Arbeiter am Dampfkessel von Haarmann & Reimer, 1920er
Worker at the Haarmann & Reimer steam boiler, 1920s

150 Jahre Düfte & Aromen

Industriegeschichte
in Holzminden
1874 - 2024

Herausgegeben vom Heimat- und Geschichtsverein
für Landkreis und Stadt Holzminden e.V.

Mit finanzieller Unterstützung
der Symrise AG und von
Horst-Otto Gerberding

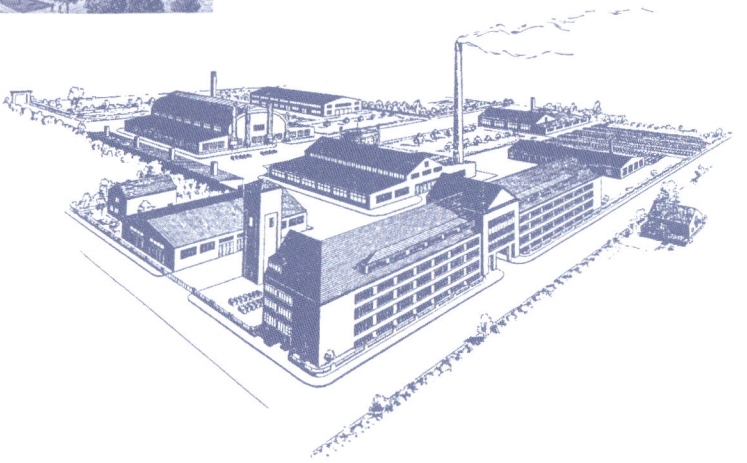

Bibliografische Information der Deutschen Nationalbibliothek
Die Deutsche Nationalbibliothek verzeichnet diese Publikation in der
Deutschen Nationalbibliografie; detaillierte bibliografische Daten sind
im Internet über http://dnb.de abrufbar.
ISBN 978-3-95954-155-8

Gestaltung: Verlag Jörg Mitzkat
Lektorat: Nina Schiefelbein

Verlag Jörg Mitzkat · Holzminden, 2024 · www.mitzkat.de

Jörg Mitzkat

150 Jahre Düfte und Aromen

Industriegeschichte in Holzminden 1874 - 2024

Verlag Jörg Mitzkat
Holzminden 2024

Inhalt

1874 - 1883

1884 - 1918

1919 - 1945

1945 - 1955

1956 - 2002

2003 - 2024

Einleitung

Am 2. Oktober 1874 wurde die Vanillinfabrik Dr. Wilhelm Haarmann gegründet. Diese Firmengründung ist die Geburtsstunde der synthetischen Duft- und Geschmackstoffherstellung und der Beginn einer besonderen industriellen Entwicklung in der Weserstadt Holzminden.

Dieses Buch möchte den Weg beleuchten, der dazu geführt hat, dass eines der weltweit wichtigsten Unternehmen, die sich mit der Kreation und Produktion von Duft- und Geschmackstoffen beschäftigen, heute in Holzminden beheimatet ist. Es ist kein wissenschaftliches Werk, auch wenn sich dem Autor zeitweise dieser Eindruck aufdrängte –angesichts der Vielzahl der Akten, auf die er in verschiedenen Zusammenhängen gestoßen ist und deren Bedeutung analysiert werden musste. Es bleibt aber allenfalls bei einer schlaglichtartigen Betrachtung bestimmter Entwicklungen – besonders in nach den Kriegszeiten –, deren wissenschaftliche Aufarbeitung durchaus lohnend sein könnte.

Der Fokus dieses Buches liegt auf der Betrachtung der Vorgänge in der Weserstadt Holzminden, die zunächst von der Unternehmerpersönlichkeit Wilhelm Haarmann und dessen seit 1876 als Haarmann & Reimer firmierenden Unternehmen geprägt wurde.

Am 7. Oktober 1919 gründete Carl-Wilhelm Gerberding mit der Dragoco ein zweites Unternehmen der Duft- und Aromenbranche in Holzminden. Produktionstechnisch waren dessen erste Jahre sehr bescheiden, aber mit seinem Unternehmenszweck zeigte Gerberding Weitsicht und 1929 konnte er nach der Übernahme einer alten Eisengießerei mit der industriellen Produktion beginnen.

Bis Anfang des 21. Jahrhunderts existierten beide Holzmindener Unternehmen in Konkurrenz zueinander. Sie konnten sich gegeneinander behaupten und jedes für sich zu einem respektablen „Player" in der Sparte der Duft- und Geschmackstoffproduzenten entwickeln. 2002 fusionierten die beiden Unternehmen zu Symrise, einem Unternehmen, das heute weltweit zu den bedeutendsten Herstellern in dieser Branche

Stadtplan von Holzminden mit dem Werksgelände von Symrise

zählt. Das Stadtbild Holzmindens wurde von diesen unternehmerischen Aktivitäten wesentlich geprägt. Ausgehend von Wilhelm Haarmanns kleinem Schuppen am Holzminde-Bach im damaligen Ortsteil Altendorf haben sich die Produktionsanlagen, Labore und Verwaltungsbauten in der Stadt ausgedehnt, und gleichzeitig wuchs auch die Bebauung der Stadt um diese Anlagen herum und darüber hinaus. Das verlief nicht immer reibungslos – im Wissen um die gegenseitige Abhängigkeit wurden stets Kompromisse gefunden.

Wenn man einen Zeitraum von 150 Jahren betrachtet, so rücken unweigerlich weltgeschichtliche Ereignisse und dabei vor allem die Katastrophen in den Blick: Kriege, Gewaltherrschaft und Wirtschaftskrisen haben auch die Entwicklung der Holzmindener Unternehmen sehr stark beeinflusst. Und vielleicht sind es gerade die aktuellen globalen Krisen, die das Interesse darauf fokussieren, wie es den Menschen und in diesem Fall den von diesen Menschen getragenen Unternehmen gelungen ist, solche Herausforderungen in der Vergangenheit zu überstehen.

Zukunftsfähigkeit ist für ein Unternehmen, das auf beständige Innovationen angewiesen ist, überlebensnotwendig. Der Blick auf Erfolge und Misserfolge früherer unternehmerischer Entscheidungen ist erforderlich, um abzuschätzen, wie auch in Zukunft erfolgreich gearbeitet und gewirtschaftet werden kann.

Beim Blick auf das kaum mehr als zwanzig Jahre umfassende letzte Kapitel zeigt sich, dass der Standort Holzminden auf der Kippe stand – er wurde erhalten, weil viele Menschen hier vor Ort am gleichen Strang gezogen haben.

Für die Zukunft darf man sich wünschen, dass der internationale Konzern, der aus *Dr. Haarmann's Vanillinfabrik in Altendorf bei Holzminden* hervorgegangen ist, die Menschen, die in Holzminden zum Wohle des Unternehmens arbeiten, nicht aus den Augen verlieren möge.

Blick über
Holzminden

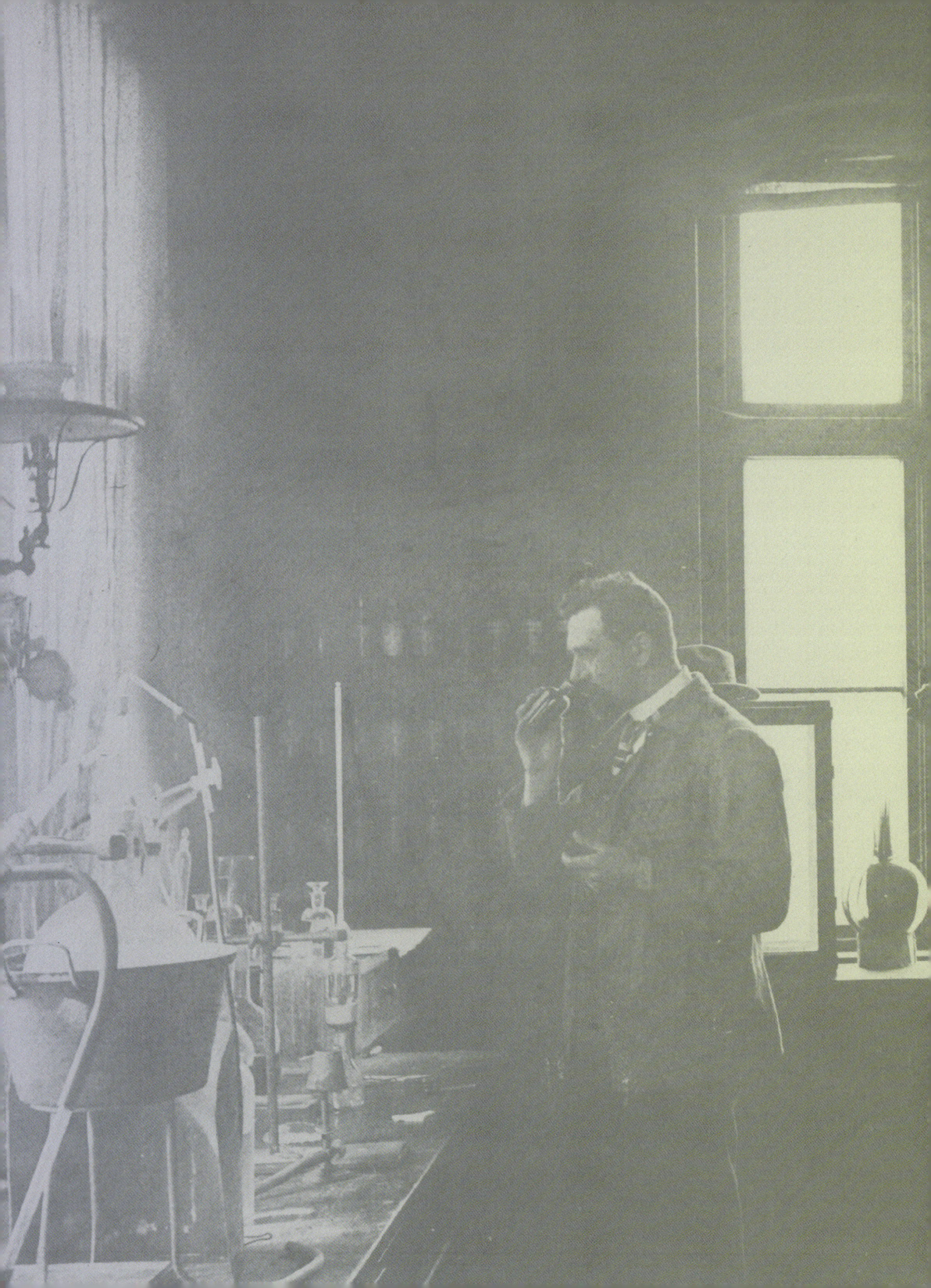

Die Anfänge
1874 - 1883

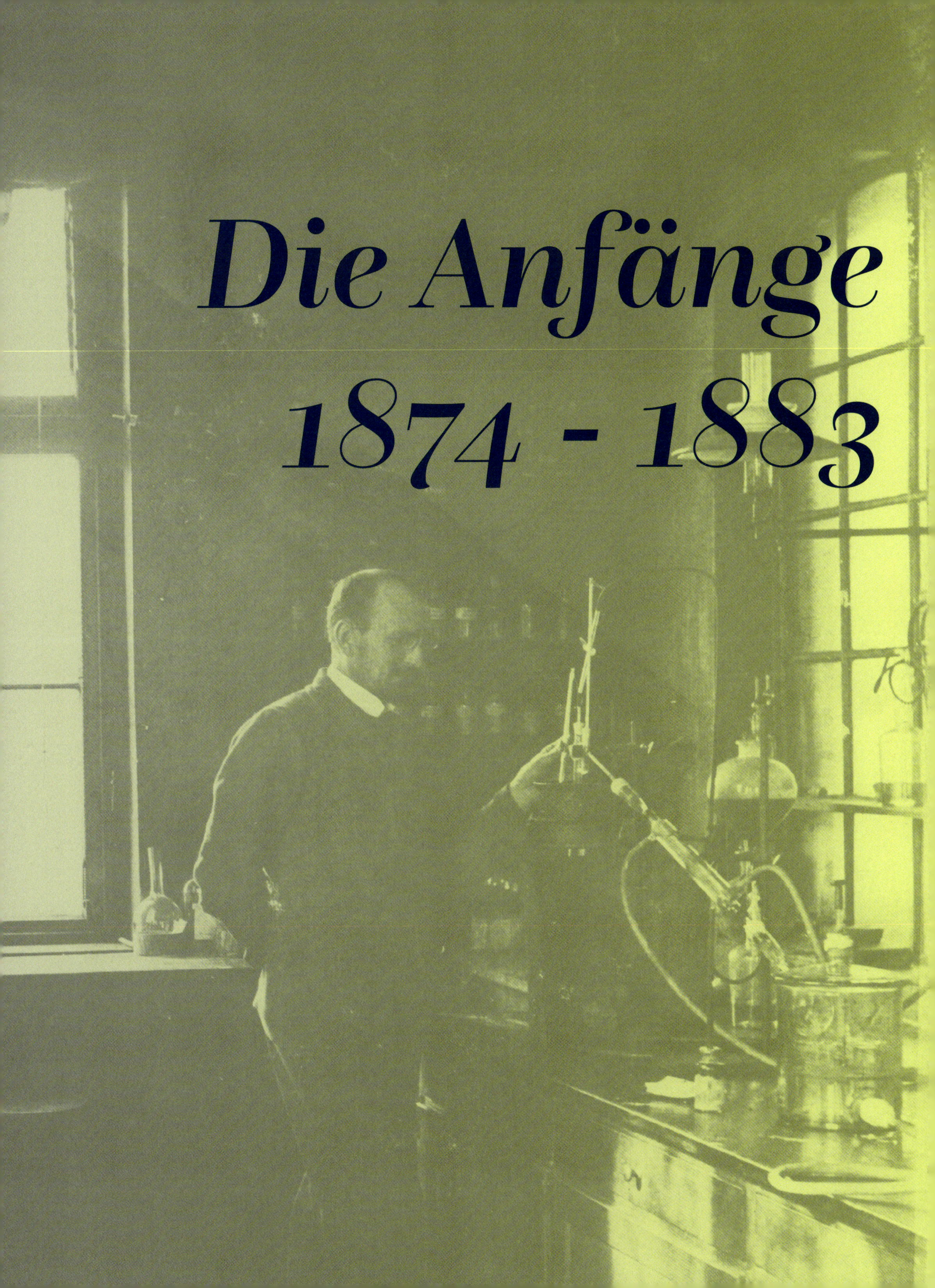

Holzminden um 1880: Das Foto oben und die Lithographie unten zeigen die Stadt Holzminden vor dem Bau der Weserbrücke.

Auf der Lithografie befindet sich im Vordergrund die Brücke über das Hafenbecken, dahinter lagern Sollingsandsteinplatten für die Verschiffung. Der Handel mit Sollingsandsteinen, vor allem geschliffenen Platten für Fußböden und Dacheindeckungen lag weitgehend in der Hand der Familie Haarmann. Als Sohn dieser Familie wurde Wilhelm Haarmann 1847 in dem Haus rechts am Bildrand geboren.

D ie systematische Erforschung der Stoffe auf molekularer und atomarer Ebene, die Entwicklung genauerer Analysemethoden und schließlich die Entdeckung von Strukturformeln der chemischen Elemente brachten im 19. Jahrhundert weitreichende Fortschritte in der Wissenschaft der Chemie. Besonders die Erkenntnisse Friedrich Wöhlers trugen dazu bei, dass sich die organische Synthese-Chemie als neues Forschungsfeld etablieren konnte. Die Synthese von Naturstoffen (s.S. 14) aus unterschiedlichen und oft ausreichend verfügbaren Ausgangsstoffen war die Basis für die Entwicklung der chemischen Industrie. In diesem Bereich war Deutschland bis zum Ersten Weltkrieg führend.

Gründung der ersten Chemie-Unternehmen

Die wissenschaftlichen Erkenntnisse konnten zunächst für die Produktion von Farbstoffen industriell genutzt werden: Als Farbstoffwerke wurden 1863 die Unternehmen Bayer und Hoechst gegründet. Die Badische Anilin- und Sodafabrik (BASF) entstand 1865, und 1867 startete die AGFA (Aktien-Gesellschaft für Anilin-Fabrikation) mit der Produktion von Farbstoffen und Vorprodukten auf der Basis von Anilin, das als Ausgangsstoff für die Synthese von Farben und Kunstfasern dient.

Bedeutung von Düften und Aromen in der Menschheitsgeschichte

Die Geschichte der Entwicklung und Verwendung von Duft- und Aromastoffen ist eng mit der Kulturgeschichte der Menschheit verknüpft. Düfte können unmittelbar Gefühle und Erinnerungen auslösen. Der Begriff Parfum leitet sich vom lateinischen Ausdruck *per fumum* ab, dessen Bedeutung *mit Hilfe des Rauchs* entspricht. Schon früh in ihrer Geschichte werden die Menschen festgestellt haben, dass beim Verbrennen von Holz und Kräutern unterschiedliche Gerüche, teilweise auch wohlriechende Düfte entstehen. Ab 5000 vor unserer Zeitrechnung

Friedrich Wöhler – Pionier der organischen Chemie

Friedrich Wöhler (* 31. Juli 1800 in Eschersheim; † 23. September 1882 in Göttingen) gilt als Pionier der organischen Chemie. Seine Synthesen von Oxalsäure durch Hydrolyse von Dicyan (1824) und von Harnstoff aus Ammoniumcyanat (1828) begründeten die Biochemie, da zum ersten Mal Stoffe, die bisher nur von lebenden Organismen bekannt waren, aus „unbelebter" Materie künstlich erzeugt werden konnten. Zunächst wurden diese Synthesen öffentlich kaum wahrgenommen. Wöhler war eng befreundet mit Justus von Liebig. Gemeinsam mit Liebig begründete er um 1830 die Radikaltheorie. Mit dieser konnte erstmals die große Vielfalt organisch-chemischer Verbindungen systematisch erklärt werden. Schüler von Wöhler legten mit ihren pflanzenchemischen Untersuchungen einen weiteren Grundstein zur Etablierung der Biochemie als einen eigenen Wissenschaftszweig.

Antike Duftgefäße, Griechenland

1874 – 1883

Das Geburtshaus von Wilhelm Haarmann am Weserufer von Holzminden.

sind Gefäße nachweisbar, in denen duftende Kräuter und Salben aufbewahrt wurden. Weitere Funde weisen darauf hin, dass bereits 3000 Jahre vor Christus die Technik des Destillierens entwickelt wurde. Mittels Destillation wurden aus Kräutern ätherische Öle hergestellt. So wurden die flüchtigen Duftsubstanzen von ihren festen Trägermaterialien getrennt und konnten in fest verschlossenen Tiegeln längere Zeit konserviert werden. Rein technisch hat sich an der Herstellung von Duftstoffen bis zur ersten Synthetisierung im 19. Jahrhundert prinzipiell nichts geändert. Allerdings wurden die Herstellungsprozesse und die vielfältigen Duftnoten bis dahin stetig verfeinert.

Stand die Bedeutung von Duftstoffen zunächst ausschließlich in religiösen Zusammenhängen, so wurden edle Parfüms wahrscheinlich schon im alten Ägypten zu Luxusgütern und Statussymbolen. Die Parfüme der Neuzeit haben ihren Ursprung in Frankreich. Die Parfümentwicklung war zunächst an die Herstellung von edlen Ledermaterialien gekoppelt. Im späten 16. Jahrhundert kamen feine Lederhandschuhe in Mode; allerdings musste der penetrante Geruch des gegerbten Leders von feinen Düften überdeckt werden. So verbanden sich Leder- und Duftherstellung im südfranzösischen Grasse. Da das Geschäft mit den edlen Düften langfristig einträglicher war, wandelten sich die Gerber schließlich zu Duftherstellern. Bis heute gilt der südfranzösische Ort als Weltmetropole der Düfte.

In Deutschland bildete sich ab Anfang des 19. Jahrhunderts ein Zentrum der Herstellung ätherischer Öle und Essenzen im Raum um Leipzig aus. Wichtigster Protagonist dieser frühen Duftstoffindustrie war die Firma Schimmel & Co. Von dieser Firma wird in diesem Buch noch mehrfach die Rede sein.

Grabstätte der Familie Haarmann auf dem Friedhof Allersheimer Straße in Holzminden. Wilhelm Haarmann wurde allerdings in seinem späteren Wohnort Höxter beigesetzt.

Die Familie Haarmann in Holzminden

Die Geschichte der Weserstadt Holzminden ist im 18. und 19. Jahrhundert eng verknüpft mit der Familie Haarmann. So gründete Friedrich Ludwig Haarmann 1864 die Baugewerkschule Holzminden als eine der ersten ihrer Art in Deutschland. Die Schule ist heute Bestandteil der HAWK Göttingen/Hildesheim/Holzminden. Weitere Mitglieder der Familie Haarmann waren in die Gewinnung, Verarbeitung und den Handel von Sollingsandstein involviert. Darunter auch Heinrich Wilhelm Haarmann, der Vater des 1847 geborenen Wilhelm Haarmann. Möglicherweise hat Vater Heinrich Wilhelm bereits Mitte der 1860er Jahre erkannt, dass die Chemie eine bedeutende Rolle in der weiteren wirtschaftlichen Entwicklung spielen würde. Darauf weist ein Eintrag von seinem Sohn Wilhelm Haarmann in der „Haus-Chronik" seiner Familie hin. Dort schreibt er über seinen Vater: „*Späterhin als er selbstständiger Kaufmann und Fabrikant war, beschäftigte er sich vielfach mit Problemen der Mechanik, Chemie etc.*". Wilhelm Haarmann ging nach einer glücklichen Kindheit im beschaulichen Holzminden zunächst zum Chemiestudium an die Bergakademie in Clausthal, ein Jahr später wechselte er an die Universität Göttingen, da er in Clausthal zwar „*ein vergnügliches Jahr mit Freunden*" verlebt habe, aber „*mit wenig wissenschaftlicher Ausbeute*". Das sollte sich in Göttingen ändern, wo er unter anderem mit Friedrich Wöhler, der dort den Lehrstuhl für Pharmacie und Chemie innehatte, in Kontakt kam. Wilhelm Haarmann schreibt in der „*Haus-Chronik*": „*Letzterem habe ich zu verdanken, dass ich mit den seltensten Metallen, dem Platin, arbeiten durfte. 3 Semester später zog es mich zu Hofmann nach Berlin, der auf dem Gebiet der organischen Chemie erste Autorität war.*"

1870er Jahre – Chemisches Institut Berlin

Der Chemiker August Wilhelm Hofmann war ein Wegbereiter für die Erforschung der Anillinfarbstoffe in England und Deutschland. Auf Empfehlung Liebigs und auf Wunsch des englischen Prinzgemahls Albert übernahm Hofmann 1845 eine Pro-

August Wilhelm von Hofmann

Der Chemiker August Wilhelm Hofmann, ab 1888 von Hofmann (* 8. April 1818 in Gießen; † 5. Mai 1892 in Berlin), war ein Wegbereiter für die Erforschung der Anilinfarbstoffe. Er entwickelte eine Vielzahl wichtiger Umwandlungsmethoden in der organischen Chemie. Hofmann war viermal verheiratet und hatte elf Kinder, drei seiner Ehefrauen starben früh. Seine vierte Ehe schloß er 1873 mit Bertha Tiemann (1854-1922), die ihn um 30 Jahre überlebte. Sie war die Schwester seines Assistenten Ferdinand Tiemann. Tiemann, Freund Wilhelm Haarmanns und stiller Teilhaber des Holzmindener Unternehmens, war auch viele Jahre Redakteur der Berichte der Chemischen Gesellschaft, die von Hofmann herausgegeben wurden.

Das von August Wilhelm von Hofmann gegründete Chemische Institut in der Georgenstraße war in den rund 30 Jahren seiner Existenz eine der wichtigsten chemischen Forschungs- und Ausbildungsstätten Europas. Dort wurden ungefähr 300 Doktorarbeiten betreut. Fast 900 wissenschaftliche Veröffentlichungen „Aus dem Berliner Universitäts-Laboratorium", 150 davon von Hofmann selbst, zeugen von einer hohen wissenschaftlichen Produktivität.

Das Chemische Institut in der Georgenstraße, Berlin, um 1870

1874 – 1883

Gruppenbild im I. Chemischen Institut in der Georgenstraße, Berlin. Auf dem Bild sind unter anderem die späteren Haarmann & Reimer-Chemiker Dr. Schmidt und Dr. Lemme abgebildet, ca. 1880

Synthese (Chemie)

In der Chemie bezeichnet die Synthese (von griechisch synthesis ‚Zusammenstellung') den Vorgang, bei dem aus Elementen eine Verbindung oder aus einfach gebauten Verbindungen ein komplizierter zusammengesetzter neuer Stoff hergestellt – manchmal auch: dargestellt – wird. Als (synthetische) Darstellung wird die beispielhafte Herstellung einer Verbindung im Labormaßstab, aber auch die Herstellung eines Elements in reiner Form bezeichnet.

Eine Synthese ist also mehr als das (physikalische) Vermischen von zwei oder mehr Stoffen. Aus einer neu synthetisierten Verbindung können die Ausgangsstoffe durch rein physikalische Vorgänge nicht wieder gewonnen werden, im Gegensatz zu einer Mischung.

fessur am Chemischen Institut der Royal School of Mines in London. Zusammen mit seinen Schülern hatte er wesentlichen Anteil an der Entwicklung und wirtschaftlichen Verwertung der Teerfarbstoffchemie für Textilfärbung. Teer, vorher nur ein wertloses Abfallprodukt der Koksgewinnung aus Steinkohle, wurde damit zum wichtigsten Ausgangsmaterial für die industrielle Organische Chemie. Nach 20 Jahren kehrte Hofmann nach Berlin zurück. Ab Mai 1865 hielt er im I. Chemischen Institut Berlin Vorlesungen in anorganischer und organischer Chemie. 1867 gründete Hofmann die Deutsche Chemische Gesellschaft zu Berlin. Wilhelm Haarmann erhielt im Labor von Hofmann wichtige Impulse für seine Forschungsarbeit.

Wilhelm Haarmann traf im Labor Hofmann in Berlin auf Ferdinand Tiemann. Dazu schrieb Haarmann in seine „Haus-Chronik": *„Im Mai 69 fand ich dort meine Göttinger und Holzmindener Freunde wieder vor und machte durch diese die Bekanntschaft Ferd. Tiemanns, mit dem ich Seite an Seite im Laboratorium arbeitete. Allmählich entwickelte sich aus diesem eine innige Freundschaft, die erst durch den Tod Tiemanns Nov. 1899 zerrissen wurde."*

1870/71 – Deutsch-französischer Krieg

1870/71 zogen Haarmann und Tiemann in den Deutsch-Französischen Krieg. Beide kamen allerdings in unterschiedliche Regimenter und sahen sich erst nach dem Kriegsende im Herbst 1871 wieder – Wilhelm Haarmanns Regiment blieb noch bis zum Spätsommer in Frankreich stationiert.

Die Anfänge

Wilhelm Haarmann (rechts)
Ferdinand Tiemann (links)

Die Forschungen eines Holzmindener Apothekers

Tiemann gab Haarmann einen wichtigen Hinweis zum Thema Vanillin. Er kannte die unvollendeten Forschungsergebnisse des Holzmindener Apothekers Wilhelm Kubel, der beim Braunschweiger Forstwissenschaftler Theodor Hartig zu den Kambialsäften von Nadelbäumen geforscht hatte, und konnte ihn bei einem Besuch in Holzminden zur Übergabe einer kleinen Restmenge von acht Gramm an Haarmann überreden.

Die von der Universität Göttingen genehmigte Inaugeral-Dissertation hatte den Titel *„Über einige Derivate der Glucoside Coniferin und Salicin".* Wilhelm Haarmann nutzte das Labor von August Wilhelm von Hoffmann in Berlin, um seine Forschungsarbeit durchzuführen. Im April 1872 konnte Wilhelm Haarmann *„summa cum laude"* promovieren.

Der Vanillegeruch war eigentlich nur ein Nebenprodukt der Doktorarbeit. Tiemann und Haarmann gingen dieser Spur aber mit unverminderter Energie nach. Man benötigte allerdings eine wesentlich größere Menge Coniferin. *„Durch Vaters Güte kam ich in den Besitz von Tannen, schrappte und kochte und hatte im Juli 500 Gramm Coniferin zur Weiteruntersuchung in Berlin, bei Tiemann, der als Assistent im Labor wohnend, mich aufnahm und unterstützte."*

Noch bevor Tiemann und Haarmann ihre Forschungen vollenden konnten, fuhren die beiden Wissenschaftler im Rahmen einer Studienreise *„nach Englands Fabriken!"* Der nächste Eintrag in Haarmanns Haus-Chronik klingt lakonisch und war doch höchst bedeutungsvoll für die Lebenswege der beiden Chemiker: *„Im Febr. 1873 war das Resultat, Vanillin, fertiggestellt, es wurden Patente genommen."*

Die Bedeutung des Geschmackstoffs der Vanille und somit das Potenzial, das in der künstlichen Nachbildung des Vanillegeschmacks liegen würde, haben Wilhelm Haarmann ganz

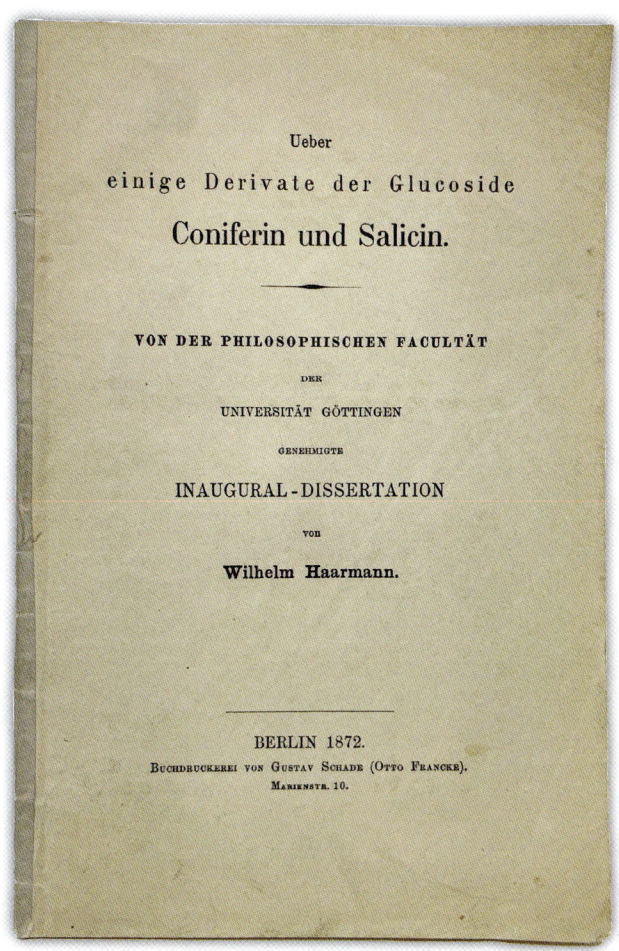

Ueber

einige Derivate der Glucoside

Coniferin und Salicin.

VON DER PHILOSOPHISCHEN FACULTÄT

DER

UNIVERSITÄT GÖTTINGEN

GENEHMIGTE

INAUGURAL-DISSERTATION

VON

Wilhelm Haarmann.

BERLIN 1872.
BUCHDRUCKEREI VON GUSTAV SCHADE (OTTO FRANCKE).
MARIENSTR. 10.

1874 – 1883

N° 2354.

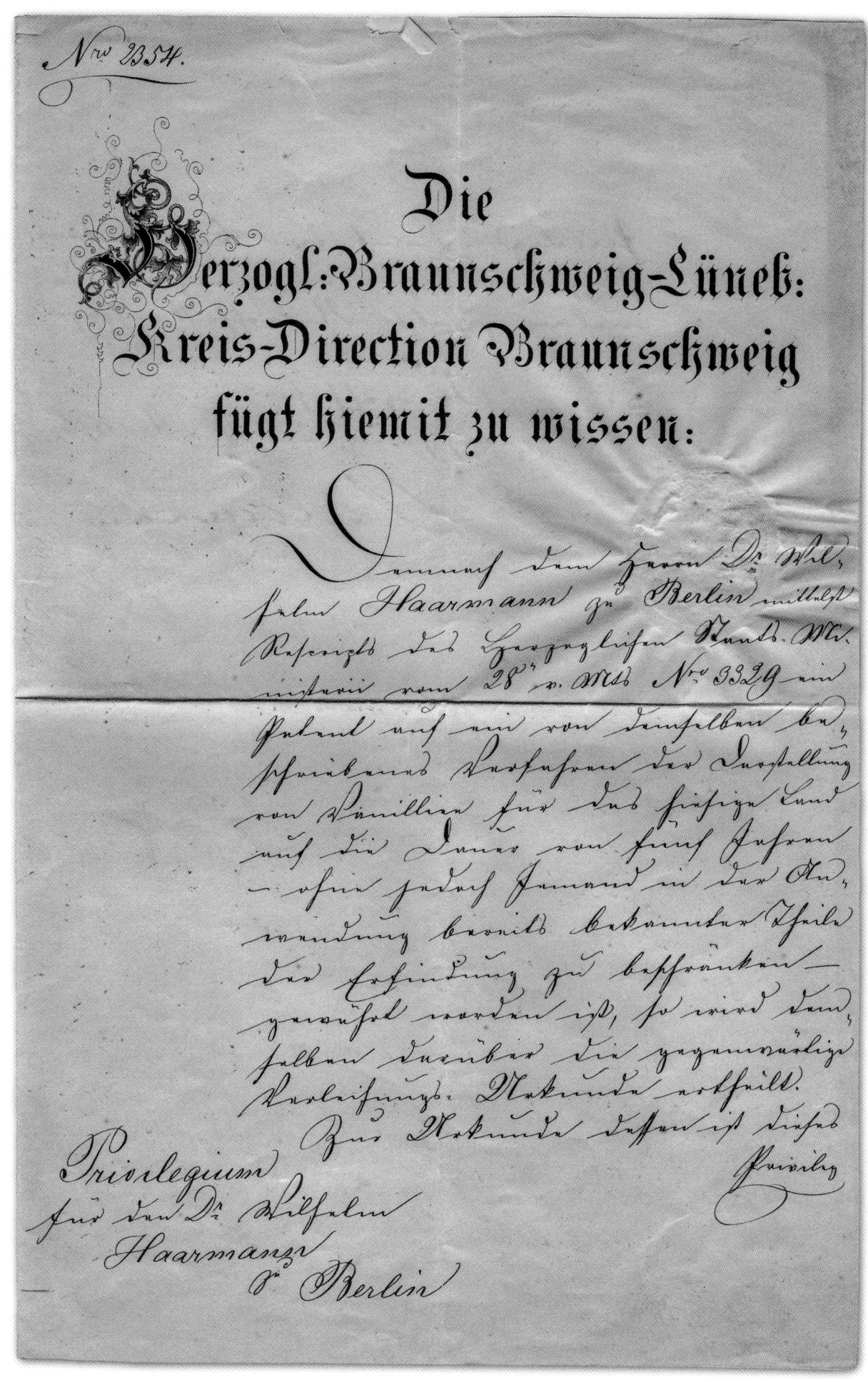

Die

Herzogl:Braunschweig-Lüneb:
Kreis-Direction Braunschweig
fügt hiemit zu wissen:

Demnach dem Herrn Dr. Wilhelm Haarmann zu Berlin mittelst Rescripts des Herzoglichen Staats-Ministerii vom 28. v. Mts. N° 3329 ein Patent auf ein von Demselben beschriebenes Verfahren der Darstellung von Vanillin für das hiesige Land auf die Dauer von fünf Jahren — ohne jedoch Jemand in der Anwendung bereits bekannter Theile der Erfindung zu beschränken — ertheilt worden ist, so wird demselben darüber die gegenwärtige Verleihungs-Urkunde ertheilt.

Zur Urkunde dessen ist dieses

Privilegium
für den Dr. Wilhelm
Haarmann
zu Berlin

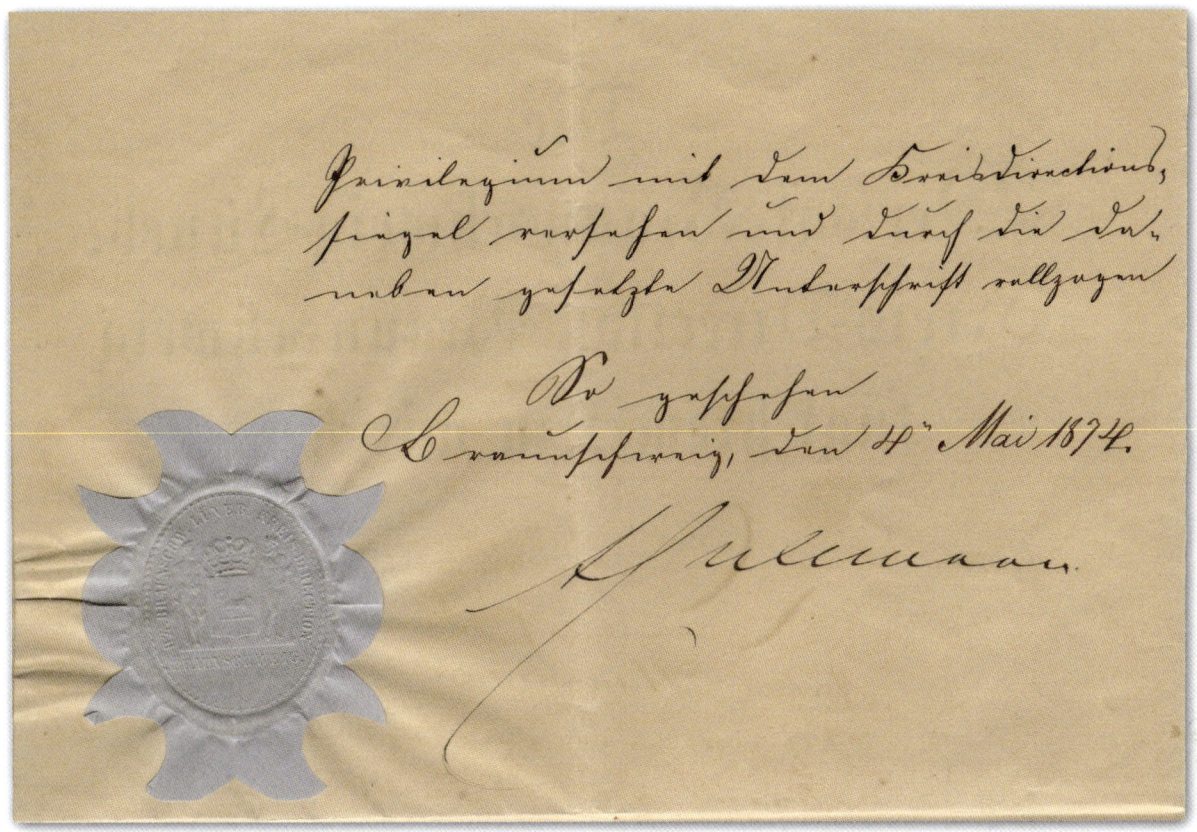

offensichtlich sehr motiviert, die Sache voranzutreiben. Mit der Produktion von Kunstdünger und synthetischen Farben gab es einige Vorbilder für den möglichen Geschäftserfolg.

Im März reist er nach Oberhof in Thüringen, um weiteres Material zu sammeln. Die Menge von vier Kilo ist aber noch ungenügend. Da der Kambialsaft nur im Frühjahr gewonnen werden kann, widmet sich Haarmann in der zweiten Jahres-hälfte anderen Interessen. Ganz offensichtlich hat er die industrielle Fertigung fest im Blick. In der Haus-Chronik ist dazu zu lesen: *„Im Herbst und Winter in Silberborn Glasfabrikation erlernend."*

1874 – Gründung der Vanillinfabrik Dr. Wilhelm Haarmann

1874 wird Wilhelm Haarmann sein Ziel endlich erreichen: *„Im Frühjahr mit Eifer in Oberhof tätig, aber nach mehr mich umschauend. Reisen nach Schlesien, Böhmen, Misserfolg. Anknüpfung im badischen Schwarzwald, Gernsbach bei Rastadt. Erfolg. Material 20kg im Aug. Einrichtung von Vaters Schwerspatschuppen zum Labor und kleinen Fabrik. Firma Dr.W.H."* Das ist der Beginn von einer bis heute 150 Jahre währenden Industriegeschichte der Düfte und Aromen.

Bereits im selben Jahr wurden auch internationale Patente auf die Vanillin-Her-stellung eingetragen, unter anderem in England und Kanada. Stiller Teilhaber der Firma wurde Ferdinand Tiemann.

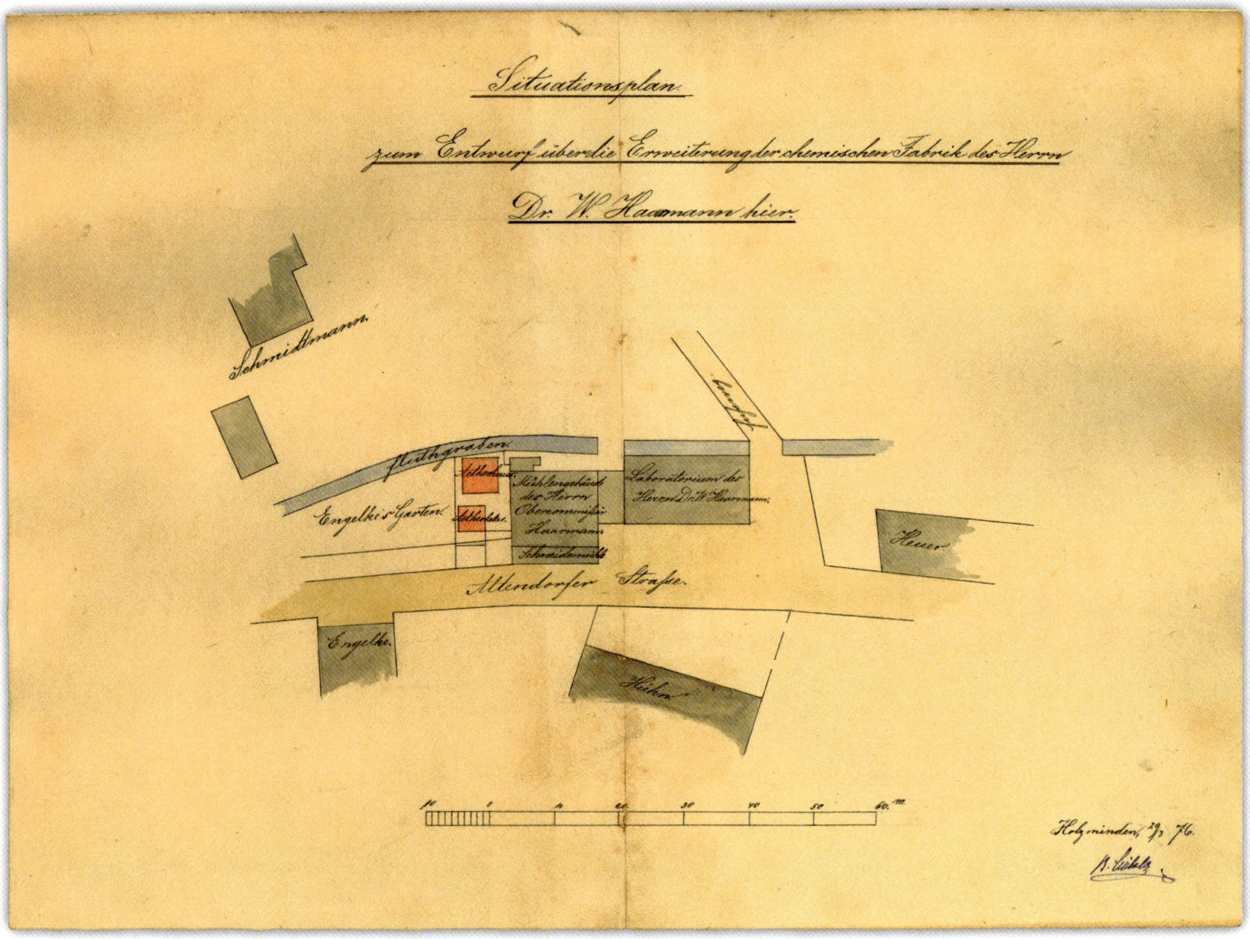

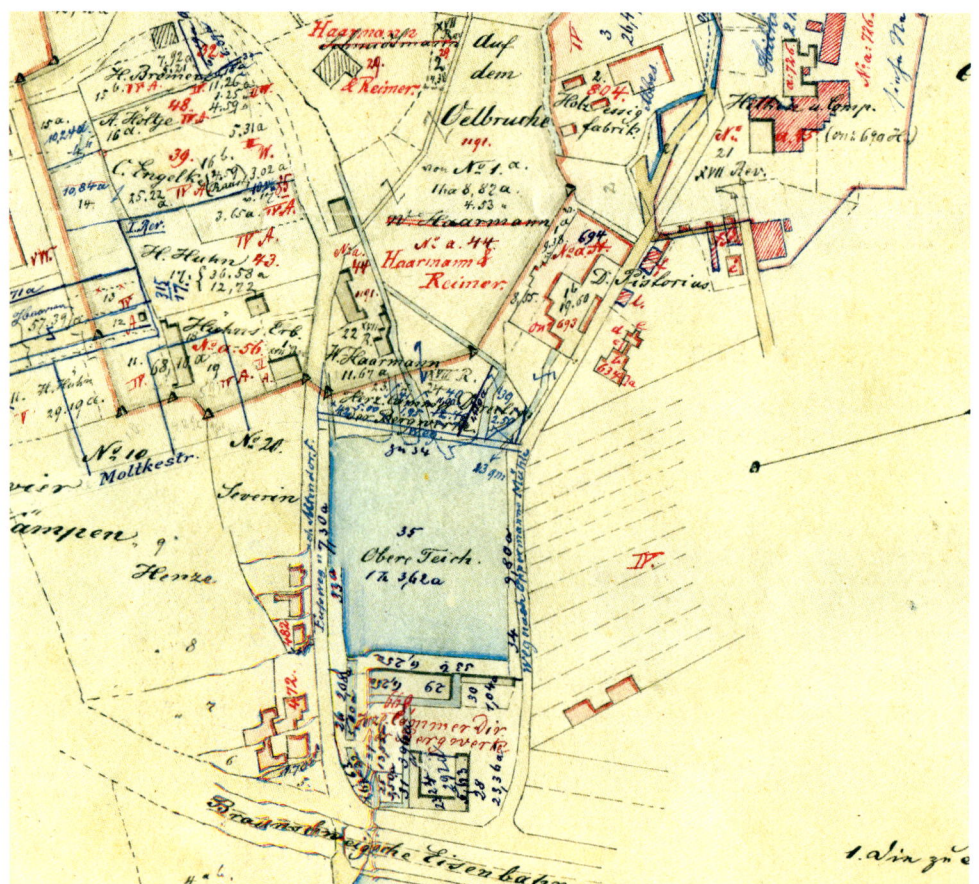

Bereits 1876 lässt Wilhelm Haarmann seine „Fabrik", die er in einem Schuppen seines Vaters errichtet hatte, erweitern.

Diese Karte zu den Gemarkungsgrenzen in der Feldmark zwischen Holzminden und Altendorf stammt ursprünglich aus dem Jahre 1886. Mit rot wurden die neu erworbenen Flächen von Haarmann & Reimer eingetragen.

Der Schriftzug „W. Haarmann" in grau mit den daneben und darüber eingezeichneten Gebäuden direkt oberhalb des Oberen Teiches gibt aber einen guten Hinweis auf Wilhelm Haarmanns erste Fabrikationsanlage.

Vanille und Vanillin

Vanille zählt nicht zu den klassischen Duftstoffen. Die Gewürzpflanze stammt aus Mexico. Den typischen Vanillegeschmack erhält man erst nach der zeit- und arbeitsintensiven „Schwarzbräunung" und anschließenden Fermentation der Vanillefruchtkapseln. Duft und Aroma der Vanille kamen erst nach der Eroberung Amerikas nach Europa. In Mittelamerika war die Vanille schon lange bekannt. Das vermutlich erste und lange Zeit einzige Volk, das die Vanilleherstellung kannte, waren die später von dem Aztekenherrscher Itzcoatl unterworfenen Totonaken. Vanille wurde schon damals im Zusammenhang mit Kakao genossen, dessen scharfer Geschmack durch das süße Vanillearoma abgerundet wurde. Am Hofe von Montezuma II. war Hernán Cortés wohl der erste Europäer, der Vanille geschmeckt hat. Der Vanille wurde eine aphrodisierende Wirkung nachgesagt. Dass Spanien sein Monopol auf deren Ausfuhr und Handel bis zu Mexicos Unabhängigkeit im Jahre 1821 hütete, trug sicherlich zur Mystifizierung der Vanille bei – der Genuss von Vanille blieb den Reichen und Mächtigen vorbehalten. Erst Anfang des 19. Jahrhunderts gelangten Stecklinge der Vanillepflanzen in europäische botanische Gärten.

Historische Darstellung der Vanilleernte in Mexiko auf Sammelkarten von Liebig, um 1900.

Beste Wachstumsbedingungen findet die Kletterpflanze allerdings nur in tropischen Regenwäldern um den Äquator. Die sogenannte Bourbon-Vanille wurde zunächst von den Franzosen auf der Île de Bourbon, dem heutigen La Reunion, angebaut. Allerdings gab es auch hier zunächst Probleme: Die Vanille kann – natürlich – nur in Mittelamerika durch Kolibris und bestimmte Insektenarten bestäubt werden. Auf den Inseln im Indischen Ozean findet Vanille zwar teilweise gute Wachstumsbedingungen, muss aber von Hand bestäubt werden. Heute stammt ein Großteil der natürlichen Vanilleproduktion aus Madagaskar und Indonesien, wo die Blüten, die sich jeweils nur für kurze Zeit öffnen, ebenfalls von Hand bestäubt werden müssen.

Aufgrund dieser natürlichen Widerspenstigkeit der Vanillepflanzen blieb Vanille bis heute ein wertvoller und seltener Aromastoff. Für die Zeit von Wilhelm Haarmann, der Mitte des 19. Jahrhunderts in Holzminden geborenen wurde, galt das umso mehr: Vanille war begehrt und sehr teuer. Deshalb geriet die Pflanze auch bald in den Fokus der chemischen Forschung: 1858 gelang es dem Franzosen Nicolas-Théodore Gobley, Vanillin als Hauptaromastoff des Vanilleextrakts zu isolieren und eine erste Summenformel aufzustellen. Die war zwar noch fehlerhaft, brachte aber andere Forscher auf den richtigen Weg, bis Wilhelm Haarmann und Ferdinand Tiemann 1873 die Substanz schließlich unzweifelhaft chemisch analysieren konnten.

1874 – 1883

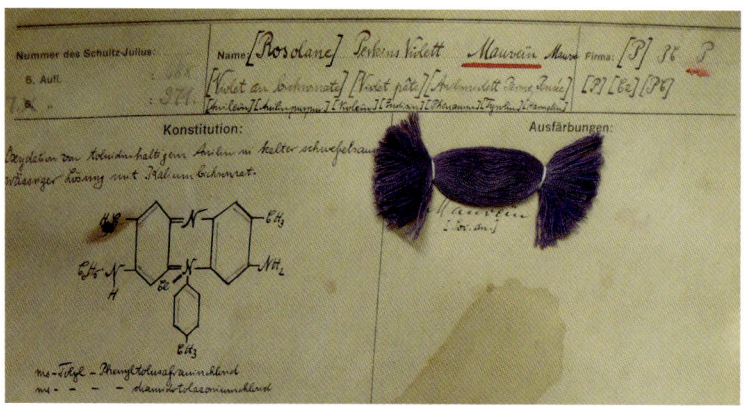

Mauvein war der erste künstliche hergestellte Farbstoff. Der Engländer William Henry Perkin entdeckte ihn 1856 zufällig bei dem Versuch, Chinin zu synthetisieren. Die Abbildung zeigt ein Muster in der Historischen Farbstoffsammlung der TU Dresden.

Wissenschaftliche Erkenntnisse werden angewendet – die Chemieindustrie entsteht

Mit der Gründung des Unternehmens folgten Haarmann und Tiemann einigen Vorbildern, die ebenfalls das Risiko wagten, die erfolgreiche chemische Forschungsarbeit in die Produktion neuer Produkte münden zu lassen. Die Erkenntnisse der chemischen Forschung wurden zunächst bei der Herstellung von Farben und Dünger praktisch umgesetzt.

Bayer entstand 1863 und startete mit einer Farbstoff-Produktion, im gleichen Jahr entstanden Hoechst und Kalle, die BASF wurde 1865 gegründet, 1867 entstand die Aktiengesellschaft für Anilinfabrikation (AGFA), 1870 entstanden die Casella Farbwerke.

Georges de Laire

1875 – Erste internationale Beziehungen

Schon im ersten Jahr des Bestehens knüpft die junge Firma internationale Beziehungen. Tiemann reist nach Paris, um mit Georges de Laire, den er aus dem Labor Hofmann in Berlin kannte, eine Partnerschaft zu begründen. Aufgrund einer gesetzlichen Bestimmung, ist es notwendig, dass ein Verfahren, das in Frankreich zum Patent angemeldet wird, auch in Frankreich angewendet wird. Die Firma De Laire & Co stellt im Rahmen ihrer Partnerschaft mit Tiemann und Haarmann ihre Produktion auf Vanillin um.

Wenige Jahre nach Beendigung des deutsch-französischen Krieges ist diese Kooperation durchaus bemerkenswert. Beide Firmen übernahmen Anteile der jeweils anderen.

Karl Reimer

1876 – Karl Reimer tritt in das Unternehmen ein – „Haarmann & Reimer"

Karl Reimer gelingt die Vanillin-Herstellung aus Guajacol durch die „Tiemann-Reimer-Synthese". Durch diese Methode wird die Vanillinherstellung wesentlich günstiger. Haarmann bietet Reimer an, als Gesellschafter in das Unternehmen einzutreten. Die neue Firmenbezeichnung lautete: Haarmann & Reimer Vanillinfabrik in Holzminden an der Weser. In diesem Jahr erhalten Wilhelm Haarmann und Ferdinand Tiemann für ihre Forschungsarbeiten die Cothenius-Medaille der renommierten Leopoldina Akademie.

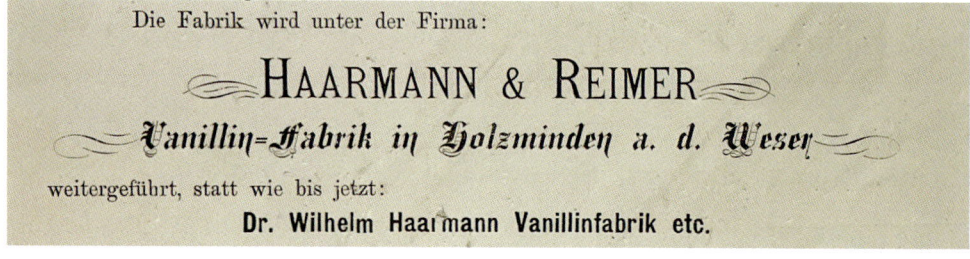

Die Fabrik wird unter der Firma:
HAARMANN & REIMER
Vanillin=Fabrik in Holzminden a. d. Weser
weitergeführt, statt wie bis jetzt:
Dr. Wilhelm Haarmann Vanillinfabrik etc.

1876 – Präsentation auf der Weltausstellung

In einem Bericht über die Weltausstellung 1876 in Philadelphia heißt es über einige der dort ausgestellten kleinen Glasröhrchen, sie enthielten *„eines der merkwürdigsten Präparate der deutschen chemischen Abteilung, nämlich den von Dr. Wilhelm Haarmann in Holzminden an der Weser hergestellten aromatischen Stoff der Vanilleschote."* Der Auftritt auf der Weltausstellung zeigt, dass die Gründer von Haarmann & Reimer von ihrem Produkt überzeugt waren, obwohl der geschäftliche Erfolg noch ausblieb.

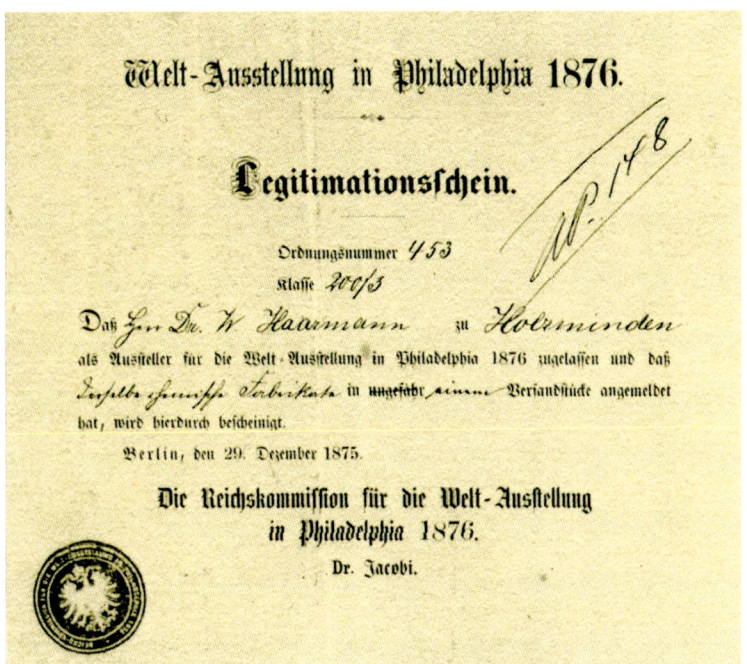

„Legitimationsschein" für die Welt-Ausstellung 1876

1877 – Erstes Vanillin-Patent im Deutschen Reich

Das Kaiserliche Patentamt wird eingerichtet, sodass Patente im Deutschen Reich nun reichsweit gelten. Nach der Anmeldung des ersten Deutschen Reichspatents für die Vanillinherstellung beginnt für Haarmann & Reimer eine der unternehmerisch lebenswichtigen, aber – wie sich zeigen wird – sehr kräftezehrenden Aufgaben: Denn im Gegensatz zu anderen Ländern schützte das deutsche Patentrecht nur das Herstellungsverfahren und nicht den neu erfundenen Stoff. Erst 1968 wurde im deutschen Patentrecht ein umfassender Stoffschutz eingeführt. Wenn ein Konkurrent behauptete, den Stoff mittels eines anderen Verfahrens hergestellt zu haben, kam es oft zu langwierigen Gerichtsverfahren, in denen mittels Gutachten entsprechende Nachweise oder eben Gegenbeweise erbracht werden mussten. Da die entsprechenden gesetzlichen Regelungen für die im Aufbau befindliche chemische Industrie neu geschaffen wurden, waren die Gerichte mit den sich daraus ergebenden juristischen Streitigkeiten oft überfordert. Auch international war es für Haarmann & Reimer oftmals schwierig, den erworbenen Patentschutz gegenüber Nachahmern durchzusetzen.

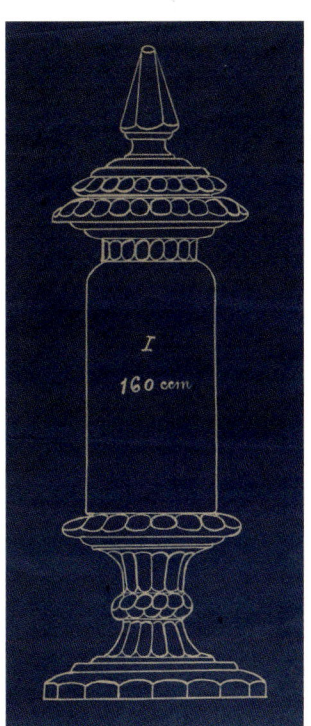

Behälter für die Präsentation von Vanillin auf der Welt-Ausstellung 1876

1878 – Erstmals neue Produkte

Ab 1878 kann Haarmann & Reimer auch andere Produkte anbieten. Vor allem Cumarin, das in Deutschland und Frankreich für die Parfümerie und die Schnupftabakproduktion produziert wurde, erwies sich als geschäftlich aussichtsreich. Krankheitsbedingt scheidet Karl Reimer schon 1881 aus der Firma aus. Seinen Forschungen ist es allerdings zu verdanken, dass die Verwendung von Eugenol, das aus Nelkenöl gewonnen wird, zu einer deutlich besseren Ausbeute von Vanillin führte. 1881 konnte die Firma tatsächlich Gewinne erwirtschaften.

1874 – 1883

Den Empfang von einer „Kiste Chemikalien", die per Eilgut von der Deutschen Eisenbahn nach Holzminden geliefert wurde, quittierte Dr. Wilh. Haarmann am 22. Januar 1876 höchstpersönlich.

Schwerer Weg bis zum ersten Geschäftserfolg

Bis dahin war es für das junge Unternehmen ein schwerer Weg. Davon zeugen die Aufzeichnungen von Wilhelm Haarmann: Sein Glaube an das Vanillin muss unerschütterlich gewesen sein, denn die Einträge in seine „Haus-Chronik", die er erst viele Jahre später aus der Erinnerung heraus geschrieben hat, zeugen von vielen Rückschlägen und großen Sorgen: Schon 1874 vermerkt er zur Firmengründung: „Apotheker Koken als Assistent, miserabel." 1875 kann er zwar den ersten Vanillin-Verkauf zu 9 Mark pro Gramm vermelden, doch „Vanillehändler Gröner Berlin [...] stellt sich später als Schuft heraus." In dieser Anfangszeit hat Wilhelm Haarmann oft selbst mit angepackt. Dazu schreibt er: „Im Herbst Koken entlassen. Contorist Grain angenommen. [...] Den Winter hindurch schwer gearbeitet."

Am 11. Mai 1876 heiratet Wilhelm Haarmann Luise Stieren. Doch auch bei der Hochzeitsreise ist der Bräutigam zum Wohle seiner Fabrik tätig: „Hochzeitsreise nach Gernsbach, wo ich kontrolliere nebenbei." Denn bei Gernsbach im Schwarzwald wird der wertvolle Rohstoff Coniferin gewonnen.

Doch ein Jahr später sieht es auch nicht besser aus: „1877 Coniferin sparsam, müssen mit Eugenol arbeiten. Schwere Arbeit. Misserfolge, schwere Sorgen."

Keine guten Zahlen: Geschäfts-Abschluss von Haarmann & Reimer vom April 1877

Auch 1878 ändert sich das Bild in Haarmanns Rückblick kaum: „1878: Weitere Mißerfolge in der Fabrikation trotz angestrengtester Arbeit. Schwere Sorgen. Grote wird als Kontorist genommen."

Ein Jahr später dann ein Lichtblick: „1879 Erste bessere Erfolge mit Eugenol. Reimers Idee. In diesem und den folgenden Jahren vielfache Reisen, Berlin, Konferenz mit Tiemann und 2 mal im Jahr nach Paris."

Zum Jahr 1880 schreibt Haarmann: „Fabrikation und Absatz bessern sich." 1881 dann: „Fabrikation und Absatz hebt sich, aber immer schwere Arbeit. [...] 29. Juli – 9. Aug. Gustav H. [W. Haarmanns Vetter] und ich nach Norwegen. Fabrikation so ertragreich, dass ich 4000 M. dem verschuldeten Onkel Fritz H. schenken konnte."

1883 – Karl Reimer stirbt

A.W. Hoffmann, Präsident der deutschen Chemischen Gesellschaft, verfasst einen umfangreichen Nachruf. Aufgrund seiner Verdienste bleibt sein Name Bestandteil der Firmenbezeichnung. Das Jahr ist nicht nur vom Tod Karl Reimers überschattet, es beginnt nun auch nervenaufreibende Jahre der Patentstreitigkeiten: „Anfang großen Patentstreits wegen Eugenol. Schwerste Sorgen," notiert Wilhelm Haarmann in seiner Haus-Chronik.

Zwischen „Frischen Seezungen" und „Prima Salzgurken" wurde Haarmann & Reimers Vanillin, abgepackt in Tütchen mit Zucker, am 3. Mai 1878 in der Kölnischen Zeitung beworben.

PATENT-URKUNDE

№ *576.*

AUF GRUND DER ANGEHEFTETEN BESCHREIBUNG UND ZEICHNUNG IST DURCH BESCHLUSS DES KAISERLICHEN PATENTAMTES

Dr. W. Haarmann in Holzminden

EIN PATENT ERTHEILT WORDEN.

GEGENSTAND DES PATENTES IST:

Verfahren, das Vanillin künstlich darzustellen.

ANFANG DES PATENTES: *13. Juli 1877.*

LÄNGSTE DAUER DES PATENTES: *24. Maerz 1889.*

DIE RECHTE UND PFLICHTEN DES PATENT-INHABERS SIND DURCH DAS PATENT-GESETZ VOM 25. MAI 1877 (REICHSGESETZBLATT FÜR 1877 SEITE 501) BESTIMMT.

ZU URKUND DER ERTHEILUNG DES PATENTES IST DIESE AUSFERTIGUNG ERFOLGT.

Berlin, den 20. Maerz 1878.

KAISERLICHES PATENTAMT.

Beglaubigt durch

Sekretär des Kaiserlichen Patentamtes.

GESETZ v. 25. MAI 1877

1878 wurde durch das neu eingerichtete Kaiserliche Patentamt das erste reichsweite Patent für Haarmanns „Verfahren, das Vanillin künstlich darzustellen" erteilt.

Die größte Mühe ...

Im Nachruf auf Wilhelm Haarmann in der Zeitschrift „Riechstoff-Industrie" beschreibt der Chemiker Dr. Albert Ellmer aus Genf sehr anschaulich die anfänglichen Mühen der Coniferin-Gewinnung für die Vanillin-Herstellung:

Porträt von Wilhelm Haarmann als erfolgreicher Geschäftsmann in den 1920er Jahren

„Die größte Mühe und die längste Zeit erforderte im ersten Fabrikationsstadium das Sammeln des als Ausgangsmaterial benötigten Coniferins. Der Cambialsaft bildet sich nur im Frühjahr zwischen Stamm und Rinde und wird während des Sprossens der jungen Triebe der Fichten und Tannen von diesen aufgesogen. Das Fällen der Bäume jedoch geschieht im Winter, während die Vegetation ruht, zu einer Zeit also, zu welcher kein Cambialsaft und somit auch kein Coniferin gewonnen werden kann. Nur in einigen und zur Winterzeit unwegsamen, hochgelegenen Gegenden des Thüringer und Schwarzwaldes werden die Bäume im Frühjahr gefällt und geschält. Hier begegneten sich die Interessen des jungen Fabrikanten mit denen der Forstwirtschaft. Im Frühjahr wurden, jeweils unter der Leitung eines Führers, Kolonnen von 20-30 Frauen in diese entlegenen Distrikte entsandt, wo von den frisch gefällten und von der Rinde befreiten Bäumen die den Cambialsaft enthaltende Schicht mittels Glasscherben abgekratzt und durch Aufsaugen mit Schwämmen aus dieser der Saft selbst gewonnen wurde. Derselbe wurde an Ort und Stelle in mitgeführten Töpfen durch Aufkochen mit Wasser sterilisiert, um das Coniferin dem Einfluß zerstörender Fermentierungen zu entziehen. Das so in mühsamer Kleinarbeit gewonnene Material wurde nach Holzminden verfrachtet und dort verarbeitet.

Der mühsame Weg der Gewinnung des Ausgangsmaterials stand naturgemäß einer Fabrikation in größerem Maßstabe im Wege. Es wurden im ersten Jahre 30 kg und im zweiten 80 kg hergestellt. Der hohe Preis wiederum, – Vanillin kostete ursprünglich 6000 Mark, – hemmte die umfangreiche Verwendung in der Parfümerie- und Schokoladenfabrikation."

Halbmondstraße in Holzminden mit Leiterwagen

Ackerbürgerstadt Holzminden

Um die Bedeutung von Wilhelm Haarmanns Unternehmensgründung in einem der fortschrittlichsten Wirtschaftsbereiche einzuschätzen, ist es hilfreich, einen kurzen Blick auf das Leben in der Weserstadt Holzminden in der damaligen Zeit zu werfen: Die Gründung der Vanillinfabrik in Altendorf bei Holzminden fällt in eine Epoche, in der Pferdefuhrwerke und Leiterwagen das Stadtbild prägten – der Großteil der aus etwa 6000 Menschen bestehenden Holzmindener Bevölkerung war seinerzeit in der Landwirtschaft beschäftigt oder betrieb im Nebenerwerb Landwirtschaft. Durch die Wirtschaftsförderungsmaßnahmen des braunschweigischen Herzogs Carl I. waren im braunschweigischen Weserdistrikt, dem heutigen Landkreis Holzminden, Ende des 18. Jahrhunderts mit der Glashütte in Grünenplan und der Porzellanmanufaktur Fürstenberg einige Manufakturen entstanden. Gemessen an den in der Landwirtschaft tätigen Menschen war der Anteil der Arbeiter allerdings noch verschwindend gering. Für seine aufstrebende Vanillinfabrik musste Wilhelm Haarmann zunächst also völlig ungelernte Arbeiter rekrutieren. Auch Mietshäuser gab es nicht. Für die neu angeworbenen Arbeiter aus der Umgebung mussten von der Fabrik also auch Wohnungen bereitgestellt werden.

Holzmindens Weseransicht mit der 1885 eingeweihten Weserbrücke, um 1890

Der Anschluss Holzmindens an das Eisenbahnnetz erfolgte 1865 an die Bahnstrecke Altenbeken–Kreiensen. Durch die Verbindung der Braunschweigischen Südbahn mit der Königlich-Westfälischen Eisenbahn-Gesellschaft entstand eine wichtige Fernverbindung in das rheinisch-westfälische Industriegebiet und ab 1868 über Magdeburg nach Berlin. Für Haarmanns Entscheidung, seine Vanillinfabrik in Altendorf bei Holzminden zu gründen, dürfte diese Bahnverbindung eine wichtige Voraussetzung gewesen sein. Der Standort am Oberen Teich lag nordöstlich in kurzer Entfernung zum Bahnhof. Um 1870 wurde dort auch die Fabrikstraße (später Rumohrtalstraße) angelegt, an der sich weitere Industrie- und Gewerbebetriebe ansiedelten. Die Zement- und Betonwarenfabrik von Bernhard Liebold wurde 1881 auf der Wilhelmshütte im Süden des Bahnhofs gegründet.

Zeitgleich zu Haarmanns Vanillinfabrik wurde die Freiwillige Feuerwehr Holzminden ins Leben gerufen, das erste städtische Krankenhaus entstand 1879 und 1888 bekam die Stadt eine zentrale Wasserversorgung.

In den 1880er und 1890er Jahren entstanden zwar noch weitere Industrie- und Gewerbebetriebe, doch die industriellen Kapazitäten Holzmindens blieben noch recht bescheiden. Erst um 1900 erreichte die Einwohnerzahl Holzmindens die Marke von 10.000. Mit der Gründung der Glashütte sowie der Weser-Sperrholzwerke und der Otto Sasse GmbH entstanden im 20. Jahrhundert Werke, in denen dann schnell einige hundert Menschen Arbeit fanden.

Die Ansiedlung von Flüchtlingen und Vertriebenen brachte eine Verdoppelung der Bevölkerungzahl Holzmindens nach Ende des Zweiten Weltkrieges. Durch die Ansiedlung von Stiebel Eltron und den Aufschwung der chemischen Industrie entstanden viele neue Arbeitsplätze und Holzminden wandelte sich endgültig von der Ackerbürger- zur Industriestadt.

Der Holzmindener Bahnhof um 1890

Industrialisierung

Die industrielle Revolution erfolgte in Deutschland deutlich später als in England, dessen Fabriken sich Wilhelm Haarmann 1872 angeschaut hatte. Zudem unterschied sich die Entwicklung in Deutschland dadurch, dass nicht die Textilindustrie, sondern Montanindustrie und Eisenbahnbau die Schlüsselindustrien wurden. Weil die Verkehrs-Anbindung entscheidend war, bildeten sich zudem regionale Zentren heraus. Abseits dieser Zentren, wie zum Beispiel in Holzminden, verlief die Entwicklung noch langsamer – so fiel Haarmanns Gründung im Jahr 1874 eigentlich bereits in die Phase der *Hochindustrialisierung* im Deutschen Kaiserreich.

Allerdings war der chemische auch ein ziemlich neuer Industriezweig, der abhängig war von der Wissenzunahme und der Zahl der Absolventen in der Chemie. Zwischen 1860 und 1900 wuchsen sowohl die Zahl der Unternehmen in der Chemieindustrie als auch deren Größe rasant. Beispielsweise beschäftigte die 1865 gegründete Badische Anilin- und Sodafabrik (BASF) 1885 bereits 2.330 Arbeiter und Angestellte, 1895 waren es 4.600 und 1900 6.711. Bei Bayer/Elberfeld (gegr. 1863) gab es 1885 zunächst 24 Chemiker und 300 Arbeiter, 1896 waren es bereits 104 Chemiker und 2.644 Arbeiter.

Die Chemie galt seinerzeit als friedens- und damit staatserhaltend. Mit Dünge- und Pflanzenschutzmitten wurden die Erträge in der Landwirtschaft gesteigert. Farbstoffe und Pigmente brachten Farben für Kleidung, Druckerzeugnisse und Hausfassaden. Kunstfasern machten Textilien preiswerter, und Kunststoffe brachten neue Güter für Haushalte und Gewerbe. Arzneimittel verbesserten den Gesundheitszustand und senkten das Infektionsrisiko bei gefährlichen und ansteckenden Krankheiten. Durch den Giftgaseinsatz im Ersten Weltkrieg und sichtbar werdende Umweltschäden wandelte sich dieses positive Bild jedoch bald.

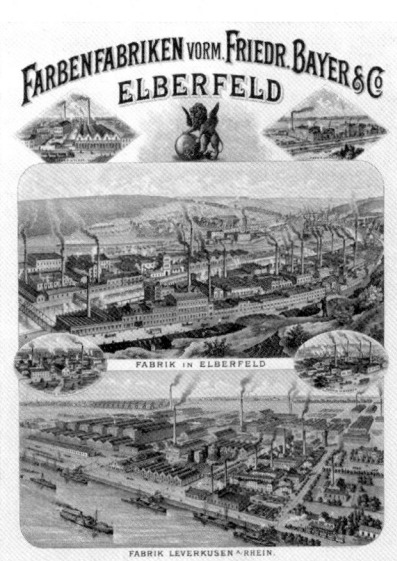

Das Fabrikgelände von Bayer im Jahre 1895

Aufschwung
1884 - 1918

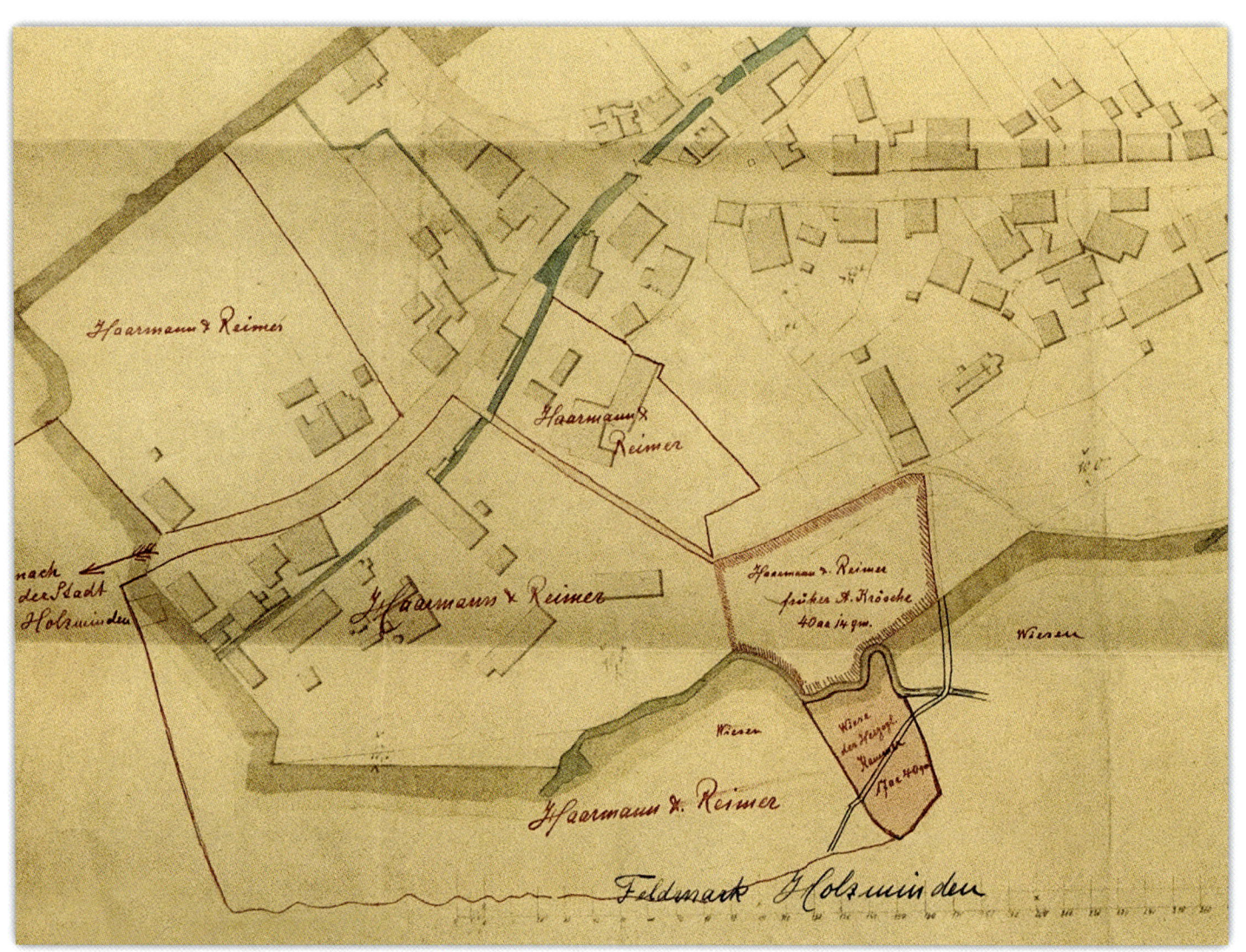

Auf dieser Karte von Altendorf aus den 1890er Jahren ist erkennbar, dass Haarmann & Reimer das Betriebsgelände in verschiedene Richtungen erweiterte.

In den ersten Jahren konnte der Betrieb von Haarmann & Reimer vermutlich nur mithilfe der finanziellen Unterstützung durch Wilhelm Haarmanns Vater und die entfernt verwandte Familie Nolda gesichert werden. Hinzu kam der unerschütterliche Glaube der Gründer an den Erfolg des Unternehmens. Ab Mitte der 1880er Jahre wurden dann endlich Gewinne erwirtschaftet. Die Chancen, die in einer synthetischen Herstellung des Vanille-Aromas lagen, hatten aber auch andere Chemie-Unternehmen erkannt. Durch das Auslaufen der ersten Vanillin-Patente und alternative Synthesewege zur Gewinnung von Vanillin nahmen verschiedene deutsche, schweizerische und französische Chemie-Hersteller die Produktion von Vanillin auf.

1886 – Vanillin-Konvention

Um die Konkurrenz aus dem Markt zu drängen und einen weiteren Preisverfall des Vanillins zu verhindern, ging Wilhelm Haarmann auf einige starke Wettbewerber zu. Wirtschaftskartelle waren seinerzeit sogar durch das Reichsgericht als rechtlich zulässig anerkannt. Im Ruhrgebiet entstanden beispielsweise durch den Zusammenschluss von Zechen und Eisenhütten das Rheinisch-Westfälische Steinkohlensyndikat sowie das Rheinisch-Westfälische Roheisen-Syndikat. Preisabsprachen galten als probates Mittel der unternehmerischen Arbeitsweise: 1886 handeln C. F. Boehringer & Söhne, Mannheim, E. Schering, Schimmel & Co sowie Haarmann & Reimer eine Vanillin-Konvention mit Preisabsprachen aus. In der Haus-Chronik Wilhelm Haarmanns liest man dazu: „ ... *schwere Abgaben an die Concurrens ...* " Die Vanillin-Konvention sicherte zwar die Marktmacht der beteiligten Unternehmen. Die festgelegten Preise waren allerdings niedrig, um weitere Anbieter aus dem Markt zu drängen bzw. um potenzielle Konkurrenten davon abzuhalten, in teure Produktionsanlagen zu investieren. Das spürten auch die beteiligten Firmen selbst.

In den ersten Jahren versuchte Haarmann & Reimer Vanillin und Vanillin-Zucker in verbrauchsfertig konfektionierten „Packeten" (Tütchen) direkt an Endverbraucher zu vertreiben. Dies belegen zahlreiche Anzeigen-Inserate in verschiedenen Tageszeitungen in den 1880er und 1890er Jahren.

1887 – Erste Schokoladeautomaten

Mit Vanille gewürzte Schokolade war seit Mitte des 19. Jahrhunderts ein begehrtes und kostbares Produkt – ein bedeutender Absatzmarkt für die Verwendung von preiswertem Vanillin. Der Verband deutscher Schokoladenfabrikanten hatte allerdings zunächst Vorbehalte gegen das künstliche Aroma. Tiemann und Haarmann reisten deshalb zu den Verbandstagungen der Schokoladen-Hersteller, um für ihr Produkt zu werben. Letztlich überzeugte wohl der deutlich günstigere Preis. Und so wurde die Schokolade zu einem Massenartikel. Bereits 1887 stellte der Kölner Süßwarenproduzent Ludwig Stollwerck die ersten Schokolade-Automaten auf – mit immensem Erfolg: 1890 setzte Stollwerck bereits 18 Millionen Tafeln auf diesem Wege ab.

Mit Schokolade-Automaten hatte die Firma Stollwerck großen Erfolg – auch ermöglicht durch die gesunkenen Herstellungskosten von Schokolade.

1884 – 1918

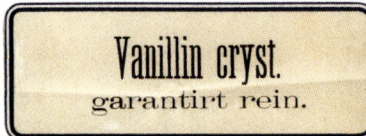

Etiketten und Warenzeichen
aus der Zeit um 1900

1888 – Neue Chemiker kamen, um die Produktpalette zu erweitern

Vermutlich durch Vermittlung von Tiemann heuerten weitere Chemiker aus dem Chemischen Institut in Berlin bei Haarmann & Reimer an, um die Entwicklung neuer Duft- und Geschmacksstoffe voranzutreiben. 1888 kam Dr. Paul Krüger, der sich der Entwicklung von Terpineol, Jonon und Iron widmete. 1891 folgten Dr. Sembritzki und Dr. Schmidt, 1893 stieg Dr. Lemme ein und 1897 schließlich Dr. Kerschbaum.

Die Produktpalette der Firma wurde dadurch in den 1890er Jahren deutlich erweitert. Davon zeugen unter anderem 30 Patente, die Haarmann & Reimer von 1893 bis 1903 international anmeldete.

Es gibt zwar weitere Fortschritte bei der Vanillinherstellung – aber gerade durch die lukrative Handelsspanne und die große Nachfrage, war der Konkurrenzdruck sehr stark, sodass sich in diesem Bereich die Gewinnspanne verringerte.

1890 – Bau einer Villa in Höxter

1876 bis 1884 wohnte Wilhelm Haarmann in der Bahnhofstraße 6 in eben jenem Haus, in dem Carl Wilhelm Gerberding 35 Jahre später das Riechstoffunternehmen Dragoco gründet. 1945 wurde es bei einem Bombenangriff zerstört. Auch das zweite Wohnhaus, das die junge Familie Haarmann von 1885 an bewohnte, existiert nicht mehr – das Haus in der Allersheimer Straße 3 musste in den 1980er Jahren dem Neubau der Polizeiwache weichen. Die Haarmanns zogen schon 1890

Dr. Max Kerschbaum im Labor

Dr. Paul Krüger

Dr. Semberitzki

Dr. Richard Schmidt

Dr. Lemme

33

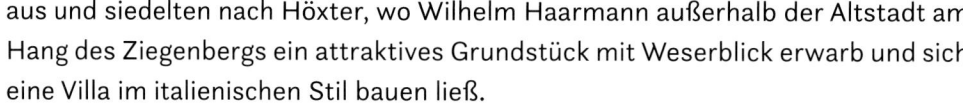

Villa Haarmann im Bau, vom
1883 errichteten Roden-
eckturm aus gesehen.

aus und siedelten nach Höxter, wo Wilhelm Haarmann außerhalb der Altstadt am
Hang des Ziegenbergs ein attraktives Grundstück mit Weserblick erwarb und sich
eine Villa im italienischen Stil bauen ließ.

Arbeiterhäuser in der Liebigstraße

Aber auch in Holzminden wird Haarmann bautätig. Im selben Jahr lässt er in der Liebigstraße unweit des Werkgeländes Arbeiterhäuser errichten. Diese Doppelhäuser
sind mit Stallgebäuden und jeweils einem Viertel Morgen Land für die Selbstver-
sorgung ausgestattet. Man darf annehmen, dass es sich bei den Arbeitern um an-
gelernte ehemalige Landarbeiter gehandelt hat. In der landwirtschaftlich geprägten Region gab es nur wenige Industriebetriebe, von denen die Vanillinfabrik ihre
Arbeitskräfte hätte abwerben können. Außerdem war die chemische Industrie ein
völlig neuartiger Wirtschaftszweig mit bisher unbekannten Tätigkeiten. Von 1865
bis 1871 stieg die Einwohnerzahl Holzmindens von 4788 auf 5932. Nach dem Anschluss an die Eisenbahn erlebte die Stadt einen gewissen wirtschaftlichen Aufschwung. Jedenfalls war es sicher schwierig, als einfacher Arbeiter eine bezahlbare
Wohnung zu finden. Mit dem Bau der Arbeiterhäuser schuf Haarmann & Reimer
aber nicht nur Abhilfe für die Arbeiter, dadurch wurden die Arbeiter mit ihren Familien auch an das Werk gebunden, denn Ersatz für erfahrene Arbeiter zu finden,
wäre in Holzminden ebenfalls sehr schwierig gewesen. Wie einigen Dokumenten
zu entnehmen ist (siehe beispielsweise den Besuch des Regenten im Jahre 1909),
pflegte Wilhelm Haarmann ein patriarchalisch-freundschaftliches Verhältnis zu
seinen Arbeitern. Die es ihm wiederum mit großer Treue dankten.

Villa Haarmann nach der
Fertigstellung

Genaue Aufzeichnungen sind für Haarmann & Reimer nicht erhalten, grundsätzlich lag die Arbeitszeit im Jahre 1874 bei etwa 68 Wochenstunden, 1890 waren
es noch 66 Stunden an sechs Tagen, also mehr als zehn Stunden täglich. Von
Arbeitgeberseite wurde bereits 1877 der *Verein zur Wahrung der Interessen der
Chemischen Industrie Deutschlands* gegründet, erst 13 Jahre später fanden sich
ungelernte Arbeiter aus verschiedenen Orten des Deutschen Reichs im Hannover zusammen, um am 1. Juli 1890 beim *Kongress aller nichtgewerblichen Arbeiter Deutschlands* den *Verband der Fabrik-, Land- und gewerblichen Hilfsarbeiter
Deutschlands* mit Sitz in Hannover, die Vorläuferorganisation der 1946 gegründeten IG Chemie, Papier, Keramik, ins Leben zu rufen.

Laut Statut nahm der Verband alle Arbeiter auf, „*welche kein bestimmtes Handwerk betreiben sowie alle gewerblichen Arbeiter, denen es durch die Lage der örtlichen Verhältnisse nicht ermöglicht ist, sich ihren Berufsorganisationen anzuschlie-
ßen.*" Dies waren vornehmlich Arbeiter der aufkommenden Industriezweige, wie
etwa der chemischen, gummi- und papiererzeugenden Industrie. Bis zum Beginn
des Ersten Weltkrieges gelang es den Gewerkschaften im Deutschen Kaiserreich
immerhin, die wöchentliche Arbeitszeit um mehr als zehn Stunden auf durch-
schnittlich 55 Stunden zu senken. Außerdem hat der Fabrikarbeiterverband auch
auf die Unfallgefahren und die Gefahr durch Giftstoffe in der chemischen Industrie aufmerksam gemacht und zahlreiche Verbesserungen der Arbeitsbedingungen
durchgesetzt.

Doppelseite aus dem „Führer durch die Ausstellung der Chemischen Industrie Deutschlands auf der Columbischen Weltausstellung in Chicago 1893."

1893 – Columbische Weltausstellung

Nachdem die Weltausstellung 1876 in Philadelphia erstmals die industrielle Leistungsfähigkeit Nordamerikas gezeigt hat, präsentierte sich die USA 1893 in Chicago, 400 Jahre nach der Entdeckung Amerikas durch Kolumbus, in zuvor nie gesehenen Dimensionen: Auf 81 Hektar Fläche präsentierten sich 70.000 Aussteller aus 46 Ländern in architektonisch eindrucksvollen Hallen, Pavillons und auf sorgfältig gestalteten Freiflächen. Auch die Firma Haarmann & Reimer präsentiert sich auf der „Columbischen" Weltausstellung 1893 in Chicago. Neben Vanillin werden mehr als 20 weitere künstliche Riechstoffe ausgestellt. Herausragend ist dabei der erste künstliche Veilchenriechstoff „Jonon" der von Tiemann in Zusammenarbeit mit P. Krüger entwickelt und just 1893 von Haarmann & Reimer patentiert wurde. Ebenso wie Vanillin zählen Jonone noch heute zu den wichtigsten Duftstoffen in der Parfümerie.

Im Zusammenhang mit der Weltausstellung erfährt man auch etwas über die Unternehmenskultur bei Haarmann & Reimer. Im Führer dazu heißt es u.a.: *„Für das Wohl der von ihr beschäftigten Arbeiter, welche bei zehnstündiger Arbeit einen Tageslohn von 250 – 390 Pf. beziehen, sorgt die Fabrik in weitestgehender Weise."* Haarmann & Reimer ist offenbar ein vergleichsweise guter Arbeitgeber für seine inzwischen 39 Arbeiter, vier Chemiker und drei Verwaltungsbeamte. Laut der Kaufkraftäquivalent-Tabelle der Deutschen Bundesbank entspricht dieser Tageslohn heute dem Betrag von drei bis vier Euro.

Mit Anzug und Zigarre: Im 19. Jahrhundert trugen die Chemiker in den Laboren von Haarmann & Reimer noch keine weißen Kittel.

Aufschwung

1895 – Kampf um den Vanillinmarkt

Trotz der vielen Produktentwicklungen bleibt das Vanillingeschäft Haupteinnahmequelle, und es bleibt umkämpft. Um die Konkurrenz auf dem Vanillinmarkt in Schach zu halten, bediente sich Wilhelm Haarmann nicht nur der Kartellgründung. Haarmann & Reimer schloss 1895 einen Lizenzvertrag mit der Firma „*Gesellschaft für Chemische Industrie*" in Basel ab. Die Firma hatte ein effektives Verfahren zur Herstellung von Vanillin erfunden, dessen praktische Anwendung sich Haarmann & Reimer unter Zahlung einer Gebühr von 80.000 Mark jährlich sicherte. Auf diese Weise wurden in Holzminden über viele Jahre jährlich jeweils 2.000 kg Vanillin produziert. Zum Vergleich betrugen die Produktionsmengen von Vanillin 1874 sieben Kilogramm und 1875 80 Kilogramm.

1895 – Lina Morgensterns Vanillin-Kochbuch

Trotz aller Erfolge gibt es in der Bevölkerung Vorbehalte gegen den künstlichen Aromastoff Vanillin. Um diesen entgegenzutreten, gab Haarmann & Reimer 1895 mit der bekannten Kochbuch-Autorin Lina Morgenstern das Buch: „*Kochrezepte mit Anwendung von Haarmann & Reimers patent. Vanillin*" heraus. Die kleinformatige und kostengünstige Publikation enthielt 39 Rezepte von „Chocoladen-Suppe" bis „Vanille-Compots". Im Vorwort „Für die denkende Hausfrau" heißt es: „*Die Vanille ist eine der feinsten, wohlschmeckendsten und aromareichsten Gewürze, weshalb die feinere Kochkunst sie auf die mannigfaltigste Art verwendet. In der bürgerlichen Küche hat sich die Vanille dagegen noch kein Heimatrecht erworben, trotzdem sie der einfachen Milchsuppe und dem billigsten Gebäck Reiz verleiht.*" Weiter heißt es, dass die „*schwer conservirbare Frucht*" aus den Tropen anspruchsvoll und teuer sei, jetzt aber würde es die Vanille als heimisches Produkt geben: „*Nicht, dass wir in unserem Klima die fertigen Vanille-Schoten pflücken können, aber durch*

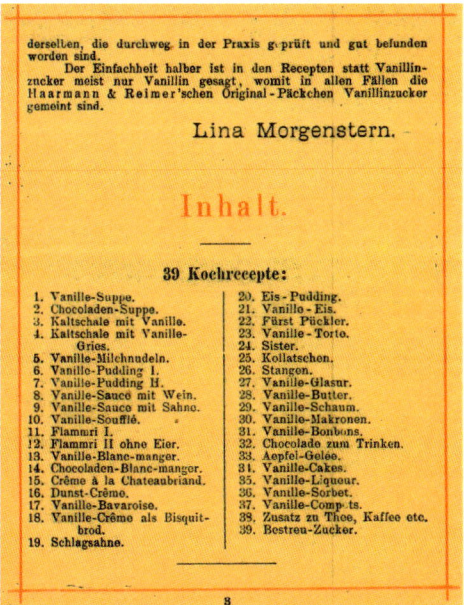

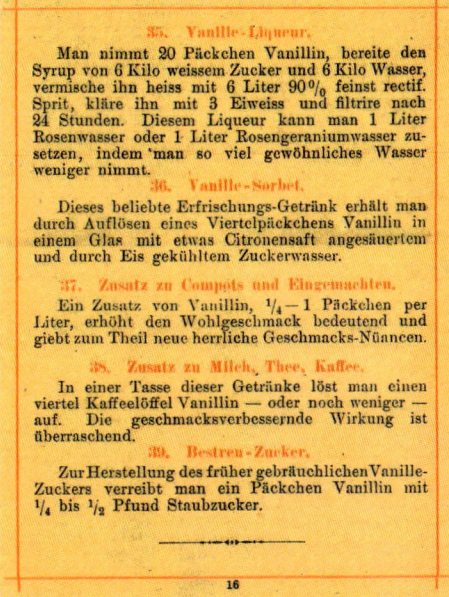

Titelseite, Inhaltsverzeichnis und eine Inhaltsseite des von Lina Morgenstern herausgegebenen Kochbuches

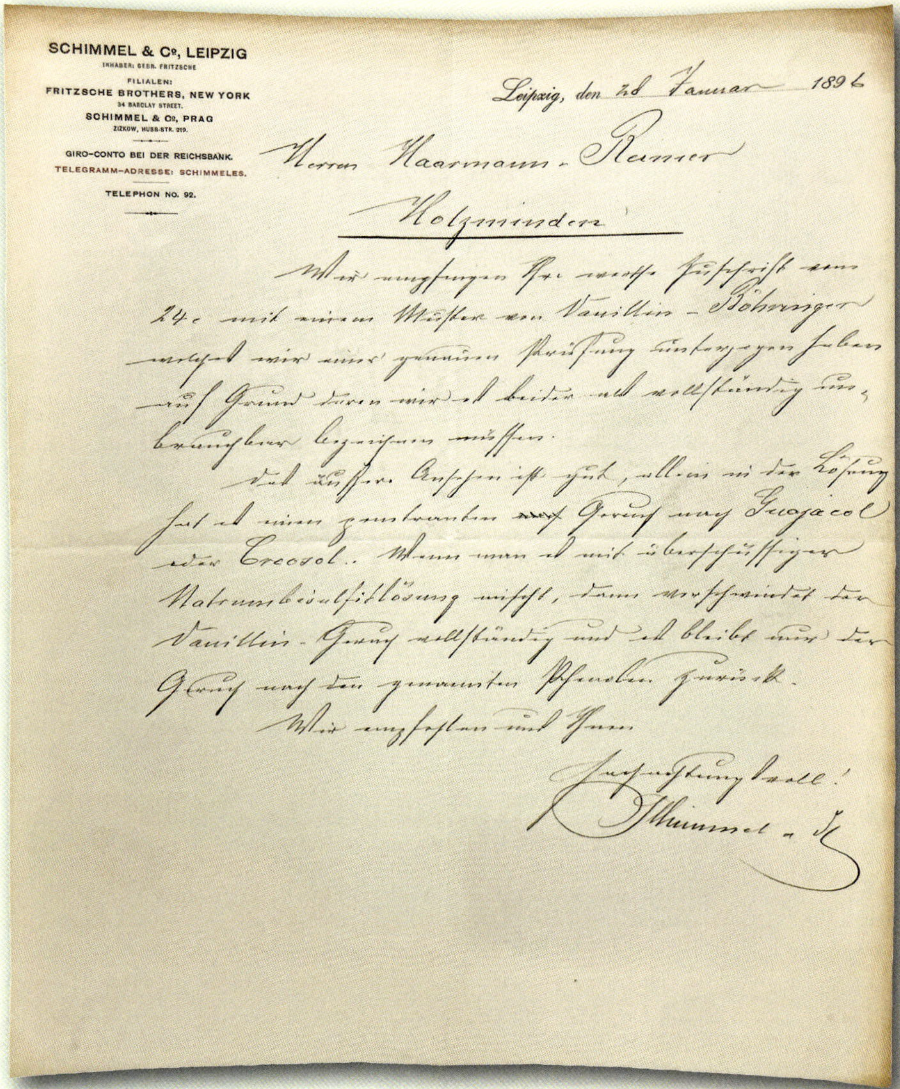

SCHIMMEL & C°, LEIPZIG
INHABER: GEBR. FRITZSCHE
FILIALEN:
FRITZSCHE BROTHERS, NEW YORK
34 BARCLAY STREET.
SCHIMMEL & C°, PRAG
ZIZKOW, HUSS-STR. 219.
GIRO-CONTO BEI DER REICHSBANK.
TELEGRAMM-ADRESSE: SCHIMMELES.
TELEPHON NO. 92.

Leipzig, den 28 Januar 1896

Herren Haarmann - Reimer

Holzminden

Wir empfingen Ihre werthe Zuschrift vom 24. mit einem Muster von Vanillin - Böhringer welches wir einer genauen Prüfung unterzogen haben auf Grund deren wir es leider als vollständig unbrauchbar bezeichnen müssen.

Das äußere Ansehen ist gut, allein in der Lösung hat es einen penetranten Geruch nach Guajacol oder Creosol. Wenn man es mit überschüssiger Natrumbisulfitlösung mischt, dann verschwindet der Vanillin-Geruch vollständig und es bleibt nur der Geruch nach den genannten Phenolen zurück.

Wir empfehlen uns Ihnen

Hochachtungsvoll!

Schimmel & Co

Korrespondenz mit Schimmel & Co

1896 Januar 28[?]

Schimmel & Co, Leipzig, an Haarmann & Reimer, Holzminden

„Wir empfingen Ihre werthe Zuschrift vom 24. mit einem Muster von Vanillin-Böhringer, welches wir einer genauen Prüfung unterzogen haben auf Grund deren wir es leider als vollständig unbrauchbar bezeichnen müssen.

Das äußere Ansehen ist gut, allein in der Lösung hat es einen penetranten Geruch nach Guajacol oder Creosol. Wenn man es mit überschüssiger Natr[i]umbisulfitlösung mischt, dann verschwindet der Vanillin-Geruch vollständig und es bleibt nur der Geruch nach den genannten Phenolen zurück.

Wir empfehlen uns Ihnen

Hochachtungsvoll!
Schimmel & Co“

Dieses Schreiben von Schimmel & Co belegt, dass die beiden Spezialunternehmen der Duftstoffchemie schon im 19. Jahrhundert im gegenseitigen Austausch standen – es ist naheliegend, dass sich Schimmel & Co sowie Haarmann & Reimer gegenüber der chemischen Großindustrie, die in diesem Fall von Böhringer verkörpert wird, gewissermaßen solidarisieren mussten.

die bedeutende Erfindung zweier deutscher Forscher, des Dr. W. Haarmann in Holzminden und des Professors Dr. Ferd. Tiemann an der Königl. Universität zu Berlin, lässt sich der Körper, welcher allein das Aroma der Vanille-Schote bewirkt, künstlich aus leicht zugänglichen Naturstoffen hervorrufen. Was uns die spröde Natur in unseren Breitengraden versagt hat, das ringt ihr in heissem Drang nach Erkenntniss der Forscher ab".

Haarmann & Reimer wendete sich hier direkt an Endverbraucher, denn *„für den Haushalts-Gebrauch verbinden die Patentinhaber Vanillin in ganz bestimmtem Verhältnis mit Zucker, formiren handliche Päckchen daraus, die genau der Wirkung einer Stange feiner Vanille entsprechen, und bringen dieselben zum Gebrauch im Haushalt in den Handel."*

Haarmann & Reimer war also der erste Anbieter der heute so erfolgreichen Vanillin-Zucker-Tütchen. Doch trotz aller Bemühungen war die Firma mit diesem Produkt nicht erfolgreich. Das gelang wenige Jahre später stattdessen dem 1891 in Bielefeld gegründeten Unternehmen Dr. Oetker. Das aus einer Apotheke hervorgegangene Lebensmittel-Werk genoss offenbar mehr Vertrauen als die chemische Fabrik. Außerdem knüpfte dort der in kleine Tütchen abgefüllte Vanillinzucker an den Erfolg des Dr. Oetker-Backpulvers an. Hauptlieferanten von Dr. Oetker, das um 1900 mit der industriellen Produktion begann, waren die Firmen Boehringer Mannheim und Schering.

Trotzdem war das Vanillin-Geschäft für Haarmann & Reimer erfolgreich: Für die Zeit von Oktober bis Dezember 1895 liegen Verkaufszahlen von Vanillin vor: In diesen drei Monaten wurden 502 kg Vanillin verkauft, davon 22% auf dem amerikanischen Markt.

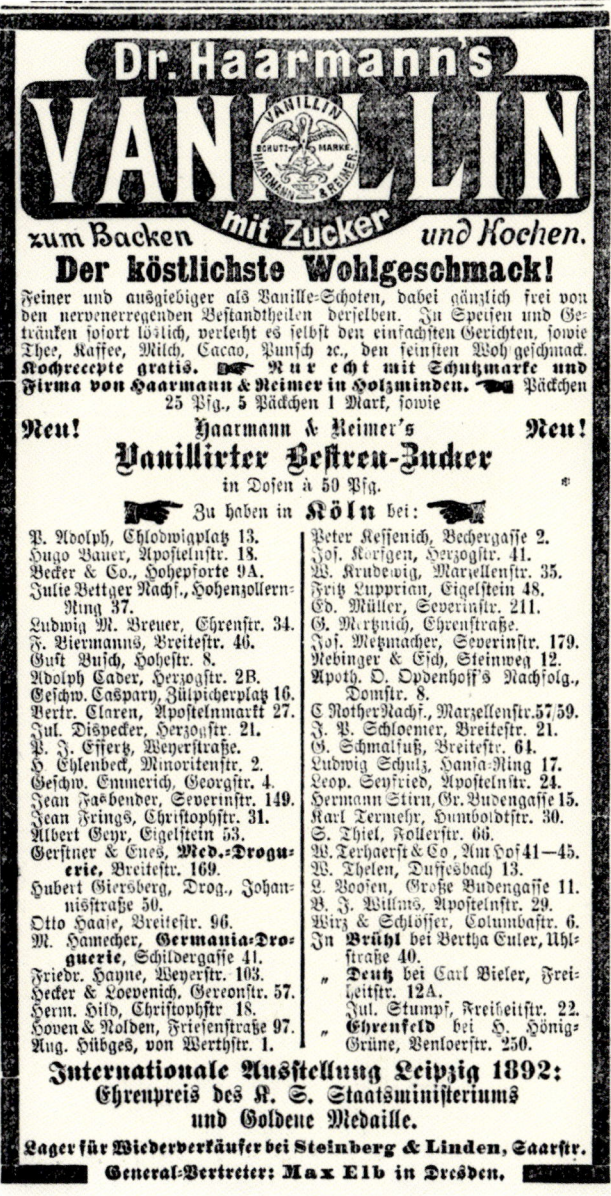

Anzeige im „Kölner Local Anzeiger", 1893

Patentstreitigkeiten

Beim Vanillin hatte Haarmann & Reimer sein Alleinstellungsmerkmal schnell verloren, allerdings waren die Produkte der Firma den Konkurrenzprodukten offenbar qualitativ nach wie vor überlegen, sodass sich das Vanillin von Haarmann & Reimer am Markt behaupten konnte.

In den Laboren von Haarmann & Reimer wurden in den 1890er Jahren zahlreiche neue Duftstoffe synthetisiert. Auch hier sah die Konkurrenz das Potenzial und beeilte sich, diese Stoffe ebenfalls auf den Markt zu bringen.

Da das deutsche Patentrecht damals nur den neuen Herstellungsprozess und nicht den neu gewonnenen Stoff selbst schützte, der Konkurrent aber behauptete, einen anderen Herstellungsweg gefunden zu haben, mussten Tiemann und Haarmann nachweisen, dass der Mitbewerber tatsächlich den selben Weg zur Herstellung genutzt hatte, wenn sie gegen die Nachahmung vorgehen wollten.

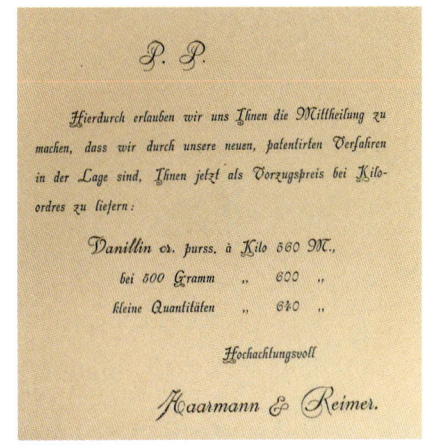

Vorzugspreis für Vanillin: 560 Mark pro Kilogramm im Jahre 1895

1884 – 1918

Handschriftliche Liste aus den 1890er Jahren mit den Fälligkeitsterminen unterschiedlicher Patente in verschiedenen Ländern.

Rechts oben: Warnbrief gegen die patentrechtswidrige Herstellung von Jonon. Dem Brief ist zu entnehmen, dass der Vertrieb neben Haarmann & Reimer und de Laire & Co. auch durch Schimmel & Co. in Leipzig erfolgte.

Der Jonon-Prozess

Der sogenannte Jonon-Prozess gegen die Firma Fritzsche in Hamburg fand sogar international Beachtung. Diesen sich über Jahre hinziehenden Prozess um den synthetischen Duftstoff des Veilchen-Aromas vor einem Gericht in Hamburg konnte Haarmann & Reimer gewinnen, weil die gegnerische Seite bei der Patentanmeldung in England eine Unachtsamkeit begangen hatte. Als Gutachter setzte sich der spätere Nobelpreisträger Adolf von Baeyer für Haarmann & Reimer ein. Andere Prozesse gingen allerdings verloren, weil das Gericht die Beweismittel oder von Haarmann & Reimer eingereichten Gutachten nicht anerkannte. Besonders Ferdinand Tiemann hatte sich für die Durchsetzung der Haarmann & Reimer-Patente eingesetzt. Die zahlreichen nervenaufreibenden Prozesse, bei denen er oftmals persönlich erscheinen musste, haben offenbar seiner Gesundheit geschadet. Nach einer anstrengenden Gerichtsverhandlung in London erlitt er bei seiner Rückkehr nach Berlin im Juli 1899 einen schweren Herzanfall.

1899 – Tod Ferdinand Tiemanns

Dem Herzanfall folgt ein Kuraufenthalt in Meran, aber auch der kann das Leben Ferdinand Tiemanns nicht retten. Am 14. November 1899 stirbt er im Alter von nur 51 Jahren im Sanatorium. In seinem ausführlichen Nachruf auf Ferdinand Tiemann in den „Berichten der Deutschen Chemischen Gesellschaft" schreibt Otto Nikolaus Witt 1901: „Mit dem Ausbau der Chemie der Citral- und Jonon-Gruppe hatte Tiemann das glänzendste, aber auch das letzte Werk seines an Arbeit so reichen Lebens vollbracht. Der überraschende technische Erfolg dieser genialen Leistung sollte für ihn zum Verhängnis werden. [...] so erwies sich auch hier der erlangte Patentschutz als ungenügend zur Aufrechterhaltung des von seinem Erfinder mit Recht beanspruchten Alleinbesitzes seines geistigen Eigenthums. Das Veilchenaroma ist von jeher der kostspieligste aller Duftstoffe gewesen." Die „unerhörte Ausgiebigkeit" des synthetischen Duftes habe es erlaubt, das Produkt zu Preisen in den Handel zu bringen, „welche den des Goldes um das Vielfache übertrafen – da war es kein Wunder, dass die Concurrenten der Holzmindener und Pariser Fabriken alle Mittel in Bewegung setzten, um unter heimlicher oder offenkundiger Verletzung [...] des Jonon-Patentes den kostbaren Duftstoff herzustellen. [...] Es begann der Kampf gegen die unrechtmässigen Erzeuger und Verkäufer von Jonon, ein Kampf, welchen persönlich zu organisieren und zu führen unser Freund sich – leider – vorbehielt. Dieser Kampf rieb ihn auf."

Ferdinand Tiemann wurde in Rübeland am Harz geboren, zog zum Studium zunächst nach Braunschweig, dann nach Berlin. Als Gegenpol zum Großstadtleben hat er sich offenbar auch in den Sollingwäldern bei Holzminden wohl, vielleicht sogar heimisch gefühlt. In seinem Nachruf schreibt Otto Nikolaus Witt an anderer Stelle: „Mit Vergnügen gedenkt der Schreiber dieser Zeilen einiger Sommertage, welche er mit dem dahingegangenen Freunde in und bei Holzminden verlebte. Ein sonniger Frohsinn, eine behagliche Ungebundenheit schien über ihn zu kommen; er kannte jede Blume, der wir auf unseren Wanderungen durch die Wälder begegneten."

Tiemanns Aufenthalte in der Natur waren jedoch vermutlich eher selten – zu arbeitsreich die Aufgaben in der Firma und an der Friedrich-Wilhelms-Universität Berlin, die ihn 1878 als Professor beruft. Über seine intensive wissenschaftliche Tätigkeit im Labor hinaus arbeitete er zudem 24 Jahre als Schriftführer und 15 Jahre als Redakteur der „Berichte der Deutschen Chemischen Gesellschaft". Auch dadurch erwarb er sich die Anerkennung der Fachwelt.

Zeichnung von O. N. Witt, damaliger Präsident der Deutschen Chemischen Gesellschaft, aus dem Jahre 1898 mit dem Text:
Das ist der Heilige Ferdinand
Er ist im ganzen Reich bekannt
Betet zu ihm ein Weilchen!
Er setzt euch in guten Geruch
Und schenkt euch der suessen
Duefte genug
Von Rosen u. Lilien u. Veilchen

Diese Postkarte von 1903 zeigt den Blick aus dem kleinen Brücktor oberhalb des Mittleren Teiches und zeigt das Wehr des Oberen Teiches mit der Sandsteinschleifmühle rechts und den Betriebsanlagen von Haarmann & Reimer im Hintergrund.

1884 – 1918

HAARMANN & REIMER
CHEMISCHE FABRIK ZU HOLZMINDEN, G.M.B.H.

Idealisierte Zeichnung des
Betriebsgeländes von Haarmann & Reimer

Ausschnitt aus einem
Stadtplan von 1908

Rechts oben: Planzeichnung
zum Neubau des
Kesselhauses aus dem
Jahre 1896

Unten: Ansicht des
Kesselhauses um 1920

1899 – Erweiterung des Betriebsgeländes

Bisher erstrecken sich die Fabrikationsgebäude von
Haarmann & Reimer entlang der heutigen Straße An
den Teichen oberhalb des Oberen Teichs ausschließlich auf dem Gebiet des damals eigenständigen Dor-
fes Altendorf. Der Teich lieferte Wasser für den An-
trieb der Steinschleifmühlen der *Administration der
Sollinger Sandsteinbrüche* direkt unterhalb und für die
Hühnsche Leinenbleiche, die an der Südseite des Teiches lag. 1899 erwirbt das Unternehmen die sich in
Altendorf östlich anschließende Hofstelle Schmidt-
mann mit einer Fläche von 25.000 Quadratmetern,
um das Betriebsgelände zu erweitern – in den Wohn-
gebäuden entstehen zwölf Arbeiterwohnungen.

Im Folgejahr erhält Haarmann & Reimer den ersten Telefonanschluss mit der
Nummer 19. Außerdem wird eine amerikanische Tochtergesellschaft gegründet:
die Haarmann-de Laire-Schaefer-Company in Maywood in New Jersey.

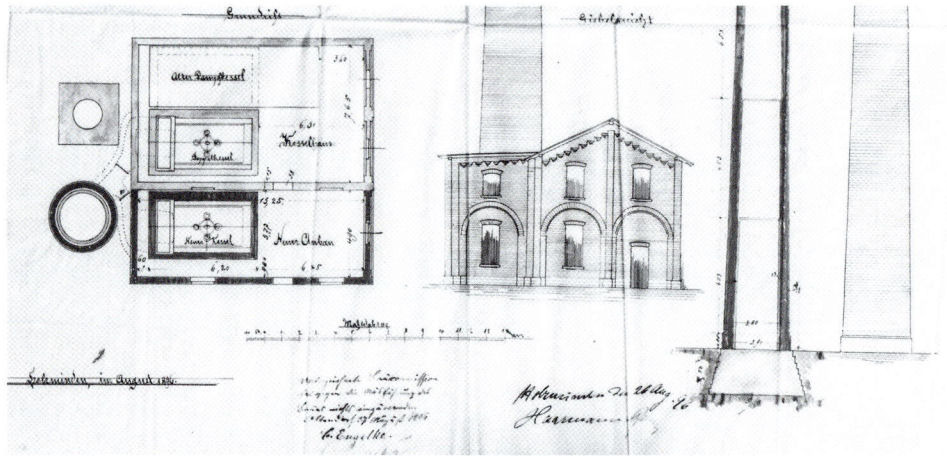

Oben: Betriebsgelände von Osten;
links: Im Kesselhaus von Haarmann &
Reimer, das sich auf Bild oben im linken
Gebäude befindet.

Unten: Blick aus südlicher Richtung
über die Fabrikstraße und das dahinter
gelegene von einer Mauer umgrenzte
Betriebsgelände.

1900 – Weltausstellung in Paris

Die Weltausstellung in Paris war mit 48 Millionen Besuchern eine der erfolgreichsten Ausstellungen ihrer Art und sollte zu Beginn des 20. Jahrhunderts eine Zeitenwende markieren. In einem Staatsdekret zur Ausstellung schrieb der französische Handesminister: „Sie soll den Schluss bilden eines fruchtbaren Jahrhunderts und zeigen was Kunst und Wissenschaft und menschliche Arbeit zu schaffen vermögen; sie soll aber auch die Schwelle einer neuen Zeit werden, von der die Gelehrten und Philosophen uns Großes prophezeien, und deren Schöpfermacht, alle unsere Träume und Erwartungen übersteigen wird." Haarmann & Reimer war im Rahmen der „Sammelausstellung der Deutschen Chemischen

Betriebsbeschreibung im Katalog zur „Sammelausstellung der Deutschen Chemischen Industrie" auf der Weltausstellung in Paris

Industrie" vertreten. Im Katalog wird nach der Darstellung von Produkten und Forschungsleistungen recht ausführlich auf soziale Aspekte eingegangen: „Die Firma befindet sich in Altendorf bei Holzminden und beschäftigt 8 technische Beamte, 5 Kaufleute und 65 Arbeiter. [...] Die Firma sorgt für ihre Arbeiter durch zahlreiche Wohlfahrtseinrichtungen. [...] Zweimal am Tag wird warmer Kaffee verabreicht. Zu Weihnachten werden Geschenke und Sparcasseneinlagen verteilt."

Zur Historie wird folgendes vermerkt: „Es entwickelte sich so allmählich das Geschäft zu einer Fabrik künstlicher Riechstoffe aller Art, welche im Zustande vollkommenster Reinheit dargestellt und in den Handel gebracht werden. "

1901 – Haarmann & Reimer wird GmbH und ein Holzmindener Unternehmen

Genaugenommen war Haarmann & Reimer bis zur Jahrhundertwende ein Unternehmen im Dorf Altendorf. Dieses Dorf lag zwar in unmittelbarer Nähe östlich der Stadt Holzminden, war aber bis 1921 selbstständig. Die ersten Betriebsanlagen von Haarmann & Reimer lagen auf Altendorfer Gebiet. 1901 erwirbt die Firma dann unmittelbar angrenzende Flächen des Holzmindener Stadtgebietes. Im Oktober 1901 wird das Unternehmen zudem in eine GmbH umgewandelt: „Gegenstand des Unternehmens ist die Übernahme und Fortsetzung der seit dem 20. Mai 1891 zu Holzminden bestehenden Kommandit-Gesellschaft Haarmann & Reimer nebst Firma, des unter dieser Firma betriebenen chemischen Fabrikations- und Handels-Gewerbes mit Activis und Passivis, Vergrößerung und Ausdehnung dieser Fabrik, Erwerb und Betrieb anderer chemischer Fabriken bzw. aller sonstigen chemischen Fabrikations- und Handels-Geschäfte, Beteiligung an anderen gleichartigen und ähnlichen Unternehmungen.

Postkarte von Altendorf mit einer Ansicht der „Vanillinfabrik"
(um 1900, Fotograf: Otto Liebert)

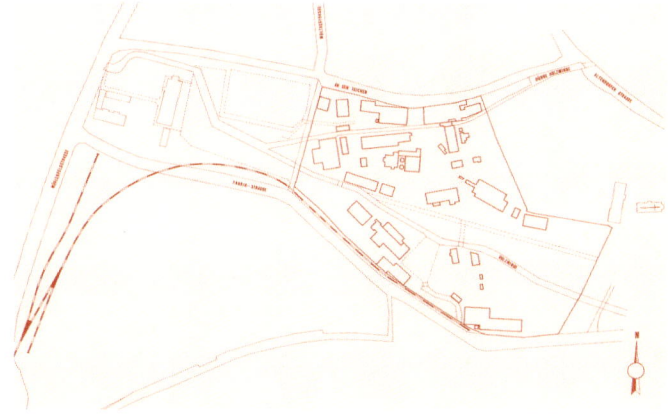

Koloriertes Foto des Firmengeländes am Oberen Teich, um 1920

Das Stammkapital der Gesellschaft beträgt 449 800 Mark. Zum Geschäftsführer ist der Dr. Wilhelm Haarmann zu Höxter, zu stellvertretenden Geschäftsführern sind der Dr. Richard Schmidt und der Dr. Ferdinand Sembritzki bestellt.

[...]

Die Einlagen der Gesellschafter werden – abgesehen von den Baar-Einschlüssen – dadurch geleistet, daß Ein Jeder der Gesellschafter seinen ganzen Anteil an der bisherigen Kommandit-Gesellschaft in die Gesellschaft mit beschränkter Haftung einbringt. Der Wert dieser Anteile beträgt:

1. *Für Dr. Wilhelm Haarmann 82 500 M.*
2. *Für die Erben des Professors Dr. Ferdinand Tiemann zu Berlin, [...] 82 500 M.,*
3. *Für Edgar de Laire zu Paris: 82 500 M.,*
4. *Für Kaufmann Alfred Max zu Paris: 21 000 M.,*
5. *Für Kaufmann Eugene Max zu Paris: 15 700 M.,*
6. *Für Kaufmann Charles Max zu Paris: 15 700 M."*

Wie aus dieser Aufstellung ersichtlich ist, sind fast die Hälfte der Gesellschaftsanteile von Haarmann & Reimer in französischer Hand. Im Gegenzug halten Haarmann und die Erben Tiemanns ebenfalls Anteile an dem französischen Unternehmen de Laire & Co.

Das Betriebsgelände von Haarmann & Reimer wird somit bis an die Fabrikstraße erweitert. Dort hatten sich die Eisen-

Schematischer Plan des Betriebsgeländes von Haarmann & Reimer für das Jahr 1909 mit Gleisanschluss an der Fabrikstraße

1884 – 1918

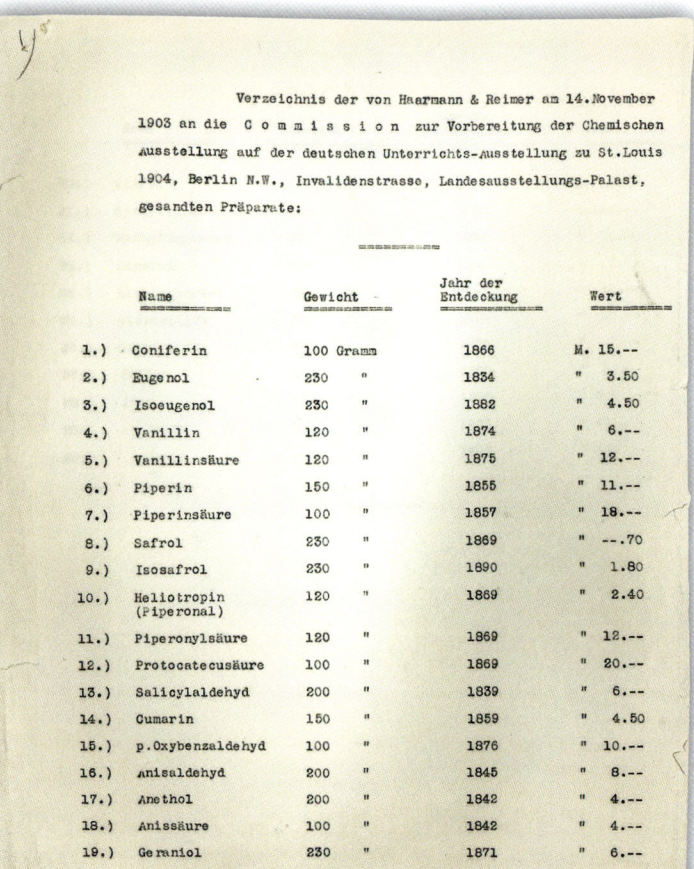

Verzeichnis der von Haarmann & Reimer am 14.November 1903 an die C o m m i s s i o n zur Vorbereitung der Chemischen Ausstellung auf der deutschen Unterrichts-Ausstellung zu St.Louis 1904, Berlin N.W., Invalidenstrasse, Landesausstellungs-Palast, gesandten Präparate:

	Name	Gewicht		Jahr der Entdeckung	Wert
1.)	Coniferin	100	Gramm	1866	M. 15.--
2.)	Eugenol	230	"	1834	" 3.50
3.)	Isoeugenol	230	"	1882	" 4.50
4.)	Vanillin	120	"	1874	" 6.--
5.)	Vanillinsäure	120	"	1875	" 12.--
6.)	Piperin	150	"	1855	" 11.--
7.)	Piperinsäure	100	"	1857	" 18.--
8.)	Safrol	230	"	1869	" --.70
9.)	Isosafrol	230	"	1890	" 1.60
10.)	Heliotropin (Piperonal)	120	"	1869	" 2.40
11.)	Piperonylsäure	120	"	1869	" 12.--
12.)	Protocatecusäure	100	"	1869	" 20.--
13.)	Salicylaldehyd	200	"	1839	" 6.--
14.)	Cumarin	150	"	1859	" 4.50
15.)	p.Oxybenzaldehyd	100	"	1876	" 10.--
16.)	Anisaldehyd	200	"	1845	" 8.--
17.)	Anethol	200	"	1842	" 4.--
18.)	Anissäure	100	"	1842	" 4.--
19.)	Geraniol	230	"	1871	" 6.--

- 2 -

	Name	Gewicht		Jahr der Entdeckung	Wert
20.)	Citral	230	Gramm	1890	M. 8.--
21.)	Cyclocitral	230	"	1898	" 110.--
22.)	Methylheptenon	230	"	1890	" 20.--
23.)	Linalool	230	"	1891	" 7.--
24.)	Linalylacetat	230	"	1891	" 16.--
25.)	Citronellol	230	"	1896	" 60.--
26.)	Citronellal	230	"	1875	" 7.--
27.)	Iridin	100	"	1893	" 10.--
28.)	Iron	230	"	1893	" 200.--
29.)	Jonon	230	"	1893	" 200.--
30.)	Jonon	230	"	1893	" 200.--

1903 präsentiert Haarmann & Reimer auf der Weltausstellung in St. Louis, USA, eine Vielzahl von Produkten. Im Begleitschreiben an Dr. Marwedel von der Haarmann-de Laire-Schaefer Company heißt es: „Sie erhalten ferner eine Muster-Kollektion unserer Produkte. Wir bitten Sie mit Dr. Schaefer und Dodge & Olcott zu besprechen, welche von diesen Produkten für Amerika Interesse haben könnten."

gießerei Pistorius, die Riemenscheibenfabrik Dr. Abbes, Papierfabrik Steinmeier, Essigfabrik Bertling, die Holzverzuckerung, eine Leinen-Bleicherei und weitere Betriebe angesiedelt. Haarmann & Reimer erhält über die Fabrikstraße auch Zugang zu einem Bahnanschluss.

1909 – Besuch des Regenten

Bei seiner Besichtigungsfahrt durch den braunschweigischen Weserdistrikt macht der braunschweigische Regent Johann Albrecht Herzog von Mecklenburg auch Station beim Unternehmen Haarmann & Reimer, das vor allem durch seine internationale Ausrichtung Bedeutung im Herzogtum Braunschweig erlangt hat. Neben Haarmann & Reimer besuchte der Regent auch das im Bau befindliche Landschulheim und die Brauerei Allersheim, wo er „mit Behagen und Anerkennung" ein Glas Bier trank. In dem Bericht über den Besuch heißt es weiter: „Die Absatzgebiete [von Haarmann & Reimer] erstrecken sich über alle zivilisierten Länder. Wegen der hohen amerikanischen Zölle hat sich die Firma genötigt gesehen, in New York eine Filiale zu errichten."
Bei Haarmann & Reimer sind nun 7 Chemiker, 9 kaufmännische und Büro-Beamte, 1 Elektrotechniker und 60 Arbeiter beschäftigt.

Mit Frack und Zylinder präsentierten sich Geschäftsleitung und Chemiker von Haarmann & Reimer 1909 zum Besuch des Regenten. Dass der Besuch zur Zufriedenheit aller stattfand, belegt die Notiz von Wilhelm Haarmann mit der Einladung zu „Bier und Butterbrot" vom 18. Juni 1909.

HAARMANN & REIMER,
CHEMISCHE FABRIK ZU HOLZMINDEN, G. M. B. H.

Holzminden, den 18. Juni 1909.

CONTO BEI DER DEUTSCHEN BANK, BERLIN.

POSTSCHECK-CONTO No. 299 HANNOVER.

TELEPHON No. 19.

LIEBER'S CODE USED.

Ich habe mich gefreut, dass alle nach ihren besten Kräften dazu beigetragen haben, dass ich die Fabrik dem Herzog-Regenten in tadellosem Zustande habe vorführen können. Se Hoheit hat sich sehr anerkennend über das Gesehene geäussert, und spreche ich allen meinen Dank für ihre Mitwirkung aus.

Sämtliche in der Fabrik Beschäftigte lade ich auf Sonnabend Abend ½8 - ½11 Uhr zu einem Glase Bier und Butterbrot nach Heller's Gastwirtschaft ein.

Dr. Wilh. Haarmann

1909 – Das Maiglöckchenjahr

In seinem grundlegenden Aufsatz über *„Die Entwicklung der Industrie der ätherischen Öle in den letzten 25 Jahren"* schreibt der Chemiker Albert Hesse: *„Hat doch im Jubiläumsjahr 1909 gerade die Firma Haarmann & Reimer, deren von Tiemann unterstützte Bestrebungen für die Fabrikation der Einzelriechstoffe bahnbrechend gewesen sind, [...] einen wundervollen Erfolg auf dem Gebiet der komplexen Riechstoffe durch die Darstellung eines künstlichen Maiglöckchenöls herausgebracht. Dieses zarte Parfüm ist von dem der aufdringlichen intensiven Parfüms der letzten Jahre überdrüssigen Publikum mit solcher Begeisterung aufgenommen worden, daß man das Jahr 1909 vom Parfümerie-Standpunkte aus mit Recht als das Maiglöckchenjahr bezeichnen kann."*

Weiter schreibt Albert Hesse über die Forschungen von Haarmann & Reimer, dass die Erfindung des Jonons einen *„gewaltigen Umschwung in der Parfümerie und in der Beurteilung der künstlichen Riechstoffe seitens der Parfümeure"* bewirkt habe.

Dampferfahrt nach Bodenwerder, 14. Juni 1913: Die Firma Haarmann & Reimer auf Betriebsausflug

Ethylvanillin

Vor dem Ersten Weltkrieg wurde bei Haarmann & Reimer Ethylvanillin erfunden und unter dem Namen Bourbanol auf den Markt gebracht. Chemisch wird bei Ethylvanillin die Methylgruppe der Verbindung gegen eine Ethylgruppe ausgetauscht. Der Stoff ist zwei- bis viermal intensiver als Vanillin, kommt aber in der Natur nicht vor. Aus diesem Grunde durfte Ethylvanillin zunächst nur in der Parfümerie verwendet werden.

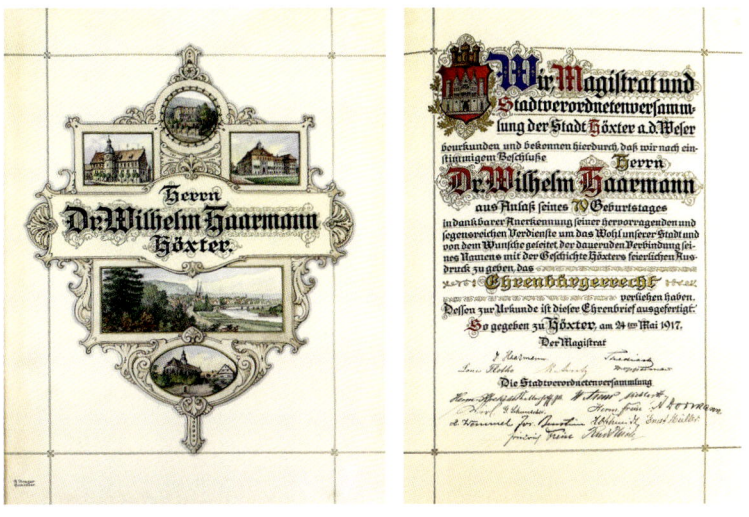

Die Chemie-Industrie im Ersten Weltkrieg

Im Ersten Weltkrieg begann ein ganz dunkles Kapitel Chemiegeschichte: Mit der Produktion und dem Ersteinsatz von Giftgas im April 1915 „eröffnete" Deutschland mit aktiver Hilfe der chemischen Industrie den Gaskrieg. Außerdem half diese dem Deutschen Reich durch die im Haber-Bosch-Verfahren realisierte Ammoniaksynthese bei der Produktion von Sprengstoff. Denn durch die englische Seeblockade blieben Salpeter-Lieferungen schon früh aus. So hätte der Sprengstoffmangel wahrscheinlich zu einem deutlich früheren Kriegsende geführt.

Zwar mussten die Patente zur Ammoniakherstellung nach Kriegsende laut dem Vertrag von Versailles von BASF herausgegeben werden, dennoch blieben die BASF und später die I.G. Farben der weltweit größte Ammoniakhersteller – hauptsächlich verwendet für Dünger in der Landwirtschaft.

Insgesamt erlebte die deutsche Chemieindustrie durch die oben genannten Aspekte einen Aufschwung im Ersten Weltkrieg. Trotz der im Versailler Vertrag festgelegten Reparationen blieben die produktionstechnische Kompetenz und die meisten Produktionsanlagen erhalten. Während im Krieg eher planwirtschaftliche Vorgaben des Staates einzuhalten waren, konnten die Unternehmen nach Ende des Krieges wieder die Entwicklung neuer Stoffe vorantreiben und die Produktion ertragreicher Produkte ausweiten. Die heimische Inflation erwies sich dabei im Exportbereich durchaus als vorteilhaft.

Auch die Riech- und Geschmacksstoffindustrie profitierte von den Kriegsjahren, da durch den Wegfalls des Imports der Markt für Ersatzstoffe sehr stark wuchs – die Not ließ alle Bedenken gegen künstliche Produkte in den Hintergrund treten.

In den Folgejahren entdeckten die großen Chemiehersteller durch die Potenziale ihrer Produktionsanlagen und den Zugang zu Rohstoffen auch den lukrativen Markt der Riechstoffe und machten Spezialisten wie Haarmann & Reimer Konkurrenz.

Zum 70. Geburtstag zeichnete die Stadt Höxter Wilhelm Haarmann „*in dankbarer Anerkennung seiner hervorragenden und segensreichen Verdienste um das Wohl unserer Stadt*" mit dem Ehrenbürgerrecht aus.

Carl Duisberg wurde 1912 zum Generaldirektor und Vorstandsvorsitzenden der Farbenfabriken vorm. Friedr. Bayer & Co. ernannt. Duisberg gehörte zu den wichtigsten Fürsprechern des Giftgaseinsatzes im Ersten Weltkrieg: „*Dieses Chlorkohlenoxyd ist das gemeinste Zeug, das ich kenne. [...] Die einzig richtige Stelle aber ist die Front, an der man so etwas heute probieren kann und auch für die Zukunft nicht sobald wieder Gelegenheit hat, so etwas auszuprobieren. [...] Ich kann deshalb nur noch einmal dringend empfehlen, die Gelegenheit dieses Krieges nicht vorübergehen zu lassen, ohne auch die Hexa-Granate zu prüfen.*"

1884 – 1918

Neuanfänge und wieder ein Krieg

1919 - 1945

Bahnhofstraße 6: Das Geburtshaus von Carl Wilhelm Gerberding. Im Friseursalon seiner Mutter machte Gerberding während des Ersten Weltkriegs seine ersten Versuche mit Haarwässern und Riechstoffen und gründete unmittelbar nach Kriegsende sein Unternehmen.

Im April 1945 wurde das Gebäude von einer Bombe getroffen und zerstört.

Im Ersten Weltkrieg konnten nur Haarmann & Reimer und Boehringer Mannheim die Produktion von Vanillin aufrechterhalten. Durch die Wirtschaftsblockade der Alliierten wurde die deutsche Wirtschaft hart getroffen und die Gesamtproduktion sank. Das Fehlen vieler Duft- und Geschmacksstoffe auf dem deutschen Markt ließ allerdings die Bedeutung des Vanillins und anderer künstlicher Stoffe für die Aromatisierung von Lebensmitteln erstarken.

Da das synthetische Vanillin – im Gegensatz zu manch anderem Ersatzstoff – dem natürlichen Geschmack der Vanille wenig nachstand, verschwanden gleichsam viele Bedenken gegenüber diesem Syntheseprodukt. Auch die immer wieder auftauchenden Pressemeldungen über Vanillinvergiftungen erwiesen sich als unhaltbar: bei genauerer Überprüfung lag die Ursache der Vergiftungen stets beim eigentlichen Lebensmittel (Speiseeis oder Pudding) und nicht beim äußerst gering dosierten Geschmacksstoff.

Das wird mit ein Grund dafür gewesen sein, dass dem weltweit agierenden Unternehmen trotz all der vorübergehenden Einschränkungen kaum nachhaltiger Schaden entstand. Allerdings verlor Haarmann & Reimer die Beteiligung an dem französischen Partnerunternehmen „De Laire & Co", während jene Firma die Anteile des deutschen Unternehmens behalten konnte. Zudem entstanden im europäischen Ausland aufgrund der fehlenden Belieferung durch deutsche Firmen während des Ersten Weltkriegs Konkurrenzfirmen. Mit neu entwickelten Methoden gelang es zu Beginn des 20. Jahrhunderts, Vanillin aus anderen Pflanzen und sogar aus Abwasser von Zellulosefabriken zu gewinnen. 1926 gab es weltweit 18 Firmen, die Vanillin herstellten, inklusive der Unternehmen der Vanillin-Konvention in Deutschland.

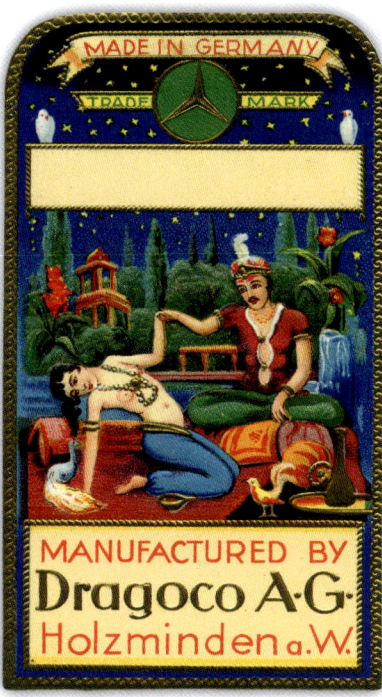

Das Etikett aus der Anfangszeit von Dragoco unterstreicht den internationalen Anspruch des neu gegründeten Holzmindener Unternehmens.

1919 – Gründung der Drago-Werke

Auch in Holzminden entstand nach dem Krieg ein neues Unternehmen: Als Sohn eines Friseurmeisters gründete Carl Wilhelm Gerberding zusammen mit seinem Vetter August Bellmer die „Drago-Werke, chemische Fabrik" in Holzminden. Es wurden Haarwässer sowie Parfüm- und Seifenkompositionen produziert. Der Firmenname (englisch dragon: Drache) spiegelte Gerberdings Liebe zum fernen Osten und dessen uralter Duftkultur wider. Das Logo mit dem asiatisch anmutenden Drachen gestaltete Gerberding später selbst.

Der Firmensitz befand sich in seinem Elternhaus in der Bahnhofstraße. Der Legende nach rührte Gerberding seine ersten Kreationen in einer Badewanne zusammen. Sein Vater war schon 1908 gestorben, das Friseurgeschäft war verpachtet und die angegliederte „Badeanstalt" wurde von der Mutter betrieben. Carl-Heinz Gerberding (Sohn des Firmengründers) schrieb in seinen Lebenserinnerungen, seine Großmutter habe eigenhändig Bäder vorbereitet *„normal oder mit Tannenduft. Tannenduft war ein grünes Öl, das das Wasser nicht nur grün färbte, sondern auch gewaltige Fichtenwaldgerüche verströmte. Normal kostete 25 Pf, Fichtennadelduft 40 Pf. Also ging die Großmutter mit dem Fichtenduft sparsam um. Verlangte der Nachfolger eines Fichtenbades auch ein solches, wurde die Wanne nicht ganz abgelassen, sondern einfach wieder aufgefüllt. Das sparte ‚grünes' Öl."*

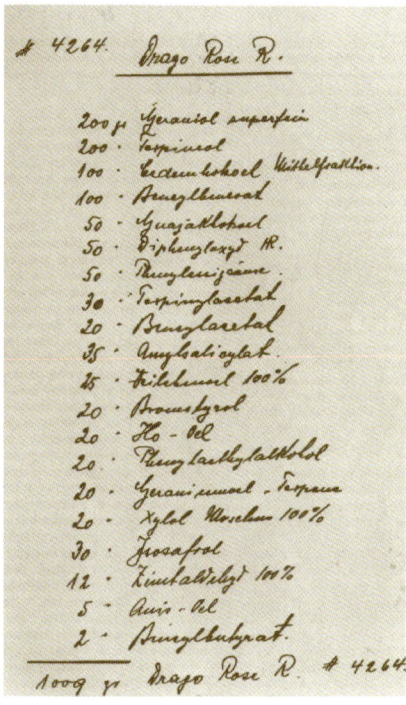

Handgeschriebene Rezeptur von Carl Wilhelm Gerberding

Liste der wahlberechtigten Arbeiter 1923.

Lfd. Nr.	Namen	Lfd. Nr.	Namen	Lfd. Nr.	Namen
1.	Schütz	26.	Klages 1	51.	Schwarze
2.	Riegling	27.	Kreikenbohm	52.	Henze
3.	Kramer	28.	Hilmer 1	53.	Timmermann 1
4.	Heise 1	29.	Mahlmann	54.	Asche
5.	Heise 2	30.	Probst 2	55.	Grüne
6.	Dauer	31.	Schmidt 5	56.	Schumacher 3
7.	Schmidt 1	32.	Schoppe	57.	Heise 4
8.	Schünemann 1	33.	Diekmann 2	58.	Schmidt 7
9.	Wöhning	34.	Schmidt 6	59.	Esser
10.	Niemeijer	35.	Weber	60.	Peinecke
11.	Lamse 1	36.	Dormann	61.	Hilmer 2
12.	Probst 1	37.	Schäfer	62.	Timmermann 2
13.	Lielrecht	38.	Verzagt	63.	Winzmann
14.	Winnefeld	39.	Specht	64.	Schaumann 2
15.	Jakob	40.	Schmidt 8	65.	Bremer
16.	Wegener 1	41.	Bock	66.	Diekmann Wwe
17.	Tanze	42.	Schaumann 1	67.	Dormann "
18.	Hesse	43.	Spormann	68.	Klages "
19.	Wegener 2	44.	Deives	69.	Dauer "
20.	Olms	45.	Kühne		
21.	Diekmann 1	46.	Schünemann 2		
22.	Wegener 3	47.	Schwake		
23.	Kromberg	48.	Hartmann		
24.	Czepluch	49.	Schumacher 1		
25.	Heise 3	50.	Diekmann 3		

Die Zeit der Mitbestimmung von Arbeitern und Angestellten begann in der Weimarer Republik im Jahre 1920, als das Betriebsrätegesetz in Kraft trat. Betriebe mit mehr als zwanzig Beschäftigten mussten demnach einen Betriebsrat wählen. Im Archiv des Symrise-Betriebsrates finden sich die ersten Unterlagen aus dem Jahre 1923. Die Listen der wahlberechtigten Arbeiter und Angestellten von Haarmann & Reimer dokumentieren die seinerzeit 90-köpfige Belegschaft des Werkes.

Neuanfänge ...

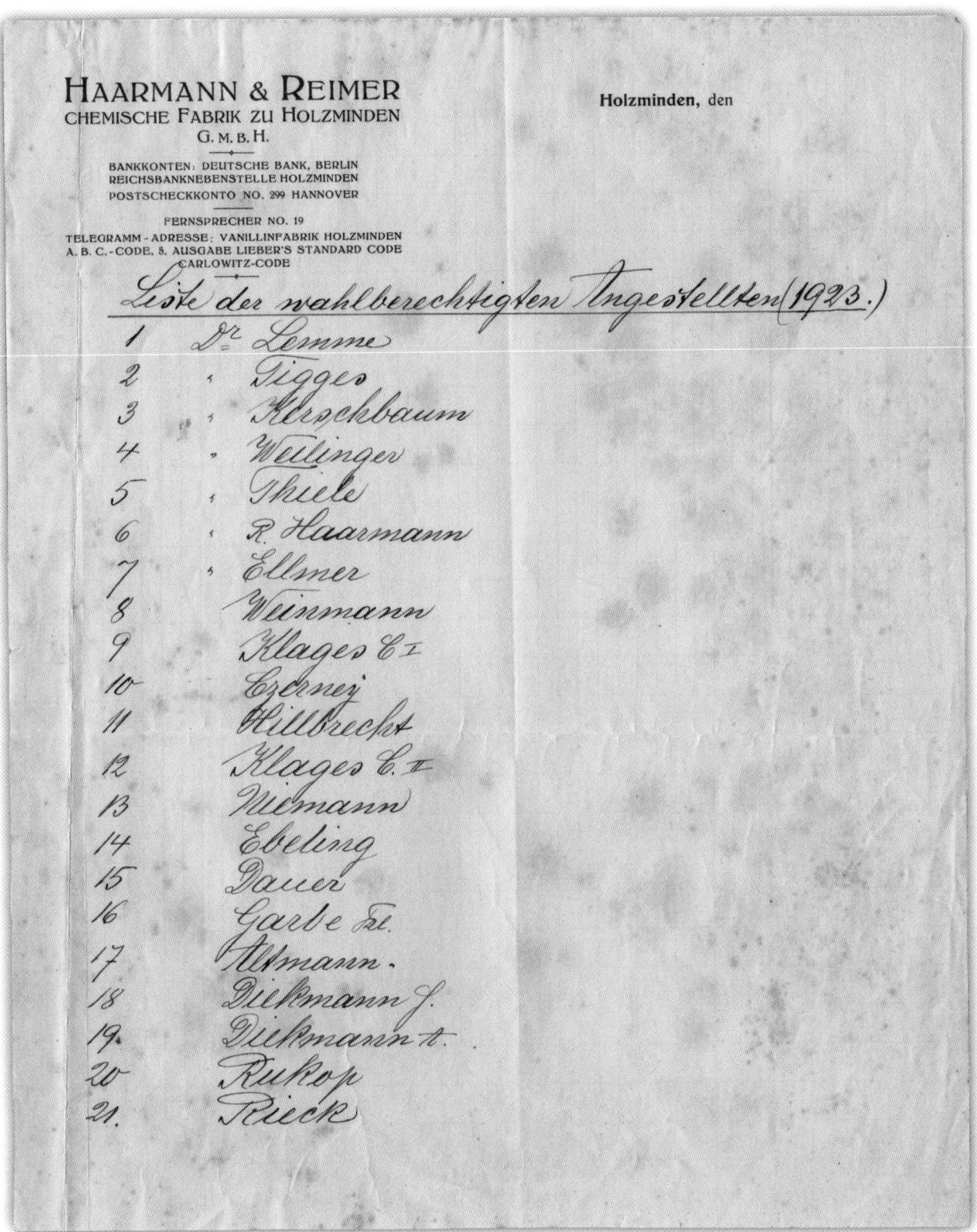

HAARMANN & REIMER
CHEMISCHE FABRIK ZU HOLZMINDEN
G. M. B. H.

BANKKONTEN: DEUTSCHE BANK, BERLIN
REICHSBANKNEBENSTELLE HOLZMINDEN
POSTSCHECKKONTO NO. 299 HANNOVER

FERNSPRECHER NO. 19
TELEGRAMM - ADRESSE: VANILLINFABRIK HOLZMINDEN
A. B. C. - CODE, 5. AUSGABE LIEBER'S STANDARD CODE
CARLOWITZ-CODE

Holzminden, den

Liste der wahlberechtigten Angestellten (1923.)

1 Dr Lemme
2 „ Tigges
3 „ Kirschbaum
4 „ Wellinger
5 „ Thiele
6 „ R. Haarmann
7 „ Ellmer
8 Weinmann
9 Klages C. I
10 Czerney
11 Hillbrecht
12 Klages C. I
13 Niemann
14 Ebeling
15 Dauer
16 Garbe sr.
17 Altmann
18 Diekmann J.
19 Diekmann A.
20 Rukop
21 Rieck

55

Das Gründungsjahr von Dragoco (die Drago-Werke wurden wenige Jahre nach der Gründung in „Dragoco" umbenannt) mag auf dem ersten Blick befremden: Nach dem Ersten Weltkrieg herrschten in Deutschland große Not und trotz der Ende 1918 ausgerufenen Republik politisches Chaos. Andererseits eröffnete der aufkommende liberale Staat auch hoffnungsvolle Wachstumsperspektiven. Davon zeugte die Zahl der registrierten Unternehmensgründungen, die im Jahre 1919 einen Rekordwert erreichten. Carl-Wilhelm Gerberding erkannte also den Zeitgeist und handelte danach.

1924 – 50 Jahre Haarmann & Reimer

Das 50. Gründungsjahr von Haarmann & Reimer fiel 1924 gesamtwirtschaftlich betrachtet in eine Phase der Stabilisierung. In der Jubiläumsbroschüre war nichts von Krisen zu lesen: Es wurde die Geschichte des Unternehmens dargestellt, eine Übersicht über die aktuellen Produkte sowie Fotografien vom Werksgelände und aus der Produktion wurden gezeigt. Im Text fand sich auch der Hinweis, dass sich die Firma Haarmann & Reimer in den letzten zwanzig Jahren die Aufgabe gestellt hatte, „die Riechstoffe unserer wohlriechenden Gartenblumen zu erforschen. [...] Um dies zu erforschen, mussten zunächst Versuchsfelder angelegt werden." Neben einer Lavendelplantage am Burgberg bei Bevern wurden unter anderem Reseda- und Lupinenpflanzungen im Bereich des Allersheimer Kirchwegs in Holzmin-

Straßenfront. Kontor und Lagerhäuser.

Ansicht vom westlichen Wasserturm.

Titelblatt und Abbildungen aus der Broschüre zum 50-jährigen Bestehen von Haarmann & Reimer im Jahre 1924

Destilliersaal I.

Teilansicht des Lagerraums.

Destilliersaal II.

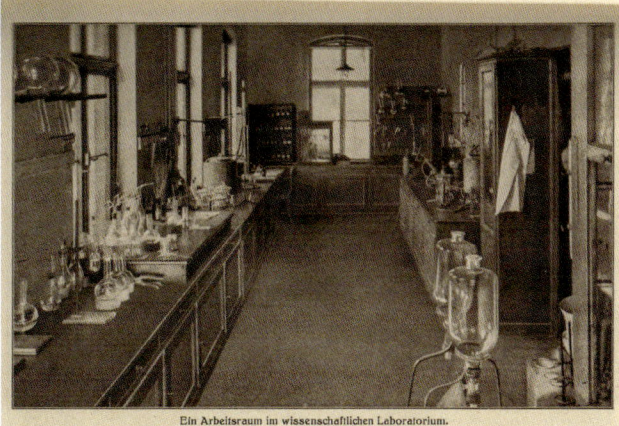

Ein Arbeitsraum im wissenschaftlichen Laboratorium.

den angelegt. Weiter hieß es dazu, dass sich die kostspielige wissenschaftliche Untersuchung als sehr schwierig gestaltet hatte: *„Manche von diesen Riechstoffen sind dabei in äußerst geringer Menge vorhanden, sind aber doch unentbehrlich, wenn man einen dem Blütenduft genau gleichen Riechstoff aufbauen will. Es mußten daher erst sehr subtile Untersuchungsmethoden ausgearbeitet werden [...] Besondere Verdienste um diese äußerst schwierige chemische Arbeit hat sich Herr Dr. M. Kerschbaum erworben."* Weiter hieß es, *dass es bedauerlich sei, „daß die Patentgesetze und ihre Handhabung durch die Gerichte keinen Schutz für die [...] Erfindungen gewähren, und daß deshalb diese wissenschaftlich außerordentlich interessanten Arbeiten nicht veröffentlicht werden können."*

Die Fotos in der Jubiläumsbroschüre zeigten ein eindrucksvolles Werksgelände, das sich zwischen der heutigen Straße An den Teichen und der damaligen Fabrikstraße (später Rumohrtalstraße) erstreckte. Seit der Jahrhundertwende hatte die Firma nicht nur eigene Werksgebäude errichtet, sondern auch umliegende Betriebe aufgekauft und in den Gebäuden eigene Produktionsanlagen installiert.

1927 – Mehr als 100 Beschäftigte bei Haarmann & Reimer

Das Unternehmen Haarmann & Reimer nannte sich inzwischen Produzent von „Spezial-Produkte[n] für die Fabrikation von Zuckerwaren, Likören, Backwaren und alkoholfreien Getränken". Mitte der 1920er Jahre konnte die Firma wieder an ihre internationalen Geschäftsbeziehungen anknüpfen. 1927 hatte das Unternehmen mehr als 100 Beschäftigte.

Die Führungsriege von Haarmann & Reimer im Jahr 1927 mit Wilhelm Haarmann jun. (links) und Max Kerschbaum (zweiter von links)

1926 – Erste Produktionsanlagen der Dragoco

Bis 1925 war Dragoco im Prinzip ein kleiner Laborbetrieb, der einigermaßen gut durch die Zeit der Inflation kam. Mit einem Anbau hinter Gerberdings Wohnhaus in der Bahnhofstraße 6 entstanden 1926 die ersten eigenen Produktionsanlagen – der erste Schritt, der Dragoco zu einem Industrieunternehmen machte.

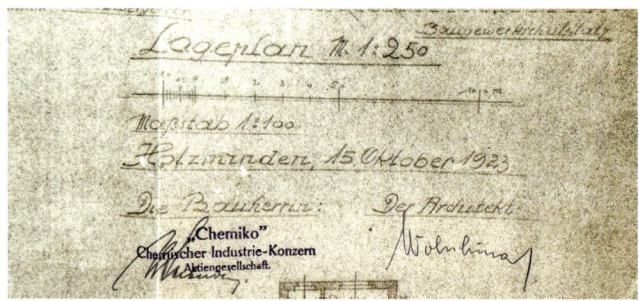

In der Inflationszeit gründete Carl Wilhelm Gerberding den Chemiekonzern „Chemiko", in dem neben der Dragoco auch einige ältere Chemieunternehmen zusammengefasst wurden. Das erste Geschäftshaus der „Chemiko" sollte in der Fürstenberger Straße entstehen. Im Stadtarchiv Holzminden fand sich der oben abgebildete Plan vom Oktober 1923. Der Bau musste allerdings schon 1924 wieder verkauft werden. 1928 eröffnete in diesem Gebäude die Central-Drogerie Somborn.

1928 – Dragoco wurde erneut Aktiengesellschaft

Schon 1923 hatte Carl Wilhelm Gerberding seine Firma in eine Aktiengesellschaft umgewandelt und manövrierte sie mit verschiedenen finanziellen Transaktionen und Gesellschaftsformen durch die Zeit von Inflation und Wirtschaftskrise. Die Aktiengesellschaft der Dragoco war bisher allerdings ein bescheidenes Unternehmen. Im Handbuch der Deutschen Aktiengesellschaften von 1928 wurde es folgendermaßen aufgeführt: *„Dragoco Aktiengesellschaft ätherische Öle und künstliche Riechstoffe in Holzminden, Zweck: Herstellung von Erzeugnissen der chemischen Industrie und der Handel mit derartigen Erzeugnissen; Erwerb verwandter oder für die Zwecke der Gesellschaft dienlicher Unternehmen und die Beteiligung an solchen Unternehmungen. Firmenbezeichnung (bis 1925) „Chemiko, Chemischer Industriekonzern, Aktiengesellschaft Hannover", Dividenden 1923 bis 1927 jeweils 0%".*
Ebenso wie Wilhelm Haarmann, der schon früh internationale Patente angemeldet und sein Vanillin auf der Weltausstellung in den USA präsentiert hatte, agierten C.W. Gerberding und August Bellmer mit großer Weitsicht, denn der Erwerb von Unternehmen wurde später zu einem entscheidenden Wachstumsfaktor.

Die Vanillin-Konvention in den 1920er Jahren

Mitte der 1920er Jahre lag der jährliche Vanillin-Bedarf in Europa bei ca. 70.000 kg. Während Haarmann & Reimer im 19. Jahrhundert aufgrund der zunehmenden Konkurrenz auf eigene Initiative ein erstes Kartell ins Leben gerufen hatte, waren die Vorzeichen nun ganz anders. Es war eine chemische Großindustrie entstan-

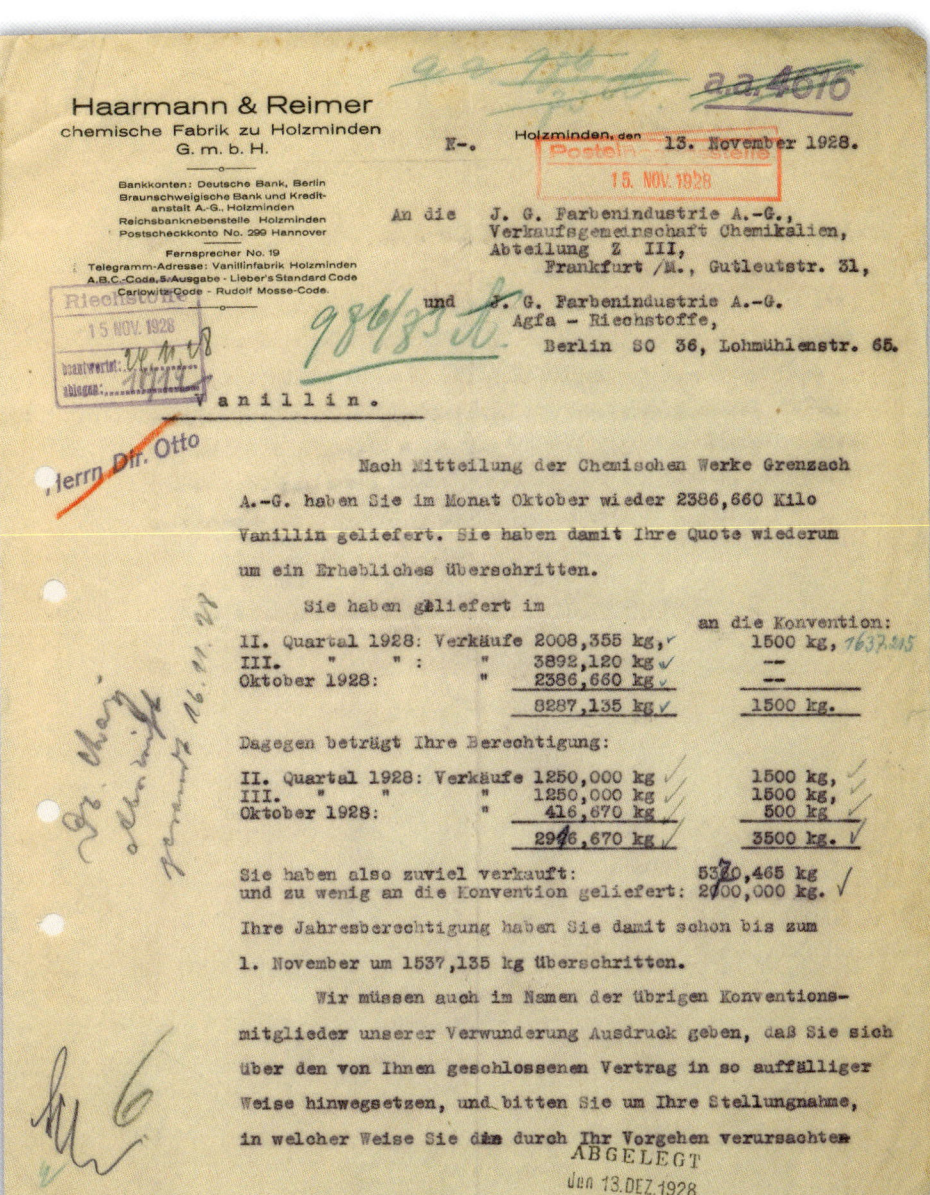

Haarmann & Reimer
chemische Fabrik zu Holzminden
G. m. b. H.

K-.   Holzminden, den   13. November 1928.

Bankkonten: Deutsche Bank, Berlin
Braunschweigische Bank und Kredit-
anstalt A.-G. Holzminden
Reichsbanknebenstelle Holzminden
Postscheckkonto No. 299 Hannover

Fernsprecher No. 19
Telegramm-Adresse: Vanillinfabrik Holzminden
A.B.C.-Code, 5.Ausgabe · Lieber's Standard Code
Carlowitz-Code · Rudolf Mosse-Code.

An die   J. G. Farbenindustrie A.-G.,
         Verkaufsgemeinschaft Chemikalien,
         Abteilung Z III,
         Frankfurt /M., Gutleutstr. 31,

und   J. G. Farbenindustrie A.-G.
         Agfa - Riechstoffe,
         Berlin SO 36, Lohmühlenstr. 65.

V a n i l l i n .

     Nach Mitteilung der Chemischen Werke Grenzach
A.-G. haben Sie im Monat Oktober wieder 2386,660 Kilo
Vanillin geliefert. Sie haben damit Ihre Quote wiederum
um ein Erhebliches überschritten.

     Sie haben geliefert im   an die Konvention:
II. Quartal 1928: Verkäufe 2008,355 kg,   1500 kg,
III.   "   " :   "   3892,120 kg   --
Oktober 1928:   "   2386,660 kg   --
                            8287,135 kg   1500 kg.

Dagegen beträgt Ihre Berechtigung:
II. Quartal 1928: Verkäufe 1250,000 kg   1500 kg,
III.   "   " :   "   1250,000 kg   1500 kg,
Oktober 1928:   "   416,670 kg   500 kg
                            2966,670 kg   3500 kg.

Sie haben also zuviel verkauft: 5320,465 kg
und zu wenig an die Konvention geliefert: 2000,000 kg.
Ihre Jahresberechtigung haben Sie damit schon bis zum
1. November um 1537,135 kg überschritten.

     Wir müssen auch im Namen der übrigen Konventions-
mitglieder unserer Verwunderung Ausdruck geben, daß Sie sich
über den von Ihnen geschlossenen Vertrag in so auffälliger
Weise hinwegsetzen, und bitten Sie um Ihre Stellungnahme,
in welcher Weise Sie die durch Ihr Vorgehen verursachten

ABGELEGT
den 13.DEZ.1928

Haarmann & Reimer G. m. b. H.   Blatt: 2   Holzminden, den 13. 11. 28.
    chemische Fabrik zu Holzminden

              J. G. Farbenindustrie A.-G., Frankfurt,
und Firma Agfa-Riechstoffe,   Berlin SO 36.

     ganz erhebliche Schädigung der übrigen Vertragspartner gutzumachen
gedenken.

     Sie haben Ihre steigenden Verkäufe nur dadurch bewirken können,
daß Sie die Konventionsmitglieder im Auslande vielfach unterboten
haben. Wir selbst haben in mehreren Fällen auf Ihre billigeren
Angebote hin bestehende Abschlüsse im Preise herabsetzen müssen.
Das sollte aber gerade durch den Vertrag vermieden werden, nachdem
Sie sich verpflichtet haben, Ihre Verkäufe auf 5000 kg im Jahre
zu beschränken und 6000 kg an die Konvention zu liefern.

                              Hochachtungsvoll
                      Haarmann & Reimer
                   chemische Fabrik zu Holzminden G. m. b. H.

Dieser Brief von Haarmann & Reimer an die „I. G. Farbenindustrie A.-G. Agfa-Riechstoffe" gibt Einblick in die Absichten der Vanillin-Konvention und die aus der grundsätzlichen Konkurrenzsituation der Vertragspartner resultierenden Schwierigkeiten.

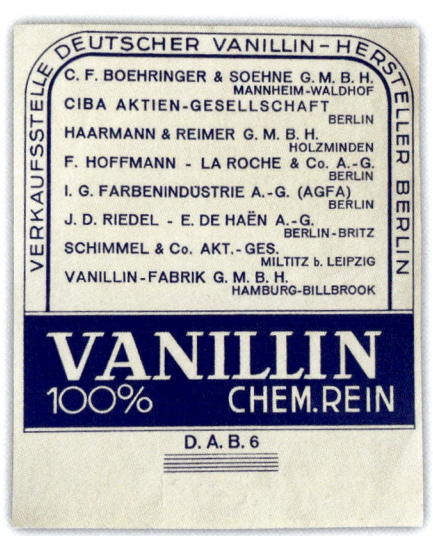

In den 1920er Jahren war die Vanillin-Konvention international ausgerichtet. Das oben abgebildete Etikett stammt aus späterer Zeit und dokumentiert, dass die nationalsozialistischen Machthaber die Vanillin-Konvention nationalisiert und in eine „Verkaufsstelle Deutscher Vanillin-Hersteller" überführt haben.

den, die auch den Markt der Riechstoffe ins Auge gefasst hatte. Agfa (Aktien-Gesellschaft für Anilin-Fabrikation) als Teil der I.G. Farben plante, große Mengen Vanillin aus dem gut verfügbaren Guajakol herzustellen. In diesem Zusammenhang gründete die I.G. Farben eine Vanillin-Konvention, in die Haarmann & Reimer als bisher größter Vanillin-Hersteller wohl oder übel eintreten musste. Auch Boehringer Mannheim, Grenzach und Hoffmann-la-Roche traten bei.

Innerhalb dieser Partnerschaft wurde allerdings mit sehr harten Bandagen gekämpft. Paulina S. Gennermann zitierte in ihrem Buch „Eine Geschichte mit Geschmack – die Natur synthetischer Aromastoffe im 20. Jahrhundert am Beispiel Vanillin" eine interne Diskussion aus dem Jahre 1928, deren Protokoll die Autorin im „Historischen Archiv Roche" gefunden hatte. Unter dem Stichwort „Streit in der Vanillin-Konvention" hieß es beispielsweise, dass ein Vertreter der I.G. Farben forderte, *„Holzminden sei auszuschalten"*, woraufhin Dr. Jacoby von der Chemischen Fabrik Griesheim entgegnete: *„H.&R. ist nicht auszuschalten. Sie werden immer wieder fabrizieren, solange sie das Eugenol-Verfahren noch haben."* Im weiteren Verlauf wird Dr. Boehringer zitiert: *„So unbedeutend, wie es dargestellt wird, ist H.&R. übrigens nicht. 2/3 ihres Absatzes geht ins Ausland."* Außerdem erfuhr man (zitiert wird Otto von der I.G. Farben), *„der Vorschlag der Nichtbelieferung von H.&R. ist für die Agfa unannehmbar. Die I.G. habe sich aber entschlossen, im allgemeinen Interesse ein weiteres Opfer zu bringen. Die Agfa würde sich mit einer internationalen Quote von 32% begnügen. Es sei dies aber das Aeusserste."*

Hintergrund dieser Diskussion waren unter anderem das Produktionsnetz und die Lieferketten, die die I.G. Farben unter ihre Kontrolle bringen wollte. Denn während ihre Unternehmen das Guajakol-Verfahren praktizierten, hielt Haarmann & Reimer am bewährten und qualitativ hochwertigeren Eugenol-Verfahren fest. Da das dazu benötigte Nelkenöl aber nicht aus der I.G. Farben stammte, sondern bei einer Hamburger Firma außerhalb der Interessengemeinschaft gekauft wurde, wollte die I.G. Farben Haarmann & Reimer, wenn schon nicht ganz ausschalten, dann wenigstens soweit wie möglich kontrollieren und an einer Produktionssteigerung hindern.

Neben dieser deutsch-schweizerischen Konvention gab es auch internationale Kartelle, an denen auch die deutschen Firmen in teilweise unterschiedlichen Konstellationen beteiligt waren.

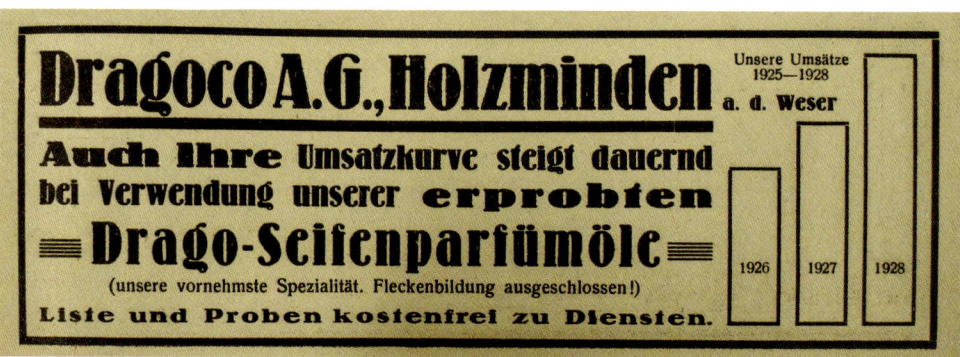

Werbeanzeige der Dragoco A.G. in einer Fachzeitschrift aus dem Jahr 1929

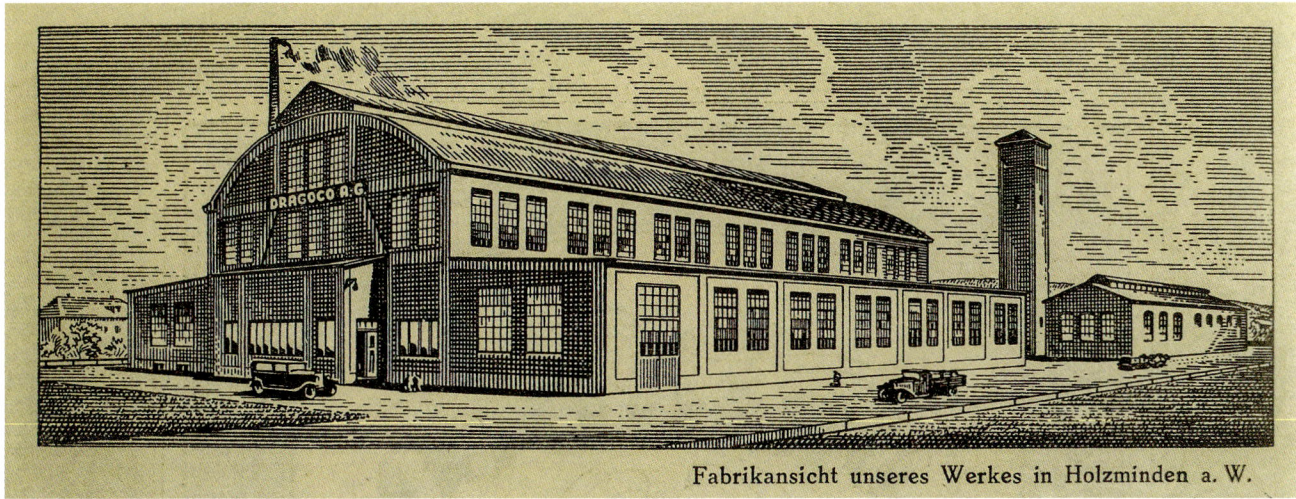

Fabrikansicht unseres Werkes in Holzminden a. W.

1929 – Umzug von Dragoco an die Sollingstraße

1929 übernahm Dragoco eine alte Eisengießerei an der Sollingstraße und richtete dort Produktion und Verwaltung ein. Die Firma zog somit auf das heutige Betriebsgelände des Symrise Werkes Solling im Bereich des Wiesenwegs. Mit Bezug der neuen Produktionshalle begann Dragoco mit nun 30 Mitarbeitern, auch Geschmacksstoffe und Lebensmittelaromen zu produzieren.

Die in der Anfangszeit von Dragoco entstandenen Fotos aus Verwaltung und Produktion können teilweise nicht verbergen, dass das Unternehmen in die Produktionshalle einer alten Eisengießerei eingezogen ist.

1919 – 1945

Die Werksanlagen von Schimmel & Co in Miltitz bei Leipzig

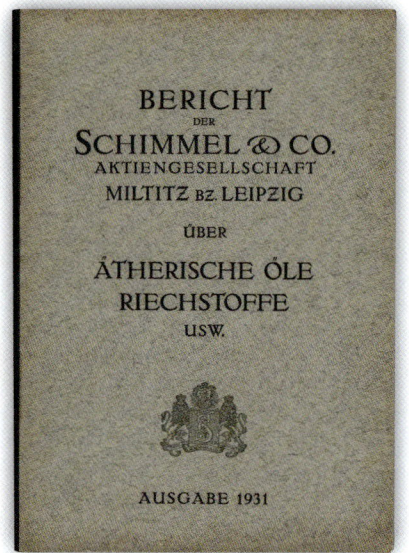

Die Berichte von Schimmel & Co unterstrichen den wissenschaftlichen Führungsanspruch des Betriebes auf dem Gebiet der ätherischen Öle und Riechstoffe.

Wilhelm Haarmann

1929 – 100 Jahre Schimmel & Co

Zwar hatte Haarmann & Reimer einen fachlich bedeutenden Ruf, und auch das Geschäft entwickelte sich zum Ende der 1920er Jahre gut, trotzdem war die Holzmindener Riech- und Geschmacksstoffindustrie mit insgesamt weniger als 150 Beschäftigten verglichen mit der chemischen Großindustrie als bescheiden zu bezeichnen: Die Unternehmen der I.G. Farben (mit den Hauptakteuren Bayer, BASF und Hoechst) hatten 1929 insgesamt fast 100.000 Mitarbeiter.

Das einzige Riechstoffunternehmen, das seinerzeit eine größere wirtschaftliche Bedeutung erlangte, war die Schimmel & Co A.G. in Miltitz bei Leipzig. Dieses Aktiengesellschaft entstand 1927 im Zuge der Fusion der 1829 gegründeten Firma Schimmel und des Leipziger Unternehmens E. Sachsse & Co.

Um 1900 hatte Schimmel einen hochmodernen Industriekomplex mit Arbeiterhäusern und einem Villenviertel für die Chemiker und höheren Angestellten in Miltitz bei Leipzig errichtet. Zur 100-Jahr-Feier am 1. September 1929 kamen mehr als 1000 Gäste und feierten das traditionsreiche Unternehmen. Unter anderem wurde ein Glückwunschschreiben des sächsischen Wirtschaftsministeriums verlesen, in dem es heißt: *„Ihre Firma hat auf dem Gebiete der Gewinnung flüchtiger Öle der Pflanzenwelt und der Herstellung ätherischer Öle und Riechstoffe in zielbewusster und rastloser Arbeit eines Jahrhunderts schon in der Leipziger Niederlassung ihre führende Stellung in der Wirtschaft und ihren Weltruf begründet. Ihre weltumspannenden Beziehungen finden nicht nur darin ihren Ausdruck, daß die Firma ihre Rohstoffe wohl aus allen Teilen der Erde bezieht, sondern ihre Erzeugnisse nach sämtlichen Kulturstaaten der Welt ausführt."* Verbunden damit wurde der Wunsch, dass es dem Unternehmen auch in Zukunft gelingen möge *„die Stellung als führendes Unternehmen ihres Wirtschaftszweiges auf dem Weltmarkt voll zu behaupten."*

1931– Tod Wilhelm Haarmanns

Wilhelm Haarmann starb 1931. Er wurde in einem Ehrengrab auf dem Friedhof in Höxter beigesetzt. In dem Nachruf von Dr. A. Elmer, Genf, in dem Fachblatt „Riechstoff Industrie" hieß es: *„Wenn an einer Stelle in besonders dankbarer Weise dieses reich gesegneten Lebens in kurzem Rückblick gedacht werden darf, so ist es in diesen Blättern, welche den Namen der Industrie tragen, bei deren Gründung und Förderung Wilhelm Haarmann an erster Stelle stand."* Über die Gründung von Haarmanns Vanillinfabrik schrieb Elmer: *„Die Inangriffnahme dieser Fabrikation muß als eine wirtschaftliche Tat ersten Ranges gekennzeichnet werden. [...] Den Begriff der Riechstoffchemie als eines abgegrenzten Forschungszweiges wie er uns heute geläufig ist, gab es damals noch nicht, geschweige denn eine Industrie der künstlichen Riechstoffe. [...] Die Anfänge einer Industrie der ätherischen Öle finden wir schon in der ersten Hälfte des 19. Jahrhunderts in den Unternehmungen einiger sächsischer Firmen (Schimmel, Heine, Sachsse, Hänsel u.a.). Aber erst im Jahre 1884 hatte Otto Wallach seine grundlegenden wissenschaftlichen Arbeiten über ätherische Oele und deren Bestandteile begonnen, welche diese Industrie auf dem Gebiete der Empirie auf eine wissenschaftliche Entwicklungsbasis geführt hatten. Zehn Jahre war Haarmann im Verein mit Tiemann diesem großen Meister, dessen systematischen Unter-*

Lavendelfelder von Haarmann und Reimer, Farbaufnahme aus den 1930er Jahren.

suchungen die Industrie der ätherischen Oele so viel verdankt, in der praktischen Auswertung der wissenschaftlichen Forschungsarbeit auf dem sich neuerschließenden Gebiete vorangeeilt. [...] Der jährliche Weltkonsum an Vanillin wird auf 500 000 kg geschätzt, der von ca. 20 Großbetrieben versorgt wird. Es erhellt hieraus, welch ein Faktor für die Weltwirtschaft sich aus Wilhelm Haarmanns erster Gründung entwickelt hat."

Wilhelm Haarmann war bis zu seinem Tod im Alter von 83 Jahren Geschäftsführer des Unternehmens. Nun übernahmen die Söhne Wilhelm und Reinhold die Leitung von Haarmann & Reimer.

Max Kerschbaum im Lavendelfeld am Burgberg bei Bevern

Lavendelfelder am Burgberg

Das Fachblatt „Riechstoff-Industrie" berichtete über die Lavendelfelder von Haarmann & Reimer am Burgberg bei Bevern. Darin hieß es: *„Es ist selbstverständlich, daß dieser in Deutschland gewonnene Lavendelextrakt für den allgemeinen Bedarf keinen Ausschlag gibt."*

Immerhin konnte Haarmann & Reimer die Lavendelfelder später nutzen, um bei den Machthabern einen positiven Eindruck zu erwecken: Aus dem Jahre 1943 liegt ein Bericht an den Kreisleiter Laue vor, in dem unter anderem auf die Lavendelfelder am Burgberg Bezug genommen wurde: *„Das Lavendelfeld wurde erstmalig im vorigen Jahr und auch in diesem Jahr im Rahmen der Arzneipflanzensammlung für die HJ [Hitlerjugend] abgeerntet und der Ertrag über die zuständigen Stellen den vorgesehenen Zwecken zugeführt. "*

Die Holzverzuckerung

Im Jahre 1936 wurde der „volkswirtschaftlich wichtige" dritte große chemische Betrieb in Holzminden mit staatlichen Subventionen aufgebaut, die Holzverzuckerungsgesellschaft mbH. 1938 wurde diese von der *Braunschweigischen Holzverzuckerungs KG W. Grotrian-Steinweg* übernommen. Mit großen Perkolatoren und Destillationsanlagen wurde auf dem Gelände der früheren *Bärtlingschen Essigfabrik* aus dem Sägemehl der zahlreichen holzverarbeitenden Industrien der Stadt Zucker hergestellt. Daraus wurden nach Vergärung und Destillation Alkohole gewonnen. In den Kriegsjahren wurden Nährstoffe und Rohsprit erzeugt. Nach dem Zweiten Weltkrieg gelang dann die Produktion von Feinsprit für Liköre und Trinkbranntweine. Die Produktion lag um 1950 bei bis zu 400.000 Liter monatlich. Damals waren dort 230 Mitarbeiter beschäftigt. Doch schon Ende der 1950er Jahre musste die Produktion eingestellt werden. Bis Mitte der 1980er Jahre wurde in dem Werk Papier hergestellt. Später wurde das Gelände von Haarmann & Reimer übernommen und die Gebäude abgerissen.

Seite aus einer Preisliste von Haensel: das Unternehmen war auf Essenzen für die Getränkeindustrie spezialisiert.

1933 – Aufschwung der Lebensmittelindustrie

Nach der Machtübertragung auf die Nationalsozialisten 1933 nahm die Lebensmittelindustrie zunächst einen Aufschwung. Das in Deutschland hergestellte Vanillin wurde bevorzugt in der Lebensmittelproduktion eingesetzt, um die durch die Autarkiebestrebungen Hitler-Deutschlands fehlenden Importe zu ersetzen. Vor allem Dr. Oetker benötigte Vanillin, um Puddingpulver für die Wehrmacht zu aromatisieren. Trotz zunehmender Knappheit war Vanillin vergleichsweise einfach herzustellen und erwies sich als beliebter Geschmacksgeber des Puddingpulvers.

1934 – 60 Jahre Haarmann & Reimer

In der Broschüre zum 60-jährigen Bestehen von Haarmann & Reimer wurde teilweise wortwörtlich der Text aus der Publikation zum 50-jährigen Bestehen übernommen. Ergänzt wurden die Hinweise: „*Auch auf dem hochinteressanten, schwierigen Gebiete der animalischen Gerüche wurde im wissenschaftlichen Laboratorium der Firma erfolgreiche Arbeit geleistet. [...] Das als praktisches Ergebnis dieser Arbeiten hergestellte Lacon ,Ambrettolid' ($C_{16}H_{28}O_2$) weist tatsächlich den parfümistisch wertvollen vegetabilischen Moschusduft in höchster Reinheit und Konzentration auf.*" Auch auf dem Gebiet der Alkalifestigkeit der wichtigsten natürlichen und künstlichen Riechstoffe seien große Fortschritte erzielt worden: „*Bei Verwendung dieser Seifenparfüms kann also dem Parfümeur die Gewähr geboten werden, daß weder der Seifenkörper durch das Parfüm Schaden leidet (z.B. ranzig wird, verfärbt) noch durch das Alkali der Seife Zersetzung oder Verluste von Seifenparfüm eintreten.*"
Dass die Geschäfte erfolgreich waren, zeigte sich unter anderem auch daran, dass sich Haarmann & Reimer im „Interesse der Unterstützung der heimatlichen Industrie" an der Noelle & von Campe Glashütte" in Boffzen beteiligte. Ganz offensichtlich handelte es sich hierbei um eine Unterstützungsmaßnahme, weil die Existenz der Firma gefährdet war.

1935 – Dragoco erwirbt die Firma Heinrich Haensel

Den Unternehmenszweck „Erwerb oder die Beteiligung an ähnlichen Unternehmen" setzte C.W. Gerberding 1935 mit der erfolgreichen Akquisition der Firma Heinrich Haensel um: Das 1841 in Pirna gegründete Unternehmen war ein etablierter Anbieter von ätherischen Ölen und Getränke-Essenzen, wodurch die Dragoco ihre Produktpalette deutlich erweitern konnte.
Das Unternehmen Haensel war eines der ersten Unternehmen der Essenzen-Industrie, Hersteller terpen- und sesquiterpenfreier ätherischer Öle und hatte sich besonders um die Erforschung und Identifizierung der Inhaltsstoffe von ätherischen Ölen einen Namen gemacht. Somit erwarb Dragoco mit dem Kauf der Firma Haensel auch Kompetenzen auf dem Gebiet der Forschung, die dem Ausbau der eigenen bisher eher bescheidenen Forschungsabteilung ganz sicher zugute kamen.
Die Produkte des Unternehmens wurden zum Zeitpunkt des Kaufes weltweit vertrieben. Der Katalog zum 100-jährigen Bestehen der Firma Haensel aus dem Jahre

Neuanfänge ...

1941 umfasste eine Vielzahl von Essenzen, Grundstoffen und Ausmischrezepten für alle Arten von Likören, Trinkbranntweinen und Limonaden.

Da der internationale Markt in den 1930er Jahren und vor allem in Kriegszeiten quasi zusammenbrach, wurde mit den künstlichen Getränkearomen zunächst vorwiegend der einheimische Markt bedient, denn mit den künstlichen Aromen wurden zahlreiche Importprodukte ersetzt.

Im Jahre 1935 hatte Dragoco 57 Mitarbeiter.

1937 – Dragoco wächst

Das Unternehmen Dragoco wurde in eine Kommanditgesellschaft umgewandelt: „Dragoco, Spezialfabrik konzentrierter Riech- und Aromastoffe, Gerberding & Co., Holzminden". Mit 33 Angestellten und 64 Arbeitern hatte Dragoco knapp 40 Prozent mehr Mitarbeiter als zwei Jahre zuvor und erwirtschaftete einen Umsatz von 2,1 Millionen Reichsmark.

Dragoco-Preisliste aus dem Jahr 1940

Fotos aus den 1930er und 1940er Jahren bei Dragoco.

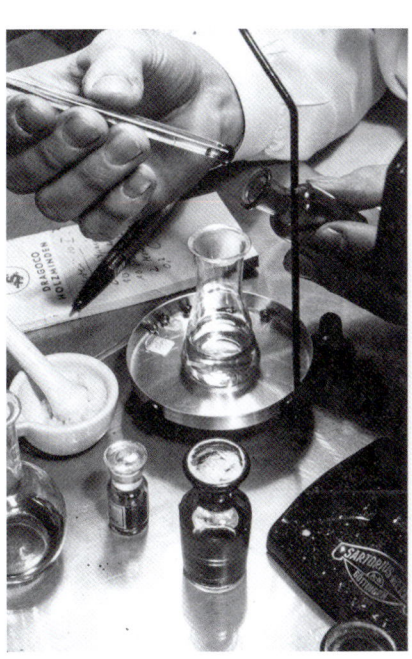

Dragoco in den 1940er Jahren. Die zahlreichen arbeitenden Frauen legen die Vermutung nahe, dass die Aufnahmen aus der Zeit des Krieges stammen; nur wenige Männer waren vom Kriegsdienst zurückgestellt.

Neuanfänge ...

1937 – Mehr Urlaub für die „Gefolgschaft"

Aus dem Februar 1937 stammt eine vierseitige aufwendig gestaltete „Geschichte des Betriebes" von Haarmann & Reimer. Ganz offensichtlich im Sinne des nationalsozialistischen Zeitgeistes stehen in der damaligen Darstellung die Errungenschaften für die „Gefolgschaft" – 50 Arbeiter und 30 Angestellte – im Vordergrund. Neben der Errichtung von Häusern und Wohnungen wird betont, dass *„im Juli 1934 [...] der Urlaub für die Arbeiterschaft bis auf 18 Arbeitstage ausgedehnt"* wurde. Ab 1935 seien Wochen-, statt Stundenlöhne eingeführt worden und im

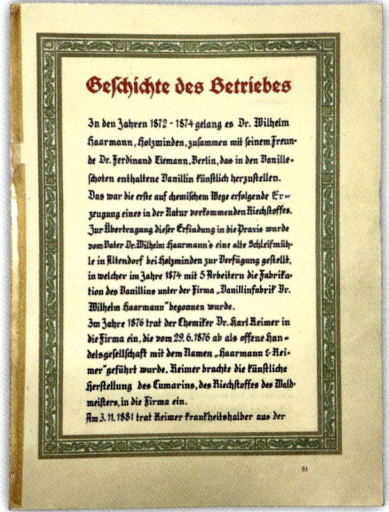

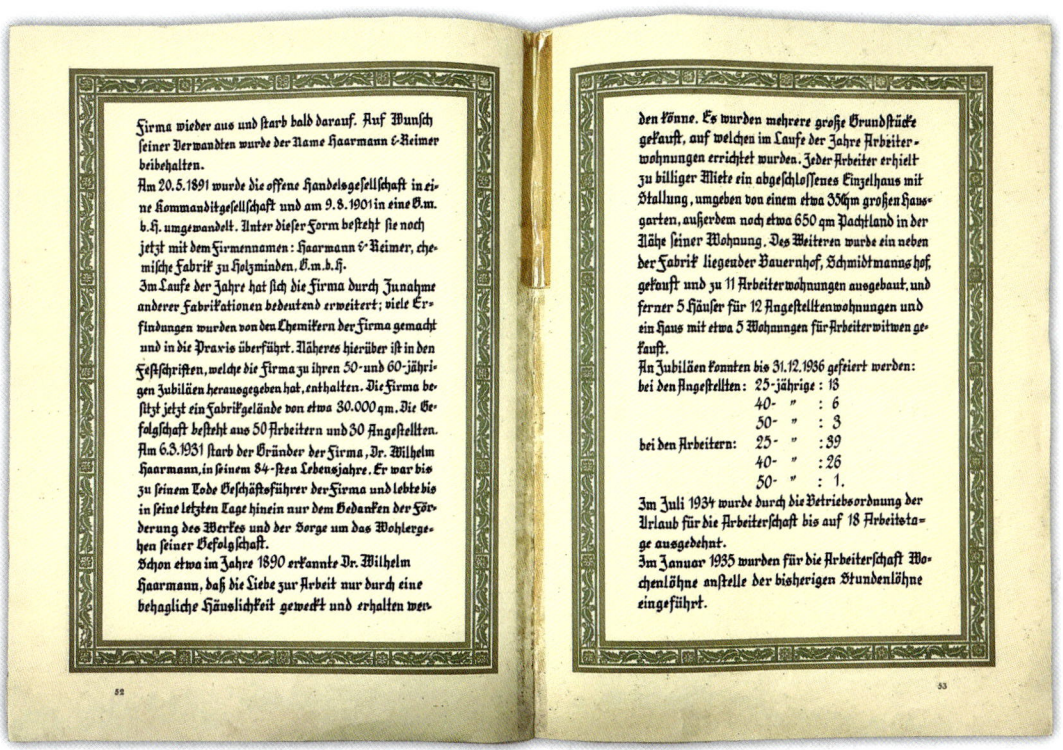

„Mai 1935 wurde die Zahlung des Krankengeldes für die 3 Karenztage der Betriebskrankenkasse durch die Firma für erkrankte Arbeiter eingeführt." Zudem seien in den Jahren 1934, 1935 und 1936 insgesamt 21 Arbeitern und Angestellten *„freie 8-tägige Urlaubsreisen unter Zahlung eines Zehrgeldes gewährt."* Sämtliche Teilnehmer hätten sich für eine Seefahrt nach Norwegen entschieden. *„Für 1937 ist beabsichtigt, die Zahl der Kameradschafts- und Betriebsabende [...] einzuschränken und dafür die Zahl der freien Urlaubsreisen zu vermehren."*

Man darf davon ausgehen, dass es sich bei den „Seefahrten nach Norwegen" um „Kraft-durch-Freude"-Reisen handelte. Diese von den Nationalsozialisten gegründete Massenorganisation weitete den Totalitätsanspruch des NS-Regimes auch auf Reisen und Urlaub aus. Einerseits wurden damit auch einfachen Arbeiterfamilien erstmals Urlaubsreisen ermöglicht, andererseits ging es tatsächlich darum, den „arischen" Arbeiter für eine wachsende Volkswirtschaft zu ertüchtigen und letztendlich aus den Deutschen ein kriegstüchtiges Volk zu machen.

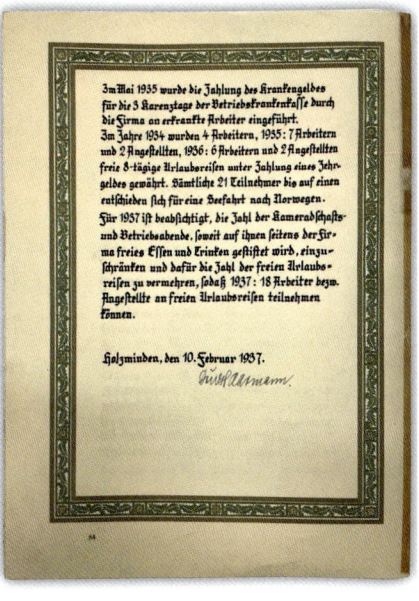

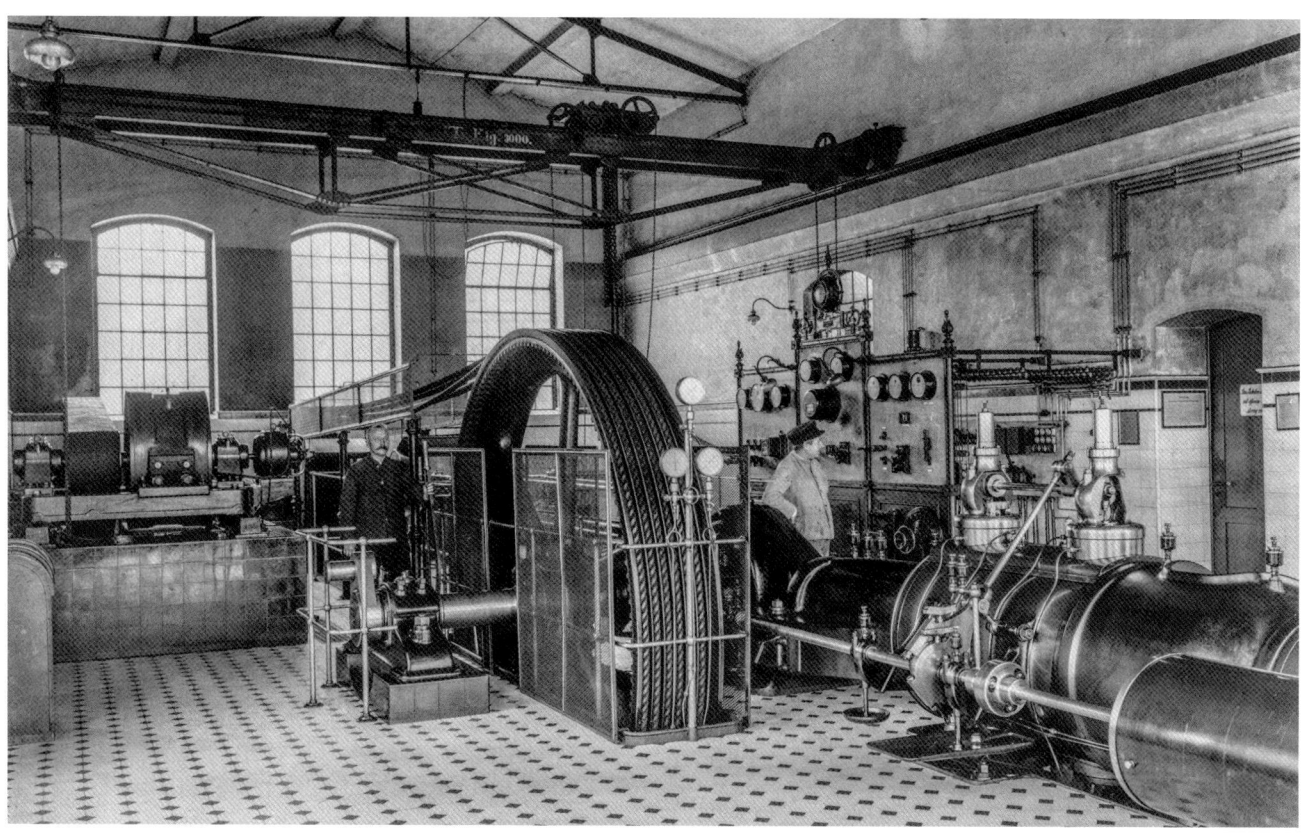

Aufnahmen aus der Produktion von Haarmann & Reimer aus den 1920er Jahren. Der Großteil dieser Anlagen wurde erst in den 1950er Jahren erneuert.

1939 – Vanillin als Ersatz für Kakao

Wie man der gut recherchierten Publikation von Paulina S. Gennermann entnehmen kann, wuchs der Bedarf an Vanillin Ende der 1930er Jahre deutlich. Aufgrund der Autarkiebestrebungen der nationalsozialistischen Herrscher wurden viele Importprodukte, darunter Kakao, zur Mangelware; auch dadurch stieg der Konsum aromatisierter Lebensmittel an.

Etwa ein Drittel der Vanillin-Produktion der Vanillin-Konvention benötigte das Bielefelder Unternehmen Dr. Oetker: Im ersten Halbjahr 1938 wurde das Unternehmen mit 18.550 kg Vanillin von Boehringer Mannheim, Agfa, Hoffmann-la-Roche Berlin und Haarmann & Reimer beliefert. 1939 waren es schon mehr als 33 Tonnen Vanillin und etwa sechs Tonnen Ethylvanillin. Für 1940 wurde nochmals eine Steigerung um 30% geschätzt. Nach diesen enormen Produktionssteigerungen konnten sich die Lebensmittelproduzenten kaum vorstellen, dass Vanillin knapp werden könnte; doch das änderte sich bald.

Nachdem mit Beginn des Zweiten Weltkrieges die internationalen Kartelle aufgelöst worden waren, wurde die Struktur der Vanillin-Konvention von den beteiligten deutschen Firmen Boehringer Mannheim, Hoffmann-la-Roche Berlin, Agfa, Riedel-de Haën, Schimmel, Haarmann & Reimer und der Vanillin-Fabrik Hamburg unter dem Namen „Deutsche Vanillin-Konvention" weitergeführt.

Skurriler Fund im Archiv: Kesselreinigung im Jahr 1934

Dr. F. Alexander Bene
Dr. L. Summerer
Ruf: 65845 Draht: Syndik D'df.
Commerz- und Privatbank A.-G.
Düsseldorf
Postscheck 12755 Essen

Düsseldorf, den
Paulusstr. 1

31. März 1938.

An die Firmen

C.F. Boehringer & Soehne GmbH.,   Mannheim-Waldhof
Haarmann & Reimer GmbH.,   Holzminden
F.Hoffmann-La Roche & Co. AG.,   Basel
F.Hoffmann-La Roche & Co. AG.,
Berlin, Chemische Fabrik,   Berlin-Charlottenburg
JD. Riedel-E.de Haen AG.,   Berlin-Britz
Schimmel & Co. AG.,   Miltitz b/Leipzig
IG Farbenindustrie Aktien-
gesellschaft, Agfa Riechstoffe,   Berlin SO 36
Vanillin-Fabrik GmbH.,   Hamburg
Verkaufsstelle Deutscher Vanillin-
Hersteller, Berlin,   Berlin W. 50.

Vanillin/ Aethylvanillin.

Im Monat F e b r u a r 1938 lieferten:

	Vanillin	Aethylvanillin
Agfa	1 252 kg 942 g	123 kg 000 g
Roche Berlin	1 267 kg 000 g	50 kg 000 g
Holzminden	1 816 kg 163 g	621 kg 375 g
Waldhof	2 298 kg 807 g	99 kg 000 g
Schimmel	1 498 kg 912 g	130 kg 825 g
Britz/Hamburg	1 281 kg 659 g	140 kg 110 g
Roche Basel	531 kg 250 g	40 kg 500 g
	9 946 kg 733 g	1 204 kg 810 g

Hochachtungsvoll

Aufstellung der Vanillin-Lieferungen im Februar 1938 durch die Unternehmen der Vanillin-Konvention

Verkaufte diese 1940 insgesamt noch 169.929,625 kg Vanillin, sank die Menge 1942 auf knapp 40 Tonnen. Vanillin wurde zu einem knappen Gut, mit der Konsequenz, dass 1943 die Aromatisierung mit Vanillin und Ethylvanillin nur noch für kartenpflichtige Nahrungsmittel (zum Beispiel Puddingpulver) und für Wehrmachtslieferungen gestattet war. Auch wenn die beim Reichswirtschaftsministerium und beim Reichsernährungsministerium von der Vanillin-Konvention angestrebte offizielle Anerkennung des Vanillins als „kriegswichtig" nicht erfolgreich war, schienen also – wie Gennermann vermutet – die beiden Stoffe einen besonderen Stellenwert zu haben.

1940 – Vanillin aus Sulfitablauge

Ein interessantes Schlaglicht auf die Vanillinherstellung in jener Zeit wirft ein Brief vom 29. Juli 1940 (Symrise-Archiv): Darin teilten die Unternehmen der I.G. Farben den Firmen Riedel-de Haën, Schimmel & Co sowie Haarmann & Reimer mit: „Die unterzeichnenden Firmen geben ihren Konventionsfreunden schon heute davon Kenntnis, dass sie beschlossen haben, ihre auf längeren Einzelforschungen beruhenden Verfahren und Patentrechte betreffend die Herstellung von Rohvanillin aus Sulfitablaugen zu vereinigen und die Auswertung dieser Herstellungsweise durch Gründung einer Gesellschaft mit Fabrikationsstätte auf dem Gelände der Firma C.F. Boehringer & Soehne G.m.b.H. demnächst zu verwirklichen." In diesem Schreiben wurde den anderen Unternehmen angeboten, das auf diese Weise hergestellte Rohvanillin zu erwerben und damit in ihren eigenen Werken Reinvanillin herzustellen.

Den Unterlagen ist zu entnehmen, dass die Vertreter von Haarmann & Reimer mindestens sehr erstaunt über diesen Vorschlag waren. Im Archiv findet sich ein

Dieser vertrauliche Brief von Haarmann & Reimer an Firma Oetker in Bielefeld wirft ein Schlaglicht auf die Mangelsituation im Zweiten Weltkrieg.

In Kriegszeiten übten die Abbildungen von Südfrüchten wohl eine besondere Anziehungskraft aus – Haarmann & Reimer suggerierte mit dieser Anzeige aus den 1940er Jahren, dass die Menschen dank künstlicher Aromastoffe nicht auf den Geschmack dieser Früchte verzichten müssen.

Messe in Mailand: Das internationale Geschäft war durch die Politik der Nationalsozialisten und den Krieg extrem eingeschränkt: Ein Messeauftritt in Mussolinis Italien war eine der wenigen internationalen Aktivitäten von Haarmann & Reimer in dieser Zeit.

Neuanfänge ...

Gesprächsprotokoll von einer Zusammenkunft mit Dr. Scholz von Schimmel & Co, in dem es heißt: „*Dr. Scholz erklärte denn auch unumwunden, seine Firma sei der Ansicht, dass man wohl oder übel auf den Vorschlag der drei Blockfirmen eingehen müsse.*" Angesichts der monopolisierten Fabrikation des Vanillins drohe allerdings Gefahr.

In einem weiteren Gesprächsprotokoll einer Unterredung mit Herrn Fritzsching von der Firma Boehringer ist ein interessantes Detail zu finden, das darauf hinweist, dass die deutschen Unternehmen bereits 1940 die Zeit nach dem Krieg in den Blick nahmen: „*Fritzsching erwähnte im Laufe der Unterhaltung u.a. dass für später bestimmt mit einer Verständigung mit MONSANTO – Kanada – hinsichtlich Reservierung von Absatzgebieten für die eine oder andere Gruppe gerechnet werden könne.*"

„Coffarom" setzte sich nicht durch

Unter der Bezeichnung „Coffarom" („*patentiert in allen Kulturstaaten*") brachte Haarmann & Reimer in den 1930er Jahren einen Kaffee-Ersatzstoff auf den Markt. In einem Werbeblatt heißt es: „*Es ist uns in Gemeinschaft mit befreundeten Forschern zum erstenmal gelungen, dieses komplizierte Gemisch* [des Kaffeearomas] *zu entwirren, die einzelnen Körper zu charakterisieren und schließlich das Gemisch synthetisch wieder aufzubauen.*" Als weitere Vorteile wurden hervorgehoben: „*Wesentliche Verbilligung / Vereinfachte Verarbeitung / Keine Verluste an wertvollen leicht flüchtigen Aromastoffen bei der Lagerung*". Doch gegen den schon aus dem Ersten Weltkrieg erprobten Malz- und Zichorienkaffee konnte sich „Coffarom" im Zweiten Weltkrieg und in der Zeit danach nicht durchsetzen.

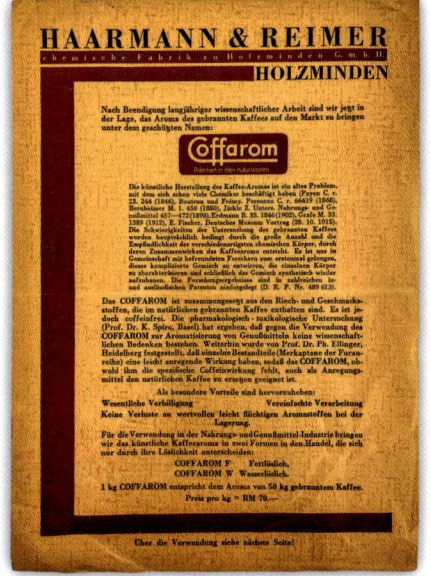

Infoblatt zu Coffarom aus den 1940er Jahren

Ausländische Beteiligungen wurden zu „feindlichen Anteilen"

Bereits kurz nach der Gründung hatte – wie oben beschrieben – das Unternehmen Haarmann & Reimer Geschäftsbeziehungen zur französischen Firma de Laire aufgebaut; beide Unternehmen hatten seinerzeit Anteile voneinander übernommen. Während die deutsche Beteiligung an der Firma de Laire nach dem Ersten Weltkrieg enteignet wurde, blieben die Anteile von de Laire an Haarmann & Reimer bestehen. Zu Beginn des Zweiten Weltkrieg hatten die Erbengruppen Haarmann und Tiemann jeweils 27,5% Anteil an Haarmann & Reimer, die Gruppe der Franzosen verzeichnete eine Beteiligung von 45%.

Diese Konstellation führte im Zweiten Weltkrieg zu diversen Problemen, da mit Edgar de Laire auch ein Franzose dem dreiköpfigen Aufsichtsrat angehörte. Nach der „Verordnung über die Behandlung feindlichen Vermögens" vom 15. Januar 1940 musste Haarmann & Reimer die feindlichen Anteile melden. Es durften weder Zahlungen an Feinde erfolgen, noch durfte über das feindliche Vermögen verfügt werden.

Als Edgar de Laire 1941 starb und sodann Kuno Tiemann im Jahr 1943, wurde der Aufsichtsrat handlungsunfähig und der Rechtsanwalt G. Becker zum Verwalter des „feindlichen Vermögens" bestimmt. In einem Bericht vom 4. Dezember 1945

Anmeldung feindlichen Vermögens

Anmeldebogen D

Bezeichnung des Unternehmens: Haarmann & Reimer, chemische Fabrik
                                zu Holzminden G.m.b.H.

in Holzminden   Fernsprechanschluss: 619

Name und Anschriften der Anmeldenden (Geschäftsführers – zur Geschäfts-
                                        führung berufenen Gesellschaf-
                                                              ter)

              Haarmann, Reinhold, Dr.phil., Holzminden
              Axt, Wilhelm, Holzminden

              I. Angaben betreffend das Unternehmen

1. Gegenstand des Unternehmens Herstellung von synthetischen Riech-
                                        und Würzstoffen

Namen und Anschriften	Staatsangehörigkeit	Stammkapital d.Gesellsch.	Nennbetrag des Anteils
Dr.W.Haarmann's Erben Holzminden	Deutschland	449 800	123 700
Prof.Dr.F.Tiemann's Erben,Berlin SW 15	"		123 700
Edgar de Laire, Paris, 228 rue de l'Université	Frankreich		123 700
A.Max' Erben, Neuilly s/Seine 3 Boul.Richard Wallace	Frankreich		31 500
Frau H. Marqueste, Versailles, 2 Rue Maurepas	"		23 600
Jacques Robert, Brüssel, 87 rue Washington	Belgien		23 600

Wert d.Anteils 400% 2   Schlußsumme der letzten Bilanz
                                31.12.1938 2134579.10

Feindliche Beteiligte   am 31.12.39   *Wert des Anteils*
                                                                          400% ?

	Staatsangehörigkt	*Nennbetrag des Anteils*	
Edgar de Laire, Paris 228 rue de l'Université	Frankreich	123700.—	
A.Max' Erben, Neuilly s/Seine 3 Boul.Richard Wallace	"	31500.—	
Frau H.Marqueste, Ver- sailles, 2 rue Maurepas	"	23600.—	

am 1.7.38
ebenso wie am 31.12.39

H, 29.3.40.   Haarmann & Reimer
                                        chemische Fabrik zu Holzminden G.m.b.H.

„Anmeldung feindlichen Vermögens" durch Haarmann & Reimer im März 1940 an die britische Militärverwaltung heißt es: „*In der Gesellschafterversammlung vom 26. Januar 1944 wurden als Mitglieder des Aufsichtsrates der Firma folgende Herren gewählt: Herr Rechtsanwalt und Notar Becker, Hannover / Herr Rechtsanwalt und Notar Dr. Marheine, Braunschweig / Herr Rechtsanwalt und Notar Diesener, Holzminden / Von einer Wiederwahl des nach dem Tode von Herrn de Laire und Herrn Tiemann verbliebenen Mitglied des Aufsichtsrats, Dr. W. Haarmann, Holzminden, hatte man abgesehen, da der Reichskommissar für die Behandlung feindlichen Vermögens Bedenken gegen die Wahl eines Geschäftsführers als Aufsichtsratsmitglied [...] geäussert hatte.*“*

Weiter heißt es, dass im Jahre 1943 unabhängig voneinander die Firmen Dr. Oetker, Bielefeld, und Riedel-de Haën an die deutschen Gesellschafter herangetreten seien, um die feindlichen Anteile aufzukaufen. „*Wie diese Firmen uns mitgeteilt haben, seien sie auch an einige ausländische Gesellschafter dieserhalb herangetreten, mit welchem Ergebnis ist uns nicht bekannt geworden. Die mit den deutschen Gesellschaftern geführten Verhandlungen sind im Sande verlaufen.*“*

Paulina S. Gennermann zitiert in ihrem Buch, aus einem diesbezüglichen Schreiben von Dr. Oetker, in dem das Unternehmen auch darauf hingewiesen habe, „*dass es sich bei diesen Anteilen nicht nur um ‚feindliches Vermögen‘, sondern zum Teil um jüdisches bzw. jüdischem Einfluss unterliegendes Kapital handelt, das doch sicherlich eines Tages in arische Hände überzuleiten wäre.*“*

1940 – „Arisierung“ holländischer Unternehmen abgewendet

Eine Aktennotiz aus dem Jahre 1947 wirft ein möglicherweise erhellendes Licht auf das Verhältnis von Haarmann & Reimer zu den nationalsozialistischen Machthabern. Darin wird darauf Bezug genommen, dass im Jahre 1940 der seinerzeitige Mitarbeiter Goseberg bei der zuständigen Reichsstelle den Antrag eingereicht habe, zwei holländische Firmen zu „arisieren“ und von Haarmann & Reimer übernehmen zu lassen. Dazu schreiben am 6. Juni Dr. W.H./K. (wahrscheinlich Dr. Wilhelm Haarmann und Dr. Kerschbaum): „*Herr Goseberg war in keiner Weise zu diesem Schritt autorisiert und setzte die Geschäftsführung dadurch in eine sehr unangenehme Lage. Es mag vorausbemerkt werden, dass die beiden Herren der Geschäftsführung, Herr Dr. W. Haarmann und Herr Dr. R. Haarmann, wegen ihrer früheren Zugehörigkeit zu einem von den Nationalsozialisten schon im Jahre 1933 verbotenen Verband, dem Jungdeutschen Orden, ausserordentlich vorsichtig handeln mussten, um Schädigungen der Firma zu vermeiden, und dass ihnen dieses auch nur deshalb gelingen konnte, weil die Firma Haarmann & Reimer als eine der ältesten Holzmindener Firmen in der Bevölkerung bekannt und wegen der vorbildlich sozialen Betreuung ihrer Belegschaftsmit-*

Mitteilung des Amtsgerichts vom Juni 1943: „Die Prokura für Walter Goseberg, Holzminden, ist erloschen“.

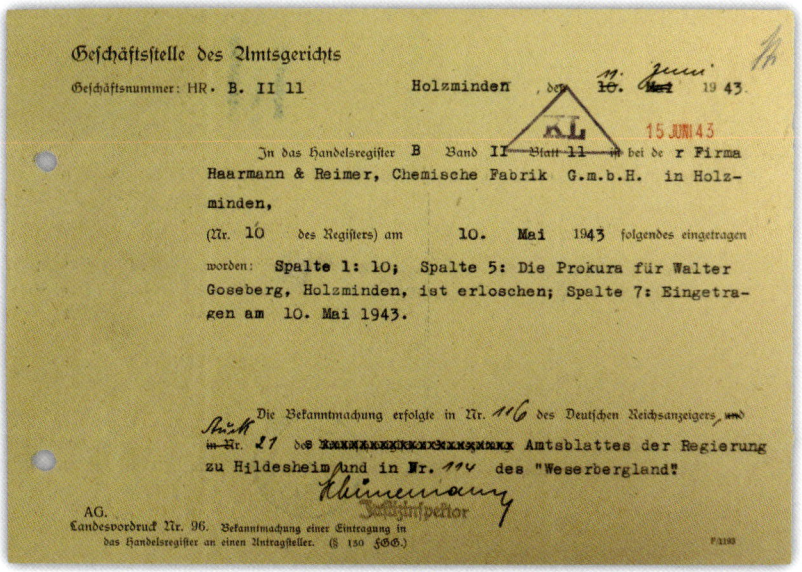

„Reichsnährstandsilo"
Mit dem Bau des Getreidesilos am Weserkai 1939 – 1941 bekam Holzminden eines seiner noch heute prägnantesten Gebäude. Das „Reichsnährstandsilo" wurde in Form eines 14stöckigen Hochhauses errichtet. Es entstand als sichtbares – wenn auch getarntes – Zeichen der nationalsozialistischen Bevorratungspolitik mit dem Ziel nationaler Unabhängigkeit der Ernährungswirtschaft im Kriegsfall. Mit 55 Metern Höhe ist es nach wie vor das höchste Gebäude der Stadt.

Preisliste von Heinrich Haensel im Jubiläumsjahr 1941

glieder beliebt war." Ferner heißt es, dass die Geschäftsführung „*die von Herrn Goseberg eingeleiteten Verhandlungen nicht kurzer Hand ablehnen*" konnte, „*weil das von der Partei sofort benutzt worden wäre, um ihr Philosemitismus vorzuwerfen.*" Erst als der Vorschlag im Raum gestanden hätte, die Treuhänderschaft zusammen mit der Konkurrenzfirma Heine & Co zu übernehmen, hätte man die Sache mit „*guter Begründung*" ablehnen können. Am Rand der Aktennotiz findet sich noch die Bemerkung: „*Herr Goseberg ist am 31.5.1943 von uns entlassen worden.*"

1941 – 100 Jahre Haensel

1941 konnte die Dragoco-Tochter Haensel ihr 100-jähriges Bestehen feiern. Die politischen Entwicklungen der 1930er und 1940er Jahre machten die Übernahme von Haensel für Dragoco zum Glücksfall, da mit Beginn der nationalsozialistischen Macht in Deutschland heimische und künstliche Produkte an Bedeutung gewannen. Riech- und Geschmacksstoffe zählten nicht zu den kriegswichtigen Erzeugnissen, aber die Bedeutung der künstlichen Geschmacksstoffe, die dem Lebensmittel zugeordnet waren, nahm in dieser Zeit zu, da die Stimmung von Bevölkerung und Frontsoldaten durch geschmackvolle Nahrung etwas gehoben werden konnte, denn Importerzeugnisse fehlten bald ganz. Man darf annehmen, dass die künstlichen Getränke-Essenzen von Heinrich Haensel gerade in Kriegs- und Nachkriegszeiten sehr gut zu vermarkten waren.

Dragoco in Kriegszeiten

Dass höchstwahrscheinlich gute Gewinne erwirtschaftet wurden, belegt die Abschrift eines Briefes von Carl Wilhelm Gerberding an Landrat Knop, in der es heißt: „*Wie Ihnen bekannt ist, hatte ich die Absicht, meine Firma bei Beginn des Krieges für Kriegslieferungen einzuspannen, und dabei auf jeden Gewinn, gleich welcher Art zu verzichten.*" Dazu sei es nicht gekommen, weil „*meine Firma für die in Frage kommenden Lieferungen (Fertigprodukte aus Rohstoffen) nicht zuständig sei.*" Angesichts der Opfer, die inzwischen gebracht worden seien und da er nicht in der Lage sei, seinem Vaterland mit der Waffe oder auf politischem Gebiet dienen zu können, „*so fühle ich mich [...] veranlasst, zum Schluss des Kriegsjahres 1940, ein Sonderopfer zu bringen. Ich freue mich dieses nach mehr als 20-jähriger Arbeit, die aus kleinsten Anfängen eine stetige Aufwärtsentwicklung meiner Firma mit sich brachte, tun zu können. Unter gleichzeitiger Bezugnahme auf die gehabte Unterredung überreiche ich Ihnen in der Anlage einen Verrechnungsscheck über RM 20.000,--.*"

Aus der Abschrift ist zu entnehmen, dass Carl Wilhelm Gerberding im Dezember 1943 ebenfalls 20.000 Reichsmark – diesmal an „*Kreisleiter Pg. Laue*" („*Lieber August!*") „*wie damals für gemeinnützige Zwecke für Deinen Kreis und zu Deiner persönlichen Verfügung*" überweist. Der Kaufkraftäquivalent-Tabelle der Deutschen Bundesbank ist zu entnehmen, dass 20.000 RM heute etwa 100.000 € entsprechen würden.

Gerade im Hinblick auf die letztgenannte Formulierung darf man annehmen, dass diese Geldspenden auch dazu dienten, die vor Ort teilweise oftmals selbstherrlich agierenden politischen Führungskräfte der National-sozialisten gewogen zu stimmen. In der Chronik von Gerhard Collin aus den 1970er Jahren heißt es: *„Dra-goco stellte in den Kriegsjahren auch Parfümöle her, obgleich die weiterverarbeitenden Betriebe der reinen Parfümerie-Industrie geschlossen waren. Dabei war es notwendig, die zuständigen Reichsstellen davon zu überzeugen, daß diese ‚Parfümöle' auch anderen, wich-tigen Zwecken dienten."*

Weiter kann man den Aufzeichnungen von Gerhard Collin entnehmen, dass sich im Jahre 1944 der Ge-samtumsatz folgendermaßen zusammensetzte:

„31,5% auf direkte und indirekte Wehrmachtslieferun-gen,

30,6 % werden im Rahmen von Aufträgen der Reichs-stellen einschl. des Seifenprogramms verbraucht,

23,3 % gehen in die Ernährungswirtschaft

16,6 % verbraucht die pharmazeutische Industrie.

Außerhalb dieser Mengen und Werte produziert die Dragoco etwa 20% des Umsatzes für die Ausfuhr."

Dazu erläutert Collin, dass unter bestimmten Bedin-gungen die Ausfuhr in neutrale Länder möglich gewe-sen sei. Da Dragoco teilweise auf die Einfuhr ätheri-scher Öle angewiesen gewesen sei, hätte es Klauseln gegeben, die dann wiederum die Ausfuhr bestimmter Endprodukte erforderlich machten. Insgesamt stellt Collin fest: *„Trotz aller kriegsbedingten Behinderun-gen war es möglich, ein sehr umfangreiches Produktionsprogramm aufrecht zu erhalten und der weiterverarbeitenden Wirtschaft alle Produkte zu liefern, die notwendig waren."*

Abschriften von Briefen Carl Wilhelm Gerberdings über Spenden für „gemeinnützige Zwecke" aus den Jahren 1940 und 1943.

1943 – Kriegswirtschaft

In einem Bericht über *„Haarmann & Reimer chemische Fabrik zu Holzminden"* be-schreibt der damalige Geschäftsführer und Schwiegersohn des Firmengründers Paul Stade am 3.12.1943 dem Kreisleiter Laue (*„Lieber Pg. Laue!"*) die Produktion des Unternehmens. Es ist dem Bericht zu entnehmen, dass die Ausgangsrohstof-fe *„aus kriegsbedingten Gründen der Bewirtschaftung"* unterliegen. *„Dafür ist im Falle H&R ausschließlich die Reichsstelle „Chemie", Berlin, zuständig und zwar ganz gleich, ob diese Rohstoffe im Inland hergestellt werden oder aber aus dem Ausland bezogen werden müssen."* Soweit über den Vertrieb der Haarmann & Reimer-Er-zeugnisse zu berichten sei, *„gehen die Meldungen für alle Riechstoffumsätze ein-schließlich Vanillin und Aethylvanillin usw. an die Wirtschaftsgruppe „Chemische Industrie", für alle Geschmacksstoffe, also Aromen, an die Wirtschaftsgruppe Lebens-mittelindustrie."* Paul Stade führt im weiteren aus, dass Haarmann & Reimer auch

Haarmann & Reimer

chemische Fabrik zu Holzminden
G. m. b. H.

—o—

Bankkonten: Deutsche Bank, Berlin
Commerz- und Privat-Bank A.-G.,
Filiale Holzminden
Reichsbanknebenstelle Holzminden
Postscheckkonto No. 299 Hannover

Fernsprecher Nr. 619
Telegramm-Adresse: Vanillinfabrik Holzminden
A.B.C.-Code 5.Ausgabe - Lieber's Standard-Code
Carlowitz-Code - Rudolf Mosse-Code

Holzminden, den **21.8.1943**

An das
Landeswirtschaftsamt

H a n n o v e r - O
Hinüberstrasse 4

St./K.

<u>Betr.:</u> Aufnahme kriegswirtschaftlich wichtiger Produktionen und Institute.

Wir bringen Ihnen pflichtgemäss zur Kenntnis, dass im Verfolg der im Einverständnis mit dem Rüstungsamt, Berlin, der Rüstungsinspektion XI a Hannover und den weiter eingeschalteten Behörden einschliesslich des zuständigen Kreisleiters nunmehr über alle bei uns aus kriegsbedingten Gründen nicht mehr voll ausnutzbaren Gebäude, Räume und Einrichtungen verfügt wurde. Dabei wurden alle Möglichkeiten der innerbetrieblichen Umstellung und des Austausches der für unsere eigenen kriegswichtigen Fertigungen benötigten Einrichtungen restlos ausgeschöpft.

Im einzelnen wurde zur Verfügung gestellt:

1.) Der Firma: B. Sprengel & Co., Hannover, Glünderstr. 8

insgesamt rd. 300 m^2 Fabrikations- und Lagerraum

2.) dem Reichsinstitut für Erdölforschung an der Technischen Hochschule
Hannover

insgesamt rd. 300 m^2 Labor- und Lagerräume, sowie
"   "   400 m^2 unbebaute Fläche für die Errichtung
von Baracken für die gleichen Zwekke.

3.) der Firma: J.D. Riedel- E. de Haën A.G., Berlin-Britz
für ihre verschiedenen Werke
aller noch verbleibende Raum nebst Einrichtungen soweit er
nicht für unsere eigenen schon erwähnten Produktionen dringend benötigt wird.

Die Vereinbarungen sind für 3.) -Riedel- bereits vertraglich unter dem
20.d.M. festgelegt. Für 1.) -Sprengel- und 2.) -Reichsinstitut- sind die
Verträge in Bearbeitung.

In Sachen Riedel hat bereits die Rüstungsinspektion XI a, Hannover, die
Sicherstellung auf Anordnung des Reichsministers für Bewaffnung und Munition -Rü Amt Nr. 16313/43/Rü II/4 A- unter dem 19.d.M. Z II verfügt.

Mit der Aufnahme der genannten zusätzlichen Produktionen und Laborarbeiten wird erklärlicherweise nunmehr die laufende Bereitstellung ausreichender Kohlenmengen erforderlich werden, ebenso dürfte sich ein erhöhter Energiebedarf (Fremdstrom) ergeben. Die Fragen bedürfen sicherlich einer eingehenden Aussprache. Wir werden uns erlauben, zu gegebener Zeit wegen des geeigneten Zeitpunktes dafür schriftlich evt. telefonisch Rückfrage zu halten.

Heil Hitler!
Haarmann & Reimer
chemische Fabrik zu Holzminden, G. m. b. H.

b.w.!

Brief vom 21. 8. 1943: Haarmann & Reimer in formiert das Landeswirtschaftsamt Hannover, dass „nicht mehr voll ausnutzbare Einrichtungen" den Firmen Sprengel und Riedel-de Haën für „kriegswichtige Produktionen" zur Verfügung gestellt werden.

Geschmacksstoffe aus natürlichen ätherischen Ölen und anderen natürlichen Fruchtauszügen produziert habe: „*Auf diese Zusätze mussten H&R erklärlicherweise mit der längeren Kriegsdauer immer mehr verzichten; künftig werden die betreffenden Aromen ohne jeglichen derartigen Zusatz hergestellt bzw. einzelne solche Erzeugnisse für die Kriegsdauer entfallen.*" Abschließend betont der Berichterstatter: „*In allen diesen Fällen dienen die H&R Erzeugnisse also als Hilfsmittel zur Erfüllung von Produktionsaufgaben für die Versorgung der Wehrmacht oder zur Deckung des zivilen Bedarfes (kartenpflichtig).*"

Aus Berlin nach Holzminden: Stiebel Eltron
Das 1924 gegründete Unternehmen wurde durch die Erfindung des Firmengründers, den Ringtauchsieder, bekannt und wuchs schnell. Im Zweiten Weltkrieg wurde die Produktion auf Rüstungsgüter für die Luftwaffe umgestellt. Im Sommer 1943 verlegte das Unternehmen die Produktion aus dem zerstörten Berlin nach Holzminden.
Für den Aufbau des Werkes und die Produktion der Rüstungsgüter wurden hunderte von Zwangsarbeitern eingesetzt.

1943 – Beschlagnahme des Firmengeländes

Als Folge des Bombenkrieges auf deutsche Städte wurde im August 1943 das Reichsinstituts für Erdölforschung von Hannover nach Holzminden auf das Werksgelände von Haarmann & Reimer verlegt. Bald darauf erfolgte die „Sicherstellung" weiterer Fabrikationsanlagen für das in Berlin ausgebombte Unternehmen Riedel-de-Haën. Jedenfalls heißt es in einem Bericht vom 4. Dezember 1945 an die britische Militärregierung: „*Diese Beschlagnahme würde uns lahmgelegt haben. Es gelang uns jedoch durch freundschaftliche Unterhandlungen mit der Firma Riedel, einen Teil unseres Betriebes, welchen sie nicht unbedingt für ihre Fertigungen benötigte, für uns zu erhalten, sodass wir in der Lage waren, unsere Fabrikation weiter fortzusetzen. Das Institut ist inzwischen mit dem 1. Oktober 1945, die Firma Riedel – de Haen mit dem 1. November 1945 bei uns wieder ausgeschieden.*"
Dazu muss ergänzt werden, dass Haarmann & Reimer trotz der Zwangsmaßnahme Mietzahlungen von Riedel-de-Haën erhielt, die halfen, den Krieg zu überstehen. Andererseits stand einige Zeit die Befürchtung im Raum, dass Riedel-de-Haën Haarmann & Reimer ganz übernehmen könnte.

Kaum Zwangsarbeiter bei den Holzmindener Duftstoffunternehmen

Ein aufschlussreiches Bild über die unternehmerischen Tätigkeiten in den letzten Kriegsjahren bieten die Zwangsarbeiterlisten für den Kreis Holzminden, die über die „Arolsen Archive Internationales Zentrum über NS-Verfolgung" zugänglich sind. Daraus ist zu entnehmen, dass bei Haarmann & Reimer und Dragoco jeweils zwei Zwangsarbeiter arbeiten mussten. Die beiden französischen Zwangsarbeiter bei Dragoco werden auch in den Lebenserinnerungen von Carl-Heinz Gerberding erwähnt. Bei Riedel de Haen waren es etwa ein Dutzend. Dies sind vergleichsweise sehr geringe Zahlen und deuten darauf hin, dass die Produktion in den letzten Kriegsjahren recht gering war. Insgesamt sind für den Kreis Holzminden etwa 7600 Zwangsarbeiterinnen und Zwangsarbeiter registriert, die Anzahl von zwei Zwangsarbeitern war eher für Gärtnereien oder andere Kleinbetriebe üblich.

1945 – Bombentote in Holzminden

Beim Bombenangriff im April 1945 auf Holzminden wurde auch Gerberdings Elternhaus in der Bahnhofstraße getroffen. Luise Gerberding, Mutter des Firmen-

Dr. Wilhelm Haarmann jr.

gründers, starb in den Trümmern, Carl Wilhelm Gerberding selbst wurde schwer verletzt. Auch das Haus von Haarmann & Reimer-Chemiker Dr. Tigges wurde getroffen: Im Bericht über das Geschäftsjahr 1945 schreibt Dr. Wilhelm Haarmann jr.: „*Dabei finden etwa 35 Menschen, welche sich in den Luftschutzkeller des Hauses geflüchtet hatten, den Tod, darunter Dr. Tigges selbst mit Tochter und deren 2 Kindern, unsere englische Korrespondentin, die Kanadierin Fräulein Margeret Scotland und die Frau unseres Chemikers Dr. Hechelhammer mit ihren 2 Kindern.*" Insgesamt starben bei dem Bombenangriff am 3. April 1945 158 Menschen in Holzminden.

1939 bis 1945 im Rückblick

In dem bereits in anderem Zusammenhang zitierten Bericht vom 4. Dezember 1945 an die britische Militärregierung schreibt Dr. Wilhelm Haarmann jr. im Namen der Geschäftsführung über die Jahre 1939 bis 1945: „*Infolge der bei Kriegsbeginn erfolgten Abschnürung Deutschlands vom Weltverkehr wurde die Einfuhr der von uns aus Übersee [...] bezogenen Rohstoffe abgedrosselt. Durch diesen Mangel an Rohstoffen fielen die Fabrikationen, welche auf der Verarbeitung derselben beruhte, nach und nach aus. Da ausserdem die Herstellung von Parfümerien und Feinseifen von der Reichsregierung stark gedrosselt wurde, nahm der Umsatz der Riechstoffabteilung allmählich ab. Mehr als wett gemacht wurde dieser Ausfall aber durch die Herstellung und den Vertrieb der künstlichen Geschmackstoffe (Aromen), deren Verbrauch durch den erhöhten Bedarf von Puddingpulver usw. sich sprungartig vermehrte. [...] Die Umsätze sind von 1939 bis 1941 ständig, zum Teil sehr erheblich gestiegen. Desgleichen der Reingewinn.*"

Dass die Umsätze im weiteren Verlauf des Krieges wieder zurückgegangen sind, liegt zu einem großen Teil an der – oben bereits erwähnten – Beschlagnahme und Vermietung der Produktionsanlagen für das Reichsinstitut Erdölforschung aus Hannover und die Berliner Firma Riedel de Haen.

Zur unmittelbaren Nachkriegszeit schreibt Dr. Wilhelm Haarmann jr., dass die Firma „*durch die mehrtägigen Kämpfe um den Weserübergang bei Holzminden [...] ohne größere Schäden hindurchgekommen [ist], sodass sie nach der Besetzung nach dem Wiedereintritt einigermaßen geordneter Verhältnisse die Arbeit wieder aufnehmen konnte.*" Weiter heißt es: „*Um unsere Fabrikationsanlagen möglichst voll auszunutzen, haben wir uns mit der Firma Schering, deren Betrieb in Berlin vernichtet ist, in Verbindung gesetzt und werden eine Reihe von wichtigen auf pharmazeutischem Gebiet liegenden Fabrikationen dieser Firma aufnehmen, sobald uns genügend Kohlen hierfür zur Verfügung gestellt werden.*"

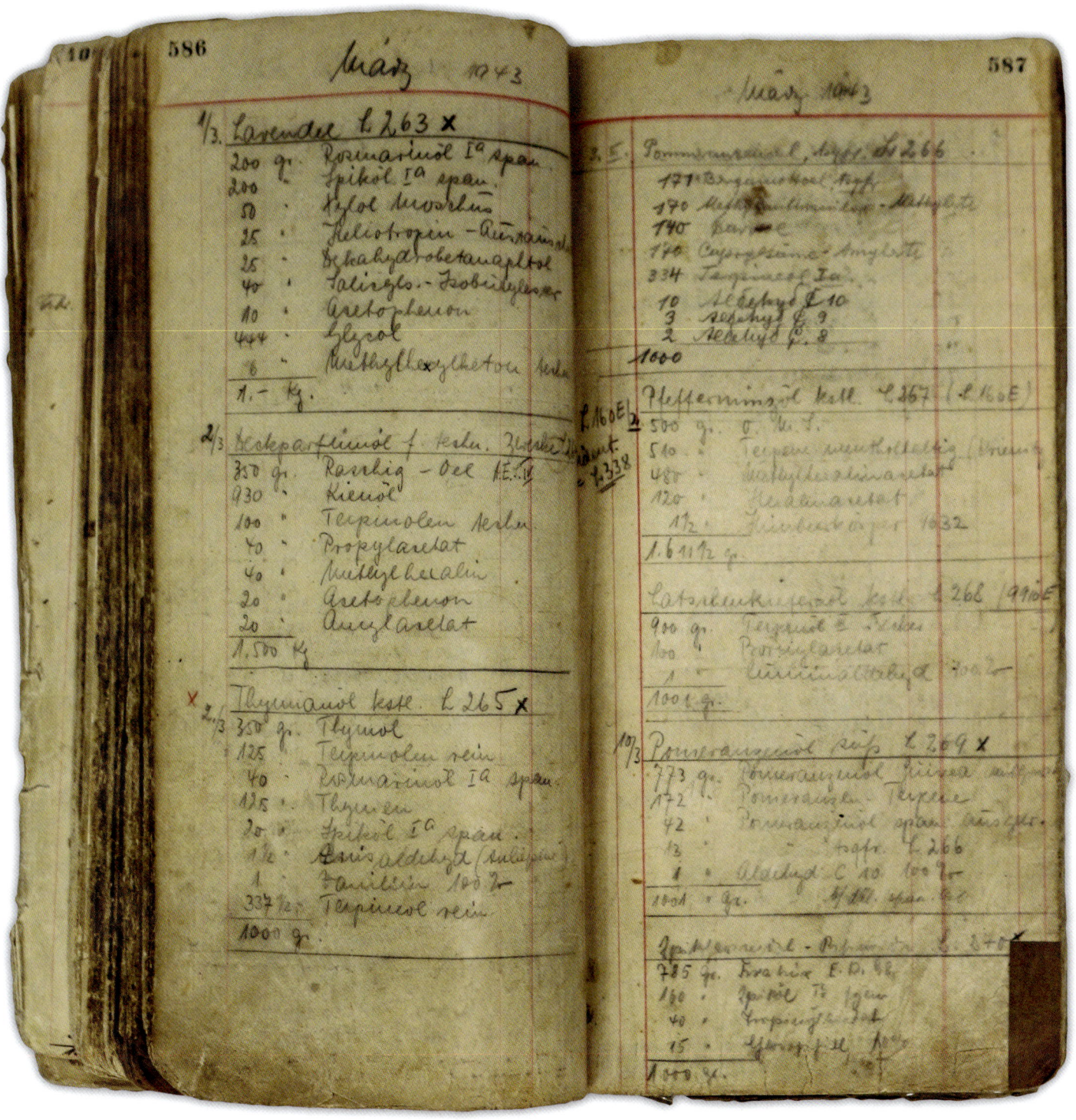

März 1943

März 1943

Rezeptbuch von Haarmann & Reimer aus dem Jahr 1943: Wegen des Rohstoffmangels mussten in dieser Zeit oftmals alternative Rezepturen mit den tatsächlich verfügbaren Rohstoffen entwickelt werden.

Aufbruch in die Nachkriegszeit
1945 - 1955

WIRTSCHAFTSKAMMER
HILDESHEIM

Hildesheim, den **10. Juli 1945**
Waterloostraße 25

1a/Gü/Wa.

19 JULI 45

Firma
Haarmann & Reimer
Chemische Fabrik zu Holzminden
G.m.b.H.

Holzminden /Weser

Betr.: Wiederaufnahme der Fertigung

Ihr Antrag vom: 15.6.1945

Im Auftrage der Militärregierung, 117. Det., erteilen wir Ihnen hiermit die Genehmigung zur Wiederaufnahme der Fertigung:

Herstellung von künstl. Riechstoffen für die Fabrikation von Seifen,
Meëikamenten, Desinfektionsmitteln usw., von Geschmackstoffen für
die Lebensmittelindustrie sowie Herstellung von Lebensmitteln und
Aushilfsstoffen für die Versorgung der Bevölkerung mit lebensnotwen-
digen Produkten   mit bis 9o   Kopf Belegschaft.

Die Militärregierung wünscht einen Bericht über den Stand der Wiederinbetriebnahme sowie eine Ueber-
sicht über die geplante Fertigung. Deshalb ist sofort nach Betriebsbeginn ein entsprechender Bericht an
die Wirtschaftskammer Hildesheim einzureichen, der folgende Angaben enthalten muß:

a) Zahl der Beschäftigten
   getrennt Arbeiter und Angestellte, männlich und weiblich, (getrennte Angaben nach Werkstätten,
   z. B. mechanische Werkstätten, Montage usw.)
   oder bei verschiedenen Fabrikationsprogrammen getrennte Angaben für einzelne Abteilungen
   z. B. Herdbau, Waschmaschinen, Ofen und dergl.

b) zu fertigende Erzeugnisse mit genauer Beschreibung und Angabe der Abmessungen und des
   Materials (z. B. bei der Geschirrfertigung Art des Geschirrs und Größe).

c) voraussichtlicher Materialbedarf bei Durchführung des geplanten Fertigungsprogramms (Bleche,
   Holz usw.)

d) voraussichtlicher Kohlen-, Strom-, Gas- und Wasserbedarf bei Durchführung des geplanten
   Fertigungsprogramms.

e) Lagerbestände an Fertigerzeugnissen aus der Fertigung vor der Besetzung.

f) Lagerbestände an vorhandenem Rohmaterial und Halbfabrikaten, die für das geplante Fertigungs-
   programm verwendet werden sollen.

Soweit Ihr Betrieb auf die Zufuhr von Kohlen angewiesen ist, können Sie trotz dieser Genehmigung vor-
läufig nicht mit nennenswerten Zuweisungen rechnen.

Wir empfehlen Ihnen, zwecks Sicherung Ihres Betriebes bei dem örtlichen Kommandanten der Militärregierung ein «Off-limits»-Schild für Ihre Werksanlagen zu beantragen.

Wirtschaftskammer Hildesheim

CIV. MIL. GOV. OFFICER
(TRADE AND INDUSTRY)
117 (L/R) DET. MIL. GOV.

Hauptgeschäftsführer

Genehmigung für die „*Herstellung von künstl. Riechstoffen* [...], *von Geschmackstoffen* [...] *sowie Herstellung von Lebensmitteln
und Aushilfsstoffen*" vom Juli 1949.

Im Bericht über das Geschäftsjahr 1945 schrieb Dr. Wilhelm Haarmann jr.: *„Am 9. April 1945 wurde Holzminden von den Amerikanern besetzt. Die Bevölkerung wurde auf Veranlassung der amerikanischen Militärregierung von den deutschen Behörden für Aufräumungsarbeiten eingesetzt, sodass die Fabrik während des Monats April geschlossen werden musste. Im Mai erhielten wir von der amerikanischen Militärregierung die Erlaubnis zur Weiterarbeit, welche von der nach einigen Wochen an deren Stelle eingesetzten englischen Militärregierung mehrfach bestätigt wurde. Hergestellt wurden im Wesentlichen Mangelwaren aus den Gebieten der Lebensmittel- und Verbrauchsgüterindustrie, bis durch eine Verbindung durch bald eingesetzte Lastkraftwagen der Verkehr mit der Aussenwelt wieder aufgenommen werden konnte und damit der Verkauf von Riechstoff- und Geschmackstofferzeugnissen allmählich von neuem erfolgen konnte."* Da der Kohlemangel weiter anhält, können nur kleinere Fabrikationen, *„welche wenig Dampf verbrauchen"* durchgeführt werden. Des weiteren schrieb Haarmann, *dass sich die Lagerbestände nun dem Ende zuneigen und die Produktion aufgrund der fehlenden Rohstoff-Importe nicht aufgenommen werden könne.* Weiter heißt es: *„Die im letzten Bericht erwähnten beiden neuen Abteilungen, 1. Produkte für den Einzelhandel / 2. Pharmazeutica haben sich dagegen gut entwickelt."* Ferner schrieb Haarmann, *dass man mit der britischen Militärregierung in Verhandlungen stehe, um notwendige Erzeugnisse in Lohnarbeit oder unter eigener Regie zu fertigen. Der Umsatz sei von rund zwei Millionen Reichsmark 1944 auf etwa 1,5 Millionen Reichsmark 1945 zurückgegangen.*

Unter dem Punkt „Ausblick" schrieb Haarmann: *„Was für ein Bilanzergebnis der Geschäftsbericht 1946 zeitigen wird, lässt sich heute [27. Juni 1946] noch nicht sagen. Die neuen Steuererhöhungen werden jedoch einen wesentlichen Teil des Gewinnes aufsaugen. Hinzu kommt noch, dass uns eine einmalige Vermögensabgabe, deren Höhe noch nicht bekannt ist, bevorstehen wird. Trotz dieser schweren Belastungen erhofft die Geschäftsführung durch die elastische Führung der Fabrikation und des Vertriebs- und Verwaltungsapparates über diese Krisenzeit hinwegzukommen."*

„Anordnungen der Militärregierung" zu Fragen der betrieblichen Arbeitnehmervertretung aus der zweiten Jahreshälfte

Im Jahr 1945 waren 32 Angestellte und 37 Arbeiter bei Haarmann & Reimer beschäftigt. Am 1. Februar 1946 fanden auf Anordnung der Militärregierung die ersten Betriebsratswahlen nach dem Krieg statt.

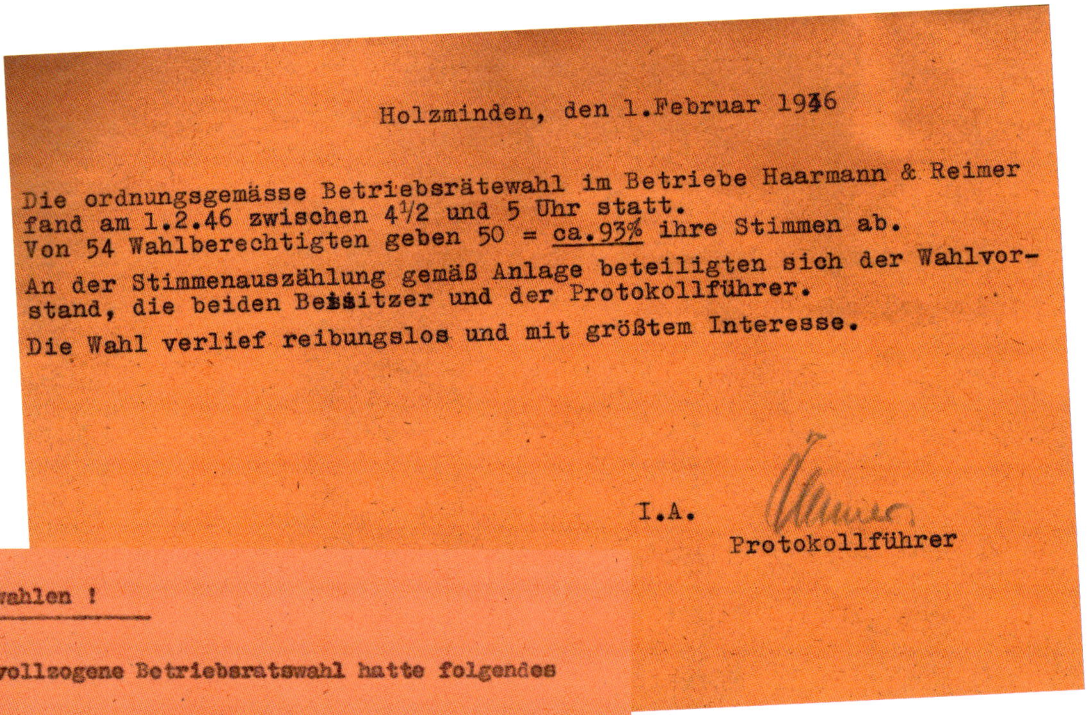

Protokoll und
Ergebnis der
Betriebsratsrätewahl
vom 1. 6. 1946

Holzminden, den 1.Februar 1946

Die ordnungsgemässe Betriebsrätewahl im Betriebe Haarmann & Reimer fand am 1.2.46 zwischen 4½ und 5 Uhr statt.
Von 54 Wahlberechtigten geben 50 = ca.93% ihre Stimmen ab.
An der Stimmenauszählung gemäß Anlage beteiligten sich der Wahlvorstand, die beiden Beisitzer und der Protokollführer.
Die Wahl verlief reibungslos und mit größtem Interesse.

I.A.

Protokollführer

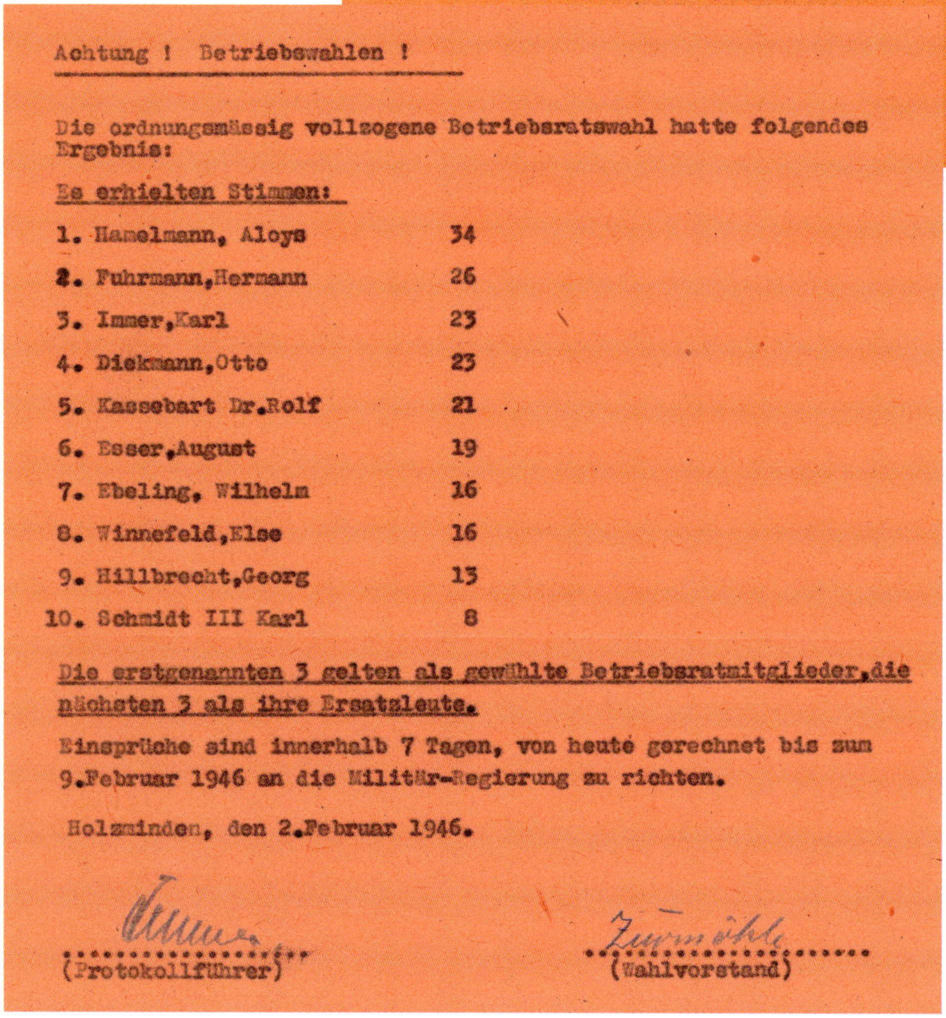

Achtung ! Betriebswahlen !

Die ordnungsmässig vollzogene Betriebsratswahl hatte folgendes Ergebnis:

Es erhielten Stimmen:

1.	Hamelmann, Aloys	34
2.	Fuhrmann,Hermann	26
3.	Immer,Karl	23
4.	Diekmann,Otto	23
5.	Kaesebart Dr.Rolf	21
6.	Esser,August	19
7.	Ebeling, Wilhelm	16
8.	Winnefeld,Else	16
9.	Hillbrecht,Georg	13
10.	Schmidt III Karl	8

Die erstgenannten 3 gelten als gewählte Betriebsratmitglieder,die nächsten 3 als ihre Ersatzleute.

Einsprüche sind innerhalb 7 Tagen, von heute gerechnet bis zum 9.Februar 1946 an die Militär-Regierung zu richten.

Holzminden, den 2.Februar 1946.

....
(Protokollführer)

....
(Wahlvorstand)

Prinz von Preußen als Auszubildender bei Dragoco

C.W. Gerberdings Sohn Horst kehrte verletzt, der etwas ältere Sohn Carl-Heinz körperlich unverwundet aus dem Krieg zurück. Am 1. Dezember 1945 traten die beiden Söhne sowie Prinz Wilhelm Karl von Preußen, Enkel des letzten deutschen Kaisers, als Auszubildende in das Unternehmen Dragoco ein. Prinz Wilhelm Karl war eigentlich Landwirtschaftslehrling auf der Domäne Forst, fand aber Unterkunft bei den Gerberdings im Victoria-Luise-Weg – dort hatte die Familie nach der Zerstörung des Hauses in der Bahnhofstraße eine neue Unterkunft gefunden. In seinen Lebenserinnerungen schilderte Carl-Heinz Gerberding seine erste Begegnung mit Prinz Wilhelm Karl im November 1945: *„Diese stille Morgenstunde wurde eines Tages durch den nicht ganz geräuschlosen Auftritt von Wilhelm-Karl unterbrochen. Bis zu diesem Augenblick hatte ich weder von ihm gehört noch ihn zu Gesicht bekommen. Nun war er da, setzte sich ohne Umstände und ohne ein Wort zu verlieren zu mir an den Küchentisch und bediente sich reichlich. Wir waren ja so allerlei gewöhnt, und nur weniges konnte uns noch in Erstaunen versetzen, also frühstückten wir gemeinsam, mehr oder weniger schweigsam. Die weitere Geschichte ist schnell erzählt: Prinz Wilhelm-Karl kam von irgendeiner Fete, wie man damals großartig sagte. Meistens war es nur ein Edelbesäufnis mit Gleichaltrigen, um den Krieg zu vergessen und das Gefühl zu haben, weiterleben zu dürfen. Gewöhnlich endete dies mit einem Katzenjammer, der bei manchen Menschen Hunger auf etwas Deftiges auslöst. Zu diesen Menschen gehörte mein früher Besucher. Nach getaner Arbeit verlangte es ihn nach einem Boonekamp, und – welch Wunder – er wusste auch genau, wo dieser zu finden war. Wir tranken Brüderschaft und besiegelten damit eine Freundschaft, die ein ganzes Leben halten sollte."*

1946 – Fabrikation oder Weiterverarbeitung künstlicher Stoffe?

Anlässlich eines Zeitungsartikels über die Holzmindener Riechstoffunternehmen für die „Welt" (gegründet im April 1946 von der britischen Militärregierung in Hamburg), der Ende 1946 von dem Journalisten Dr. Mörtzsch vorbereitet wurde, entspannte sich ein aufschlussreicher Briefwechsel über das Selbstverständnis der Unternehmen zwischen Haarmann & Reimer und Dragoco: Nach einem Besuch des Journalisten schrieb C.W. Gerberding am 2. Dezember 1946 an Haarmann & Reimer, er habe aus Gespräch mit dem Journalisten

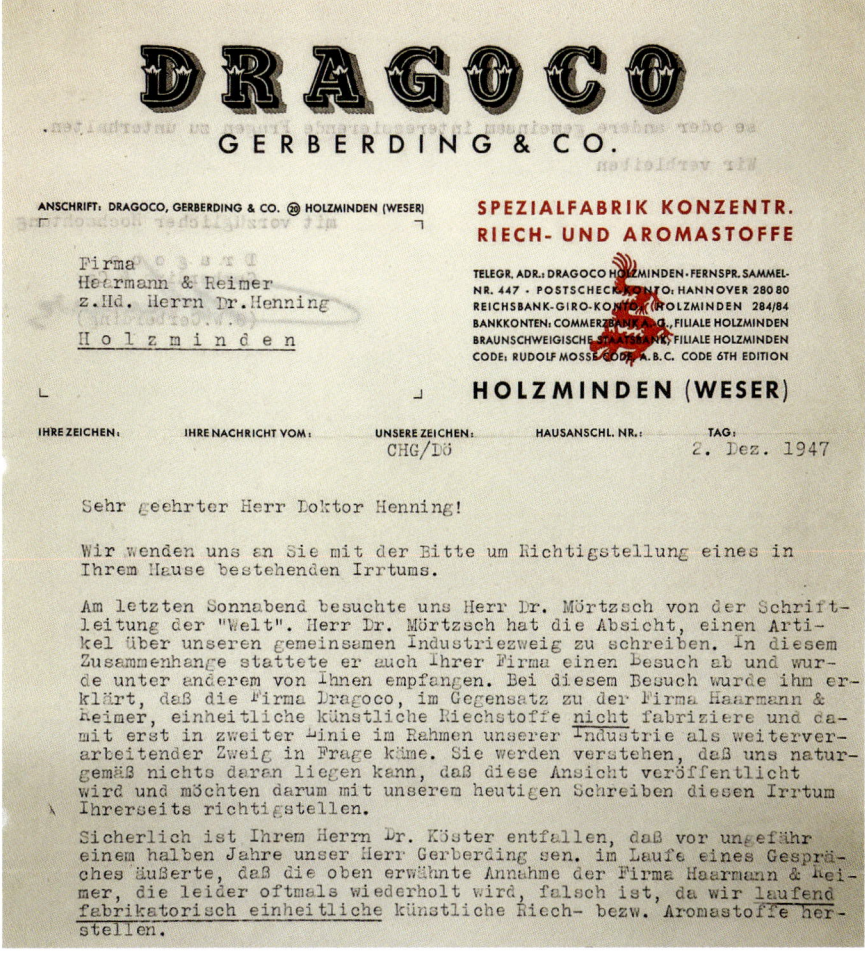

Brief von Carl Wilhelm Gerberding an Haarmann & Reimer vom 2. 12. 1947

1945 – 1955

entnommen, dass Haarmann & Reimer der Auffassung sei, dass Dragoco „*einheitliche künstliche Riechstoffe nicht fabriziere*", sondern das Unternehmen eher als weiterverarbeitender Betrieb der Branche einzuordnen sei. Gerberding machte in seinem Brief klar, „*daß die oben erwähnte Annahme der Firma Haarmann & Reimer, die leider oftmals wiederholt wird, falsch ist, da wir laufend fabrikatorisch einheitliche künstliche Riech- bzw. Aromastoffe herstellen. [...] Wir haben stets den Wunsch gehegt, mit ihrer alten traditionsreichen Firma Zusammenstöße und unnötige Konkurrenz zu vermeiden. Aus diesem Grunde haben wir ganz bewußt auf die Fabrikation bestimmter einheitlicher Riechstoffe, wie diese als Spezialitäten von der Firma Haarmann & Reimer hergestellt werden bzw. wurden, verzichtet, obwohl es uns fabrikatorisch möglich wäre. Wir würden es aufrichtig begrüßen, wenn dieses Schreiben dazu angetan wäre, das gegenseitige Verständnis zu fördern, und möchten betonen, daß wir nach wie vor gern bereit sind, uns mit Ihnen über diese oder andere gemeinsam interessierende Fragen zu unterhalten.*"

Im Antwortschreiben bezog sich Haarmann & Reimer auf eine gewerbebehördliche Genehmigung aus dem Jahre 1930, woraufhin Gerberding nochmals antwortete: „*In den verflossenen 17 Jahren hat sich naturgemäß vieles geändert. Heute stellen wir sowohl einheitliche isolierte Riech- und Geschmacksstoffe aus Naturprodukten, einheitliche künstliche Riech- und Geschmacksstoffe und auch einheitliche synthetische Riech- und Geschmacksstoffe laufend fabrikatorisch her. Die notwendigen Voraussetzungen sind selbstverständlich vorhanden. Wir hoffen, mit dieser Auskunft alle Unklarheiten aus dem Wege geräumt zu haben.*"

Werbung für Dragoco-T-Produkte aus der Nachkriegszeit

Mit künstlichen Tee-Produkten bis zur Währungsreform

Mit unternehmerischer Fantasie gelang es der Firma Dragoco, die schwierigen Jahre 1945 bis 1948 zu überstehen. Unter anderem wurde als Ersatz für die fehlenden Importe natürlichen Tees künstlicher Tee aus günstigen naturidentischen Stoffen hergestellt.

Zu der Zeit nach der Währungsreform 1948 schrieb Carl-Heinz Gerberding später: „ *... und los ging es. Auch DRAGOCO schritt flott voran, nicht mehr mit Heißgetränken und Tee-Ersatz, sondern mit seriösen Riech- und Geschmacksstoffen. Unter Vaters und Onkels [August Bellmer] Leitung wurde eine solide Basis für ein national ausgerichtetes Unternehmen geschaffen. Ohne diese gesunde Grundlage wäre der Durchbruch in das internationale Geschäft wohl kaum oder zumindest nicht so schnell gelungen.*"

Mehr als 300 Beschäftigte im Jahre 1948 deuteten darauf hin, dass Dragoco die Zeit des Zweiten Weltkriegs offenbar deutlich besser überstanden hatte als Haarmann & Reimer.

1949 – 30 Jahre Dragoco

1949 wurde das 30jährige Firmenjubiläum gefeiert. Die Fotos von dieser Veranstaltung zeigen, dass die Zeiten von Not und Hunger ganz offensichtlich noch nicht gänzlich Vergangenheit waren. Dennoch strahlte die Firmenleitung auf ei-

Die Belegschaft von Dragoco bei einer Ansprache zum Firmenjubiläum 1949

Die Firmenleitung beim Rundgang durch das Werk zum 30sten Firmenjubiläum: (von links) Horst Gerberding, August Bellmer, Seniorchef Carl Wilhelm Gerberding, Carl-Heinz Gerberding und Prokurist Hermann Grossmann

nem Foto bei der Werksbesichtigung – passend zu der aktuell guten wirtschaftlichen Entwicklung – Zuversicht aus. Außerdem wurde die Werkfeuerwehr gegründet. Anlass war ein verheerender Brand in der „Rohkrämerschen" Halle – einer Lagerhalle nahe dem Werk von Stiebel Eltron, bei dem auch wertvolle Rohstoffe von Dragoco vernichtet wurden.

1945 – 1955

Betriebsjubiläen bei Haarmann & Reimer im Jahre 1947: Von links: Geschäftsführer Dr. Wilhelm Haarmann jr., Wilhelm Dormann, *Chemiefachwerker,* August Heise, *Chemiefachwerker,* Heinrich Diekmann, *Gesch.-Führer d. Betr.-Krankenk.,* August Diekmann, *Lagerverwalter,* Carl Samse, *Chemiefachwerker*; unten (von links): August Cromberg, *Lagerhalter,* Wilhelm Probst, *Chemiefachwerker,* Carl Klages, *Expedition.*

Haarmann & Reimer wächst mühsam

In einem Bericht vom 20. August 1949 – Haarmann & Reimer hatte 75-jähriges Jubiläum – über das erste Jahr nach der Währungsreform vom 20. Juni 1948 hieß es: „*Wie aus der Bilanz vom 20. Juni 1948 ersichtlich ist, ging die Firma mit einem Bestand an Bargeld und Guthaben von über eine Million Reichsmark in die Währungsreform hinein. Von diesem Bestande bleiben letzten Endes DM 60.000,-- übrig. Dieser Betrag reichte gerade dazu aus, die für Juni 1948 voll in DM zu zahlenden Löhne sowie die Steuern zu begleichen.*" Nach der Aufzählung aller weiteren Probleme, denen sich Haarmann & Reimer gegenübersah, werden Maßnahmen aufgezählt, mit denen die Lage gemeistert werden solle: Neueingestellt wurden „*als Nachwuchschemiker die Herren Dr. Volpers (15.7.48) und Dr. Pirni (1.12.48) und als Parfümeur Herr Weber (1.1.49). Dazu hin stellte die Firma zunächst auf vorübergehende Zeit den Chemiker Herrn Dr. Laves ein, der aus dem Leunawerk stammt und über einschlägige betriebliche Erfahrungen verfügt. Als Kaufleute die Herren Schwerdtfeger (1.9.48) und Helmut Steche (27.6.49). Dazu treten die erforderlichen Hilfskräfte auf dem kaufmännischen und betrieblichen Sektor. Ziel dieser Einstellungen war es, weitere Voraussetzungen für die Wiederaufnahme der Forschungs- und Entwicklungsarbeiten sowie für die Schlagkraft der Verkaufsorganisation der Firma zu schaffen.*" Zudem habe man für die Forschung mit auswärtigen Wissenschaftlern zusammengearbeitet, in den Ausbau und die Instandsetzung von Werkswohnungen sowie in Fabrikationsanlagen,

Stenogramm-Übertragung

　aus der Betriebsversammlung vom 24.Oktober 1947
an der teilgenommen haben:

1.)Der Betriebsratsvorsitzender Bessling,
2.)der Betriebsrat
3.)für die Geschäftsführung Dr.Henning und Dr.Reinh.Haarmann,
4.)fast die vollzählige Gefolgschaft.

I.

Der Betriebsratsvorsitzender Bessling eröffnete die Sitzung
mit seiner Berichterstattung etc. lt. anliegendem Manuskript.

II.

Nach der Rede des B.Vors.Bessling ergriff auf Wunsch desselben
Herr Dr.Henning das Wort:

　Ich werde einen kleinen Überblick über die jetzigen Verhältnisse
und jetzige Lage geben. Unsere Fabrik hat nach allen Seiten hin
gute Geschäftsbeziehungen und es fällt nicht schwer, uns über
Wasser zu halten. Wir liefern in der Hauptsache Aromen und was
wir liefern, ist noch Vorkriegsqualität zu Vorkriegspreisen.
Wir stehen haushoch über Alle. Es fehlen uns nur Rohstoffe, in
der Hauptsache ausländische Rohstoffe, aber wir helfen uns anderer=
seits mit allen möglichen Produktionen. Dieser Zustand ist aller=
dings nicht von Dauer. Wir merken heute schon, dass eine Geld=
knappheit eingesetzt hat, sodass wir nicht mehr so verkaufen
wie früher. Wir müssen unser Augenmerk auch auf die kommende
Geldwährung richten und wenn die Geldwährung eingesetzt hat,
werden wir alle unsere Kräfte daran setzen, dass wir an Deck
bleiben. Wir sind das ärmste Land und müssen aus Trümmern aufzu=
bauen versuchen und das werden wir auch tun. Ein Jeder von uns
wird das Allerbeste hergeben und wir Alle werden alles daran
setzen, um die Chemie aufzubauen. Wir werden unsere Apparaturen
pflegen und an allen Orten äusserste Ordnung halten. Wir tuen
das nicht etwa, weil wir einen Schönheitsfimmel haben, sondern
wer die Ordnung hält, braucht nie nach seinen Sachen zu suchen,
sondern er braucht dann nur zu greifen und es ist da.-Wie war das
früher? Vor dem Kriege hatten wir über die Hälfte unserer Produkte
exportiert. Die Geschäftsführung hat sich die grösste Mühe gegeben,
wieder in dieses Exportgeschäft hineinzukommen. Das ist aber
verdammt nicht leicht. - Es sind hier und da Leute aufgetaucht,
die sich plötzlich selbständig gemacht haben und uns so Konkur=
renz machen. Dann ist ein weiteres Übel aufgetaucht, das ist
der Papierkrieg. Sie können sich hiervon keine Vorstellung machen,
Ein Wust von Papier muss oft bewältigt werden um den Wünschen
und Fragen der Mil.Reg. Rechnung tragen zu können.
Ich sage noch einmal, wir möchten gerne exportieren, eben weil
wir später darauf angewiesen sein werden und wir werden uns alle
Mühe geben, nur so wird es allgemein vorangehen, wenn wir uns
allesamt anstrengen. Ausländische Produkte sind nicht abzusetzen,
dazu sind wir zu arm in Deutschland. So haben wir auf Synthesen
etc. zurückgreifen müssen. Unsere Herren Chemiker sind eifrig
bei Entwicklungsarbeiten beschäftigt und mit aller Intensität
sind wir bemüht, neue Produkte aufzunehmen. Nur derjenige weiß,
wie es in der Geschäftswelt aussieht, der heute in Deutschland
rumfährt. Und ich kann nur sagen, wir müssen gute Arbeitskräfte
haben, darum nehmen wir neue Handwerker an und neue Leute, die
wir anlernen.
Eins muss ich noch sagen, die Produkte, welche früher nur durch

-2-

Stenogramm-Übertragung (Teil 2 auf Seite 92) aus der Betriebsversammlung vom 27. Oktober 1947. Der mehrfach verwendete Begriff „Gefolgschaft" zeigt, dass die Herrschaft der Nationalsozialisten sprachlich offenbar noch nicht überwunden war.

eine Postkarte zu haben waren, sind heute sozusagen unerreichbar,
weil unsere früheren Lieferanten zum Teil in der Ostzone sitzen
und zum anderen Teil die Fabriken durch Bomben vernichtet sind.
Auf der anderen Seite aber sind hier und da Einzelwerke entstan=
den, die sich auf unser Gebiet stürzen. Ich finde diese Herren
viel vor auf meinen Reisen und das alles sagt, dass wir uns
enorm anstrengen müssen. Wir gehen dabei davon aus, dass die
Firma uns trägt und darum müssen wir zusammenhalten und nicht
nur für das Heute sondern auch für das Morgen sorgen. Wir könnten
allerdings, wie es schon viele tun, auf dem Schwarzmarkt kaufen
und verkaufen, aber das tuen wir nicht, sondern wir schlagen uns
schon durch, darum muss jeder wissen, dass es auf seinen Fleiss
und auf seine Zuverlässigkeit und Pünktlichkeit ankommt. Wir
werden alle nach besten Kräften zugreifen und für unsere Firma
schaffen, um uns so die Zukunft zu sichern. Haben Sie nur das
Vertrauen zu der Geschäftsführung, so wird diese das gleiche
Vertrauen zu Ihnen haben.

III.

Herr B.-Vors.Bessling dankte für den Vortrag des Herrn Geschäfts=
führers Dr.Henning.

IV.

Der B.-Vors.Bessling ergriff von neuem das Wort zur Tagesordnung:
Er erwähnte die Einrichtung einer Werksküche.
Gefolgsch.Mitglied Taube erklärte: Ich bin der Ansicht, dass Alle
die auswärts wohnen bestimmt an der Werksküche teilnehmen werden, aber
wie ist es mit der Abgabe von Lebensmittelkarten?
B.-Vors.Bessling: Es wird sehr wenig sein, was an Lebensmittelmarken
abzugeben ist.
    Es meldeten sich 23 Gefolgschaftsmitglieder, die f ü r die
Einrichtung einer Werksküche waren, 51 dagegen.

V.

Dann bat Dr.Kassebart ums Wort: Auf die Verteilung von Syrup etc.
zurückzukommen, schlage ich folgendes vor:
Der Ledige erhält eben in Zukunft nur 1¼ kg und der Verheiratete
entsprechend mehr. Genau so kann mit den Einmachgläsern und Kon-
serven-Dosen und Deckeln verfahren werden.
    Auf diesen Vorschlag hin erfolgten unter der Gefolgschaft
sofort Widerrufe.
Der B.Vorsitzende Bessling griff auch sofort mit folgenden Worten ein:
    Ich möchte weiterhin den Grundsatz der Geschäftsführung und
auch den meinigen vornehmen, nämlich, dass jeder der hier arbeitet
dasselbe Quantum an Syrup undsoweiter erhält, wie es bisher
gehandhabt wurde. Ich sehe nicht ein, warum der Ledige weniger
erhalten soll, als der Verheiratete und somit nur bestraft wird,
weil er nun mal noch ledig ist. Ich bin selbst verheiratet und habe
2 Kinder, kann aber trotzdem die Ansicht von Herrn Dr.Kassebart
nicht teilen.
Daraufhin bat Herr R.A.Kerschbaum ums Wort: Auch ich kann die
Ansicht von Herrn Dr.Kassebart nicht teilen und dies ist auch,
soviel wie ich weiss nie und nimmer die Ansicht der Geschäfts=
führung. Vielmehr ist der Sinn der Geschäftsführung, dass jede
Arbeitskraft, die hier bei uns arbeitet, seinen Teil erhält.
Gewiss ist das sehr schön, wenn der Verheiratete nach Hause
kommt und die Kinder grosse Augen machen. Ich bin heute selbst
verheiratet muss aber sagen, ich weiss, was das heißt, gerade
in der heutigen Zeit als Lediger sich redlich durchzuschlagen;
(Hierauf erfolgten laute Bravorufe und großer Beifall) eben
weil ich selbst ungefähr 8 Jahre lang als Lediger draußen war.

Maschinen, Energieversorgung und Verkehrsmittel investiert. Im Bericht wird betont, dass keine Bankkredite in Anspruch genommen werden mussten, „da der Umsatz in der Zeit von der Währungsreform bis zum 31. Juli 1949, also in 13 1/3 Monaten rund 4.840.000,-- DM betrug. Indes mußten die liquiden Mittel der Firma auf das äußerste angespannt werden."

Ergänzend befand sich im Symrise-Archiv ein „erster Rohentwurf" für einen Bericht an den Aufsichtsrat vom 7. Dezember 1949 über den Berichtszeitraum August bis November 1949. Darin wurde von einem Umsatzrückgang gesprochen, der darauf zurückzuführen war, dass sich „als natürliche Reaktion gegen die viele künstliche Kriegs- und Nachkriegsware in Deutschland mit zunehmendem Angebot natürlicher Essenzen in wachsendem Maße eine erhebliche Abneigung gegen alle synthetischen Geschmackstoffe bemerkbar" mache. „Die Auswirkungen dieser Tendenz spüren wir besonders bei der Getränke-Industrie. Aber auch die Puddingpulver-Hersteller bevorzugen zur Zeit die Schokolade-Kakao-Richtung unter Verwendung des Naturproduktes. Im übrigen wird, was die Vanillin-Richtung anlangt, auf dem inländischen wie dem ausländischen Markt das Lignin-Vanillin aus den USA in erheblichem Umfange angeboten."

Das Bild zeigt einen Messeauftritt im Jahr 1949. In diesem Jahr konnte das Unternehmen seinen 75. Geburtstag begehen.

Die beiden Holzmindener Firmen im Jahr 1950

Zur Einweihung der Holzmindener Weserbrücke im Oktober 1950 erschien eine Festschrift, in der Autor Fritz Olms unter dem Titel „Holzminden, die aufstrebende Industriestadt", die Holzmindener Wirtschaftsbetriebe vorstellt. Darin heißt es: „Für die wirtschaftliche und soziale Struktur der Stadt von ausschlaggebender Bedeutung ist die Chemische Industrie, die als krisenfest zu bezeichnen ist und der beste Steuerzahler sein dürfte. Der älteste Betrieb dieser Art und auch gleichzeitig das älteste Werk Deutschlands ist die Fa. HAARMANN & REIMER GMBH. Holzminden, ist also als Geburtsstätte der heutigen Aromen- und Duftstoffindustrie anzusprechen." Weiter hieß es: „Zur Zeit ist die Firma mit Erfolg bemüht, den durch den 2. Weltkrieg verlorengegangenen Anschluß an den Weltmarkt wieder zu erhalten. Vor dem Kriege gingen 60 % der Produktion in das Ausland. Auf einem Geländekomplex von 23 000 qm betreibt das Werk Laboratorien, Forschungs- und Fabrikationsstätten. 226 Familien bietet das Werk lohnende und sichere Existenz; 116 werkseigene Wohnungen sind vorhanden und werden vermehrt. Die soziale Betreuung der Mitarbeiter ist vorbildlich. Auftragsstand und Produktionslage sind gut, werden allerdings augenblicklich durch Rohstoffmangel auf dem Weltmarkt — bedingt durch die Korea-Krise — gedrosselt und gehemmt."

Zum zweiten Holzmindener Riechstoffunternehmen schrieb Fritz Olms folgendes: „Als größtes Spezialwerk der Geruch- und Geschmackstoff-Industrie im Gebiet der Bundesrepublik ist die DRAGOCO GMBH zu nennen. Im Jahre 1919 durch die Herren C. W. Gerberding und A. Belmer als Spezialfabrik konzentrierter Riech- und Aromastoffe gegründet, hat dieses Werk trotz der wirtschaftlichen Krisen in den letzten 30 Jahren einen selten steilen Aufstieg zu verzeichnen und beschäftigt heute

FESTSCHRIFT ZUR BRÜCKENWEIHE
HOLZMINDEN, 14. OKTOBER 1950

Die „Festschrift zur Brückenweihe" gibt einen guten Überblick auf das Wirtschaftsleben in Holzminden im Jahr 1950

Fuhrpark von Haarmann & Reimer in den 1940er Jahren

ITALY **DRAGOCO ITALIA**
Via Oropa 3 a
MILANO
Indirizzo telegrafico: Dragoital Milano
Telefono N. 285.00.31

UNITED STATES **DRAGOCO INC.**
King Road
TOTOWA, N.J.
New Jersey Telephone: CLifford 6-3850
New York Telephone: CHickering 4-8235
Cables: Dragoarom Totowa New Jersey

AUSTRIA **DRAGOCO**
vorm. Schimmel & Co. GmbH
WIEN-LIESING
Telefon: 8696-65 Serie
Fernschreiber: 1831
Telegramme: Dragoarom Wien

Adressangaben aus einer Dragoco-Preisliste der 1950er Jahre

Preisliste von Schimmel, Hamburg

eine 350köpfige Belegschaft. [...] Als bleibendes Verdienst kann das Unternehmen jedoch die von ihr in sorgfältiger wissenschaftlicher Forschungsarbeit neu geschaffenen Riechstoffkörper buchen, die wesentlich dazu beigetragen haben, den Namen „Dragoco" zu einem weltbekannten und weltumspannenden Begriff für hochwertige und neuzeitliche Geruch- und Geschmackstoffe zu entwickeln."

Aufschwung mit Flüchtlingen und Fachkräften aus dem Osten

1952 wurde für Dragoco bereits die Zahl von 450 Mitarbeitern genannt. Im Rückblick sprach Prinz Wilhelm Karl zu Preußen anlässlich der Feier „75 Jahre Dragoco": *„Für die Jüngeren ist es heute kaum vorstellbar, welche Millionenströme Heimatloser und Flüchtlinge abermals durch Deutschland zogen. Auf der Suche nach ihren Familien, nach Nahrung und einem Dach über den Kopf – und nach Arbeit. Carl-Wilhelm Gerberding nahm ungleich mehr von ihnen in der Dragoco auf, als für den geringen Geschäftsumfang jener Tage benötigt wurden. [...] Die Betroffenen haben es mit Loyalität und Firmentreue gedankt. [...] Aber ich muss noch eine andere Gabe des Firmengründers erwähnen, die auf die Entwicklung Dragocos erheblichen Einfluß hatte: Da schlimme Dinge fast immer auch eine gute Seite haben und es zur Kunst des Lebens gehört, diese zu bemerken und vor allem zu nutzen, erwies sich die Flucht der Fachleute unserer Industrie aus den sowjetisch gesteuerten Werken im Leipziger Raum, die über Jahrzehnte das Herz der Branche gebildet hatte, als großes Fachreservoir für die hiesige Region. Carl-Wilhelm Gerberding nutzte es. Bedauerlicherweise machte auch die ‚geschäftsbelebende' Konkurrenz von solchen Möglichkeiten Gebrauch, woraus sich gelegentlich ein ebenso edler wie abenteuerlicher Wettstreit ergab."*

Aber von den traditionsreichen Firmen der Riechstoffindustrie im Leipziger Raum wurden nicht nur Fachkräfte abgeworben – die Holzmindener Firmen übernahmen auch Ableger und Filialen dieser Unternehmen in Westeuropa: Haarmann & Reimer, das durch die Vanillin-Konvention bereits Geschäftsbeziehungen zu Schimmel & Co hatte, übernahm 1952 die Schimmel-Filiale in Hamburg. Man nutzte dieses Geschäft, um die eigenen Produkte noch viele Jahre unter dem Namen Schimmel weiter zu vertreiben. Und das möglichst „unbemerkt". So wurde der Name Haarmann & Reimer in einer Broschüre zum 125-jährigen Bestehen von Schimmel & Co im Jahre 1954 nicht erwähnt. Dort hieß es: *„Der letzte Weltkrieg wurde auch zum Schicksal unserer Firma. Der russischen Besatzung folgte die Enteignung des Miltitzer Werkes, das zum volkseigenen Betrieb erklärt wurde. Nach Feststellung der sehr schwierigen rechtlichen Voraussetzungen konnte 1950 die Verlegung des Sitzes der Gesellschaft nach Hamburg durchgeführt und danach die Fabrikation wieder aufgenommen werden. Alte Miltitzer Betriebsangehörige fanden sich bald wieder in Hamburg zusammen, um am Wiederaufbau ihres Stammwerkes tatkräftig und zielbewußt mitzuhelfen."*

1959 erwarb Dragoco die Vertriebsniederlassung der Firma Schimmel in Österreich. Schimmel Wien wurde Drehscheibe für den Export in die Comecon-Länder Osteuropas – auch für Dragoco stellte der gute Name von Schimmel & Co einen Türöffner zu zahlreichen neuen Kunden dar.

Dragoco – „das größte und moderneste Unternehmen"

1950 wurde das neue Verwaltungs- und Laborgebäude an der Dragocostraße ein-
geweiht. Dieses Gebäude prägt das Werk Solling von Symrise bis heute.

In der Publikation „Köpfe und Kräfte, Band 1: Aus der Wirtschaft Niedersachsens"
wurde unter der Überschrift „Der Mann und sein Werk" Carl Wilhelm Gerberdings
Firma „Dragoco – Spezialfabrik konzentrierter Riech- und Aromastoffe – Holzminden" vorgestellt. In dem Bericht wurde deutlich, dass sich Dragoco zusammen mit der eingegliederten Firma Heinrich Haensel zu einem – auch im wissenschaftlichen Bereich – gleichwertigen Mitbewerber zum Traditionsunternehmen
Haarmann & Reimer entwickelt hatte. Nach einer Beschreibung der unterschiedlichen Produktionsanlagen hieß es: „*Besondere Bedeutung kommt der in einem
ebenfalls neu errichteten Fabrikationsbau vor sich gehenden Großherstellung von*

Carl Wilhelm Gerberding, um 1950

Qualitätskontrolle, ca. 1960

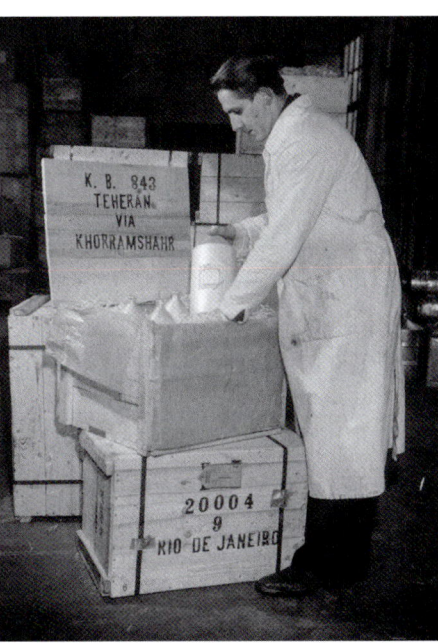

Weltweiter Versand, um 1950

95

Feierabend in den 1950er Jahren. Die Beschäftigten verlassen das Werksgelände von Dragoco durch das Tor zur Liebigstraße.

Titelbilder einer Broschüre von Heinrich Haensel über Likörextrakte und eines Dragoco-Prospektes aus den 1950er Jahren

Das von China, Japan und Brasilien importierte Roh-Menthol enthält — wie die Umkristallisation auf Rein-Menthol beweist — ca. 96 bis 98% reines Links-Menthol und ca. 2 bis 4% Verunreinigungen, die in der Hauptsache aus dunkelbraunen, schlecht schmeckenden Pfefferminz-oel-Nachlaufrückständen bestehen. Durch Umkristallisation kann man reines l-Menthol aus dem Roh-Menthol gewinnen; damit erhält man das gleiche wie das von uns in Großfabrikation laufend hergestellte

MENTHOL RECRIST. PURISS. DA 6.

Dieses von uns fabrizierte Menthol ist ein stets rein weißes, kleinkristallinisches und von allen Nebenbestandteilen völlig befreites l-Menthol in reinster Form von stets gleichbleibender Güte.

Unser l-Menthol und das aus den importierten Roh-Mentholen gewonnene l-Menthol unterscheiden sich in keiner Beziehung voneinander. Die chemischen bezw. die physikalischen Konstanten, der Geruch, Geschmack oder die Ergiebigkeit weisen nicht die geringsten Unterschiede auf, eben weil es einen solchen überhaupt nicht gibt.

Die Vorteile unseres Menthöls recrist. puriss. DA 6 gegenüber den importierten Roh-Mentholen sind einmal eine größere Preiswürdigkeit, da es 5 bis 10% unter den Notierungen der Importmenthole liegt, und zum zweiten handelt es sich bei unserem Produkt um ein absolut reines Menthol, dem keinerlei schlecht schmeckende und riechende Nachlaufrückstände mehr anhaften. Hinzu kommt, daß Menthol recrist. puriss. DA 6 den Anforderungen des Deutschen Arzneibuches entspricht, während die importierten Roh-Menthole diesen strengen Forderungen nicht gerecht werden können.

KLEINE ODER GROSSE KRISTALLE?

Häufig wird an uns die Frage nach großen Kristallen herangetragen. Zu diesem Thema läßt sich sagen, daß die großen Kristalle immer noch kleine Mengen Lösungsmittel einschließen, wie zum Beispiel die eingangs erwähnten Pfefferminzoel-Nachläufe oder andere Lösungsmittel, ganz gleich welcher Art. Bei den kleinen Kristallen ist dieses nicht möglich, und wir liefern deshalb bewußt unsere kleinkristallinische Ware, obwohl es durchaus möglich wäre, auch die großen Kristalle herzustellen.

Ein Vorurteil ist es auch zu glauben, nur große Kristalle seien das Charakteristikum und die Garantie für ein natürliches, reines Menthol, während es sich bei kleinkristallinischer Ware immer um synthetisches und demgemäß häufig muffig schmeckendes Menthol handeln müßte.

Wir empfehlen also unserer Kundschaft in aller Offenheit, kleine Kristalle zu verwenden, weil sie dann die allerbeste Gewähr für die chemische Reinheit wie auch für absolute Reinheit in geschmacklicher und geruchlicher Beziehung besitzt.

Zusammenfassend glauben wir mit Berechtigung sagen zu können, daß es ein besseres Menthol als Menthol recrist. puriss. DA 6 zur Zeit nicht gibt.

Oben: Broschüre von Dragoco mit dem Titel „Roh-Menthol oder Rein-Menthol" (Titelblatt S. 98) aus den 1950er Jahren.

Bild rechts: Schon 1955 wurde das Werksgelände von Dragoco mit dem Gebäude 15 in Richtung Solling entlang des Wiesenwegs erweitert.

Bild unten: Aromenproduktion in den 1950er Jahren bei Dragoco

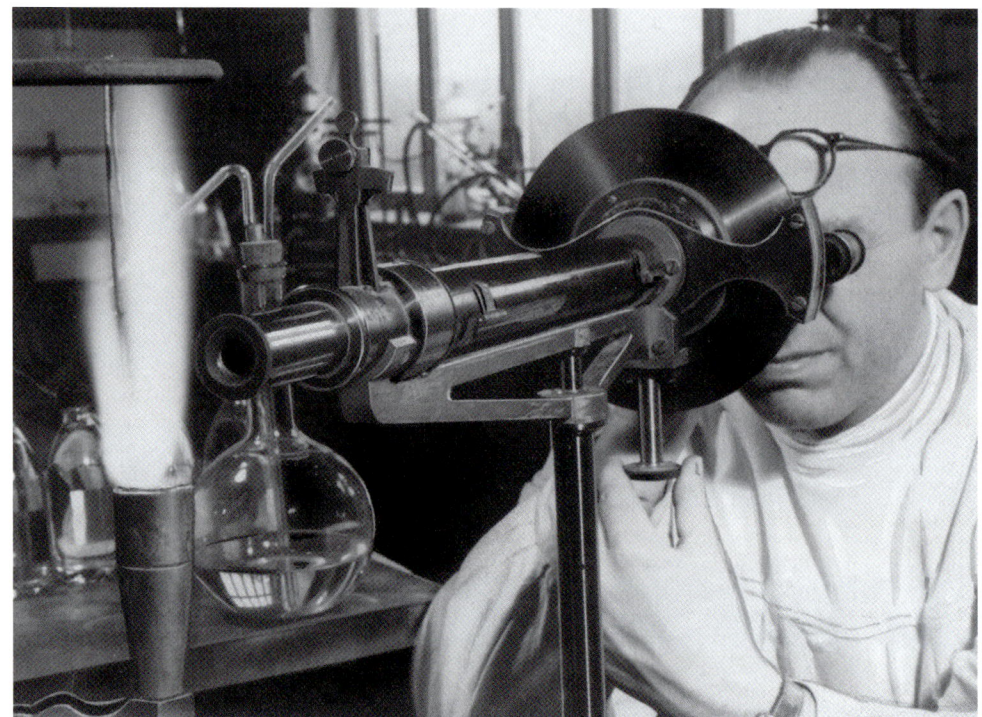

Dragoco-Forscher
Dr. Farnow

Mentholherstellung bei Dragoco

reinem, natürlichem Menthol zu, dessen Ausstoß des Gesamtbedarf der Bundesrepublik zu decken vermag und Devisen für die bisher erhebliche Einfuhr des Produktes aus China, Japan oder Brasilien sparen hilft, ja sogar eine eigene Ausfuhr ermöglicht. Ganz anders ist die Atmosphäre in dem sich über 80 m hinziehenden Flur, der rechts und links den Blick in ca. zwei Dutzend Forschungs- und Entwicklungslabore freigibt, wo in fast weltabgeschlossener Stille hochqualifizierte Wissenschaftler an aktuellen Problemen arbeiten, wozu ihnen feine und differenzierte Präzisionsapparate zur Verfügung stehen. Hier wird in enger Zusammenarbeit mit dem Nobelpreisträger für Chemie des Jahres 1950, Prof. Dr. Kurt Alder, unter Aufsicht namhafter Chemiker des In- und Auslandes an der ständigen Fortentwicklung der synthetischen Riech- und Geschmackstoffe gearbeitet."

Abschließend wurde betont, dass das Unternehmen in nur 33 Jahren von seinem Gründer Carl Wilhelm Gerberding zum „größte[n] und modernste[n] Unternehmen der Riech- und Geschmackstoff-Industrie in der Bundesrepublik geworden" sei.

1955 baute das Unternehmen für seine nun mehr als 500 Beschäftigten ein Werk-Casino mit Kantine, in den Folgejahren wurde das Werksgelände entlang des Wiesenwegs in Richtung Osten erweitert.

1954 – Übernahme von Haarmann & Reimer durch Bayer

Nach einer langwierigen Restrukturierung wurde die Firma Haarmann & Reimer von dem Unternehmen Bayer aufgekauft und als selbstständiges Tochterunternehmen geführt. Bereits 1953 hatte Bayer das Geschäft der Agfa-Riechstoffabteilung an Haarmann & Reimer übergeben.

In einer Rede zum 80-jährigen Bestehen von Haarmann & Reimer hieß es: „Die Fabrik erstreckt sich über ein Areal von 15 Morgen. Wie Sie auf den ersten Blick se-

hen, liegen noch allerlei lichte Zwischenräume zwischen den einzelnen Gebäuden, aber auch diese haben ihre Bedeutung. Erstens beabsichtigen wir, unseren Betrieb in allernächster Zeit gründlich aus- und umzubauen und dabei gleich auch beträchtlich zu vergrößern, zweitens brauchen wir für die ebenfalls sehr zahlreichen Materialien viel Lagerplatz."

Die Farbfotos auf dieser Seite zeigen das Werksgelände von Haarmann & Reimer in den 1950er und frühen 1960er Jahren. Ein Großteil der Gebäude und Anlagen stammt noch aus der Zeit vor dem Ersten Weltkrieg. Mit dem Kapital von Bayer wurden die Gebäude und Produktionsanlagen von Haarmann und Reimer in den folgenden Jahren grundlegend erneuert.

Neben dem Ausbau des Werks wurden zahlreiche internationale Tochterfirmen gegründet. Mit dem Verkauf an Bayer endete auch die bis dahin 80 Jahre bestehende Verbindung der Familie Haarmann zur Firma, denn die Familienmitglieder verkauften ihre Aktienanteile.

Auf der Rückseite des Farbfotos oben ist zu lesen, dass diese Arbeiter Menthol transportieren würden.

Bild rechts: Labor von Haarmann & Reimer in den 1950er Jahren

Unten: Lageplan von 1958 mit Neubau-Planungen

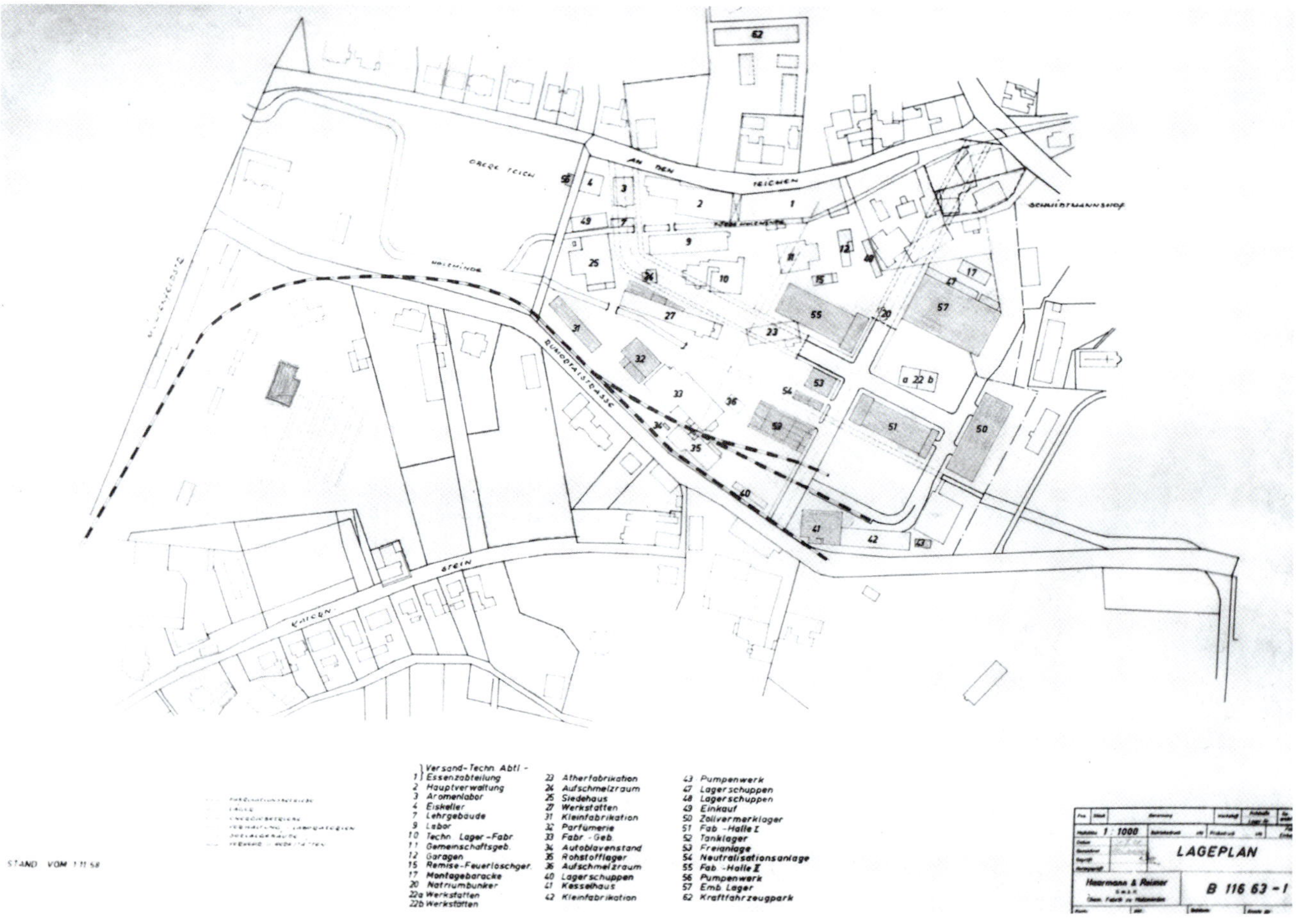

} Versand-Techn. Abtl.-	23	Ätherfabrikation	43 Pumpenwerk
1 Essenzabteilung	24	Aufschmelzraum	46 Lagerschuppen
2 Hauptverwaltung	25	Siedehaus	48 Lagerschuppen
3 Aromenlabor	27	Werkstätten	49 Einkauf
4 Eiskeller	30	Kleinfabrikation	50 Zollvermerklager
7 Lehrgebäude	32	Parfümerie	51 Fab.-Halle I
9 Labor	33	Fabr.-Geb.	52 Tanklager
10 Techn. Lager-Fabr.	34	Autoblasenstand	53 Freianlage
11 Gemeinschaftsgeb.	35	Rohstofflager	54 Neutralisationsanlage
12 Garagen	36	Aufschmelzraum	55 Fab.-Halle II
15 Remise-Feuerlöschger.	40	Lagerschuppen	56 Pumpenwerk
17 Montagebaracke	41	Kesselhaus	57 Emb. Lager
20 Natriumbunker	42	Kleinfabrikation	62 Kraftfahrzeugpark
22a Werkstätten			
22b Werkstätten			

STAND VOM 1.11.58

1:1000   LAGEPLAN

Haarmann & Reimer   B 116 63 - 1

Aufbruch ...

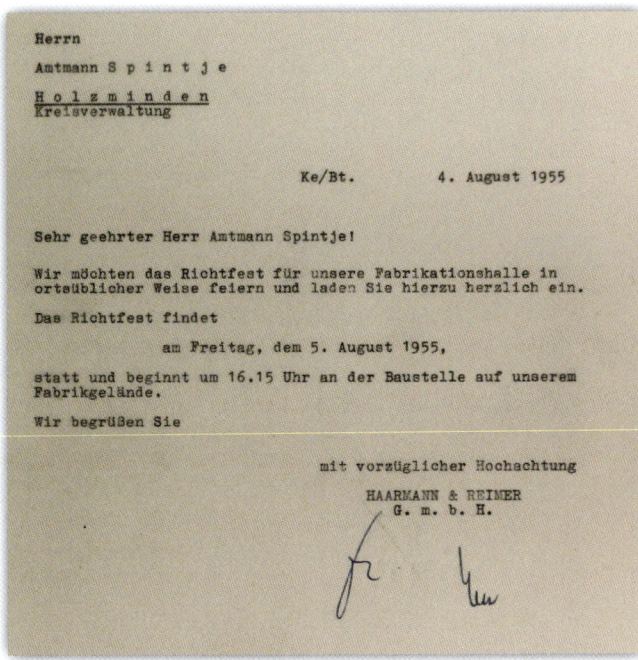

Herrn

Amtmann S p i n t j e

H o l z m i n d e n
Kreisverwaltung

Ke/Bt.   4. August 1955

Sehr geehrter Herr Amtmann Spintje!

Wir möchten das Richtfest für unsere Fabrikationshalle in
ortsüblicher Weise feiern und laden Sie hierzu herzlich ein.

Das Richtfest findet

        am Freitag, dem 5. August 1955,

statt und beginnt um 16.15 Uhr an der Baustelle auf unserem
Fabrikgelände.

Wir begrüßen Sie

            mit vorzüglicher Hochachtung
                HAARMANN & REIMER
                    G. m. b. H.

Ablauf des Richtfestes

1. **Anfang 16.15 Uhr an der Baustelle auf dem Fabrikgelände:**

   Aufziehen des Richtkranzes

   Richtspruch (Monteur Busche)

   Aufforderung von Herrn Dr. Groger, daß die Teilnehmer nach
   "Hellers Krug" gehen und Wiederholung der Aufforderung
   durch Herrn Kempa.

2. Nach Eintreffen der Richtfest-Teilnehmer in Hellers Krug
   Platznahme und

              Ansprache von Herrn Dr. Groger.

   Erklärung des Betriebsratsvorsitzender Malaka.

   Sodann, falls nicht unmittelbar weitere Wortmeldungen erfolgen, Aufforderung zum Essen.

3. Für das gemeinsame Essen werden unter Ausgabe entsprechender
   Marken pro Kopf zur Verfügung gestellt:

   1/2 Pfd. Mett
   30 gr. Butter
   1 Pfd. frische Wurst für je 10 Personen
   Brötchen und Brot, Pfeffer, Salz, Zwiebeln und Gurken
   sowie
   6 Glas Bier
   3 Schnäpse und
   für M 1,-- Rauchwaren.

4. Schluß des Richtfestes bleibt den Teilnehmern überlassen.

Richtfest bei Haarmann & Reimer

Ueber 80 Jahre alt ist die Firma Haarmann & Reimer, die sich auf dem Gebiete der Riechstoff- und Aromenerzeugung seit Generationen auf dem Weltmarkt einen Namen geschaffen hat. Am Freitagnachmittag richtete sie nach altem Handwerksbrauch eine riesige neue Fabrikationshalle.

Mit diesem Bau leitet Haarmann & Reimer einen neuen Abschnitt seiner traditionsreichen Geschichte ein. Hier in Holzminden hat die Wiege der synthetischen Riechstoffindustrie gestanden und Generationen lang ist die Firma Haarmann & Reimer ein sehr bestimmendes Element der Wirtschaft der kleinen „Ackerbürgerstadt" Holzminden gewesen und hat, wie es der verewigte Chronist Carl Hampe ausgedrückt hat, „in das natürliche Parfüm der Bauernstadt, in ihr Kuhstallodeur, Resedadüfte gemischt." Die Stadt ist inzwischen größer geworden und die Firma Haarmann & Reimer hat letzthin Schritte unternommen, sich den Erfordernissen der Zeit anzupassen. Der erfinderische Geist der Firmengründer, der Herren Wilhelm Haarmann und Prof. Dr. Tiemann hatte mit der künstlichen Vanille und dem Jonon das „Zeitalter der Geschmacks- und Riechstoffe" eingeleitet und den Ruf der Firma in aller Welt begründet. Soviel Wasser auch die Weser inzwischen hinabgeflossen ist, der Name der Firma Haarmann & Reimer und der Ruf ihrer Erzeugnisse ist geblieben.

Die große Fabrikationshalle, deren Konstruktion in Stahl und Eisen den für die Firma typischen Wunsch der Dauerhaftigkeit verrät, steht wie eines nicht allzuferner Tages eine moderne Arbeitsstätte für viele abgeben. Die Geschichte der Stadt Holzminden ist sehr erheblich mit der Entwicklung dieser chemischen Industrie verbunden und es ist kein Geheimnis, daß der Name der Familie Haarmann mit anderen Gebieten — für immer verbunden ist. Mit dem gestrigen Freitag aber leitete sich ein neuer Abschnitt der Firmengeschichte ein, über den viel orakelt worden ist, der aber nunmehr durch eine Richtfestrede Dr. Ing. R. Grogers geklärt wurde.

Wir geben diese, das Verhältnis der Firma zu ihrer nunmehr einzigen Gesellschafterin, der Firma Farbenfabriken Bayer, Aktiengesellschaft Leverkusen, im Wortlaut der Ausführung Dr. Grogers wieder:

„Das für die Erreichung der Ziele der Firma notwendige Kapital konnte aus verständlichen Gründen nur aus privater Hand kommen. Die ehemaligen Gesellschafter der Firma Haarmann & Reimer haben daher weitsichtig und zum Teil unter Verzicht auf Privatinteressen es ermöglicht, eine Verbindung mit den Farbenfabriken Bayer Aktiengesellschaft, Leverkusen, anzubahnen.

Die Farbenfabriken Bayer Aktiengesellschaft hatte nach dem Kriege die bei den Farbenfabriken Wolfen eingerichtete Agfa-Riechstoffabteilung in ihrem Werk Uerdingen aufgenommen. Im Oktober 1953 wurde der Entschluß gefaßt, dieses Riechstoffgeschäft der Firma Haarmann & Reimer zu übertragen und zugleich durch Erwerb von Geschäftsanteilen die Voraussetzung dafür zu schaffen, der Firma das Kapital zur Verfügung zu stellen, das benötigt wird, um die bereits angedeuteten Ziele des Unternehmens zu erreichen. Der Erwerb der letzten Geschäftsanteile, die sich in französischer Hand befanden, erfolgte im Dezember 1954 und seitdem ist die Farbenfabriken Bayer Aktiengesellschaft die alleinige Gesellschafterin der Firma Haarmann & Reimer G.m.b.H.

Dieser Wechsel ist in seinen Gründen und Auswirkungen von manchen Seiten nicht immer richtig beurteilt worden und es ist mir ein besonderes Anliegen, zu erklären, daß der Charakter der Firma Haarmann & Reimer und der Gegenstand des Unternehmens in nichts eine Aenderung erfahren hat oder erfahren wird. Das Fabrikationsprogramm der Firma bleibt unverändert die Herstellung natürlicher und künstlicher Riech- und Geschmacksstoffe und aller darauf basierender Produkte wie Parfümöle, Aromen, Essenzen und so fort. Die Uebertragung des Riechstoffgeschäftes der Farbenfabriken Bayer Aktiengesellschaft auf die Firma Haarmann & Reimer beruhte gerade auf der Erkenntnis, daß das hier in Rede stehende Gebiet am besten bei einem völlig selbständig arbeitenden Spezialunternehmen, das über die entsprechenden jahrzehntelangen Erfahrungen verfügt, aufgehoben ist. Der Einfluß, den die Farbenfabriken Bayer Aktiengesellschaft auf unsere Firma nimmt, beschränkt sich daher ausschließlich darauf, daß sie uns ihre für uns zur Auswertung in Betracht kommenden technischen und kaufmännischen Erfahrungen zur Verfügung stellt. Kurz gesagt, die Firma Haarmann & Reimer wird also die Firma Haarmann & Reimer bleiben; es wird nur angestrebt werden, das Unternehmen fabrikatorisch auf einen solchen Stand zu bringen, wie das entsprechend der Entwicklung der Riechstoffunternehmen im Ausland erforderlich und im Hinblick auf die bisherigen Leistungen und die Tradition der Firma geboten ist.

Hierfür ist die heute gerichtete Halle ein Markstein. Allen denjenigen, die hierbei gedacht, geplant und Hand angelegt haben, möchte ich dafür auf das herzlichste danken. Wir sind stolz auf diesen in Angriff genommenen Bau, wie Sie stolz auf die von Ihnen geleistete Arbeit sein können."

Oben: Einladung und Ablaufplan sowie Zeitungsbericht zum Richtfest der neuen Fabrikationshalle im August 1955.
Unten: Foto der fertigen Halle und Luftbild des Haarmann & Reimer Werkgeländes Ende der 1950er Jahre

SPEZIALFABRIK FÜR AROMENKONZENTRATE
LISTE A 1951

Preisliste aus dem Jahr 1951

Firmensitz von Bohnsack & Co an der Sollingstraße, um 1960

Aufnahme aus der Produktion, um 1960

Weitere Riech- und Geschmackstoff-Unternehmen

Im Umfeld der beiden großen Holzmindener Riech- und Geschmacksstoffunternehmen Haarmann & Reimer sowie Dragoco gab es in der Nachkriegszeit einige Neugründungen ähnlicher Betriebe. In den 1950er und 1960er Jahren erlangten Bohnsack & Goseberg, später Goseberg & Co sowie ab Ende der 1960er Jahre die Firma Novarom von Gustav Nowak einige Bedeutung.

Bohnsack & Goseberg

Bereits 1946 wurde *Bohnsack & Goseberg GmbH (BOGO)* in der Sollingstraße gegründet. Die BOGO stellte Aromenkonzentrate, Likör- und Feinkostessenzen und Öle her. Unternehmensgründer waren ehemalige leitende Mitarbeiter von Haarmann & Reimer. Im Unternehmensarchiv von Symrise fanden sich Belege, dass die Prokura für Walter Goseberg am 10. Mai 1943 und die Prokura für den Chemiker Dr. Heinrich Bohnsack am 2. Februar 1944 erloschen war. Ganz offensichtlich hatte man sich im Streit getrennt.

Im Zusammenhang mit den politischen Folgen des Ersten Weltkrieges wurde in Gennermanns Buch *„Eine Geschichte mit Geschmack"* aus den Protokollen der Vanillin-Konvention bezüglich der Überlegungen zur Einrichtung eines belgischen Syndikats im Jahre 1935 zitiert, dass für die Besprechung „*Brüssel als Beratungsort ausscheidet, da Herr Goseberg von Haarmann & Reimer sich im Kriege dort so beliebt gemacht zu haben scheint, dass er noch heute beim Grenzübertritt sofortige Verhaftung fürchten muss.*" Diese Bemerkung spielt auf Kriegsverbrechen von deutschen Truppen im Jahre 1914 an. Im Rahmen der Leipziger Prozesse zur Aufarbeitung deutscher Kriegsverbrechen im Ersten Weltkrieg wurden von insgesamt 900 Angeklagten nur zehn verurteilt. Da man in Belgien und Frankreich diese Verfahren als Farce empfand, wurden dort Hunderte von Deutschen in Abwesenheit zum Tode verurteilt, offenbar befand sich Goseberg unter den Verurteilten.

1950 hieß es in der Festschrift zur Brückenweihe über das Unternehmen: „*Von besten Fachkräften geleitet, erstreckt sich ihr Tätigkeitsfeld auf die Herstellung von Aromen, Konzentraten, Extrakten, Liköressenzen und Destillation, sowie ätherischen Ölen und Riechstoffen. Aus zeitbedingten Gründen war die Firma bis vor kurzem an mehreren Stellen der Stadt provisorisch untergebracht. Es ist ihr jetzt aber gelungen, einen Fabrikkomplex zu übernehmen, so daß alle Teile der Firma zusammengefaßt werden und die Möglichkeit gegeben ist, den Betrieb weiter auszubauen. [...] Die Belegschaft beträgt z. Z. 25—30 Mann.*"

Wenig später schied Walter Goseberg aus dem Unternehmen aus, das als Bohnsack & Co weitergeführt wurde. 1968 wurde das Unternehmen schließlich von Haarmann & Reimer übernommen.

Novarom

Das Unternehmen Novarom wurde von dem ehemaligen Dragoco-Mitarbeiter Gustav Adolf Nowak im Jahr 1966 zunächst unter dem Namen „Aroflor" gegründet. Betriebssitz war zunächst im Gehrenkamp 44, wo in einem Gartenhaus kleinere Gebinde kosmetischer Zusatzstoffe produziert wurden. 1972 erfolgte die Umbenennung in Novarom sowie der Umzug nach Bevern in neu errichtete Produktionsräume im Birkenweg. Anfang der 1980er Jahre wurde dieser Unternehmenssitz weiter ausgebaut.

Laut Handelsregister war der Gegenstand des Unternehmens der „*Verkauf und die Herstellung von chemischen Produkten aller Art, insbesondere Riech- und Geschmacksstoffen, Roh-, Hilfs- und Wirkstoffen für die kosmetische und pharmazeutische Industrie, sowie der Groß- und Einzelhandel mit derartigen und produktverwandten Artikeln*". Der Schwerpunkt dürfte aber bei kosmetischen Produkten gelegen haben, denn Gustav Adolf Nowak hatte sich auch als Fachbuch-Autor einen Namen gemacht: „*Die kosmetischen Präparate Rezeptur, Herstellung und wissenschaftliche Grundlagen*", erstmals 1969 erschienen, entwickelte sich zu einem Standardwerk, das bis Anfang der 1990er Jahre in Überarbeitungen neu aufgelegt wurde.

1991 wurde Novarom von der britischen Firma Croda übernommen. Dazu kann man auf Wikipedia lesen: „*Mit der Übernahme von Novarom 1991, das 1998 in Crodarom umbenannt wurde, war man in der Lage, Pflanzen- und Pflanzenextrakte durch neue Extraktionstechniken herzustellen.*"

Unter der Bezeichnung „Novarom" bietet das Export- und Vertriebsunternehmen parico cosmetics kosmetische Produkte auf pflanzlicher Basis an.

In Bevern bestand die Produktionsstätte unter der Leitung von Croda weiter bis in die 2000er Jahre. Die Räume am Birkenweg wurden dann von dem Kosmetik-Hersteller Güldenmoor übernommen.

Gustav Adolf Nowak

Handgeschriebene Parfümrezeptur von Gustav Adolf Nowak

Verladung auf dem Firmengelände im Birkenweg, Bevern.

Wachstum
weltweit
1956 - 2002

Die beiden Luftbilder vom Firmengelände Dragocos von 1956 (oben) und 1958 (unten) verdeutlichen, wie schnell sich das Unternehmen damals entwickelte. Auf dem unteren Bild ist ganz rechts die gerade fertiggestellte Kantine zu sehen und auch inmitten des Werksgeländes und am linken Bildrand sind neue Gebäude errichtet worden.

Wie das vorherige Kapitel gezeigt hat, wurde die Holzmindener Duft- und Geschmackstoffindustrie vom Zweiten Weltkrieg zwar zunächst hart getroffen, konnte aber vor allem vom Ausfall der einstmals führenden Duft- und Geschmackstoffunternehmen im Leipziger Raum profitieren. Einerseits durch Anwerbung geflüchteter Fachkräfte und andererseits durch Übernahme von Filialen im westlichen Einflussbereich. Dadurch verschafften sich die Holzmindener Unternehmen eine sehr gute Ausgangsposition für die nun folgenden sogenannten „Wirtschaftswunderjahre" in Deutschland. Zwar sorgte die Korea-Krise 1950-53 mit ihren weltwirtschaftlichen Auswirkungen für einen leichten Dämpfer, verstärkte dafür aber die Integration der jungen Bundesrepublik in „den Westen" und beförderte letztendlich den wieder anlaufenden deutschen Außenhandel. Schon ab 1952 exportierte die Bundesrepublik mehr als sie importierte. In den Folgejahren bauten die beiden großen Holzmindener Duftstoffunternehmen ihre Vertretungen in aller Welt auf und aus.

Symbol für die Bautätigkeit der „Wirtschaftswunderjahre": Schornsteinbau bei Dragoco

1956 – Dragoco gründet Tochtergesellschaft in den USA

Ab Mitte der 1950er-Jahre wurden die Söhne von C.W. Gerberdings in die Leitung der Firma eingeführt. Während Horst die Parfümerie-Sparte von Dragoco übernahm, widmet sich sein älterer Bruder Carl-Heinz dem Ausbau des Auslandsgeschäfts. Carl-Heinz Gerberding baute das internationale Geschäft weiter aus und gründete 1956 die erste US-Division des Unternehmens. In seinen Lebenserinnerungen erklärte der älteste Sohn des Firmengründers, dass seine Motivation gewesen sei, sich mit der Internationalisierung der Firma von Deutschland unabhängig zu machen. In der schweren Anfangszeit habe er Tricks und Kniffe anwenden müssen, um seinen Vater, der traditionell eher im Inlandsgeschäft Erfolgspotenzial sah, vom Erfolg des Auslandsgeschäfts zu überzeugen. Doch schon bald wuchs die amerikanische Tochtergesellschaft und wurde zur Stütze des internationalen Geschäfts.

Daneben stieg auch Wilhelm Karl Prinz von Preußen in die Führungsebene Dragocos ein und übernahm die Geschäftsleitung von Heinrich Haensel.

1957 zog sich der Firmengründer C.W. Gerberding aus gesundheitlichen Gründen zurück und siedelte in die Schweiz über.

Auch diese Bilder zeugen von Aufbruchstimmung: Die 1960 errichtete Dragoco-Niederlassung in Totowa, USA

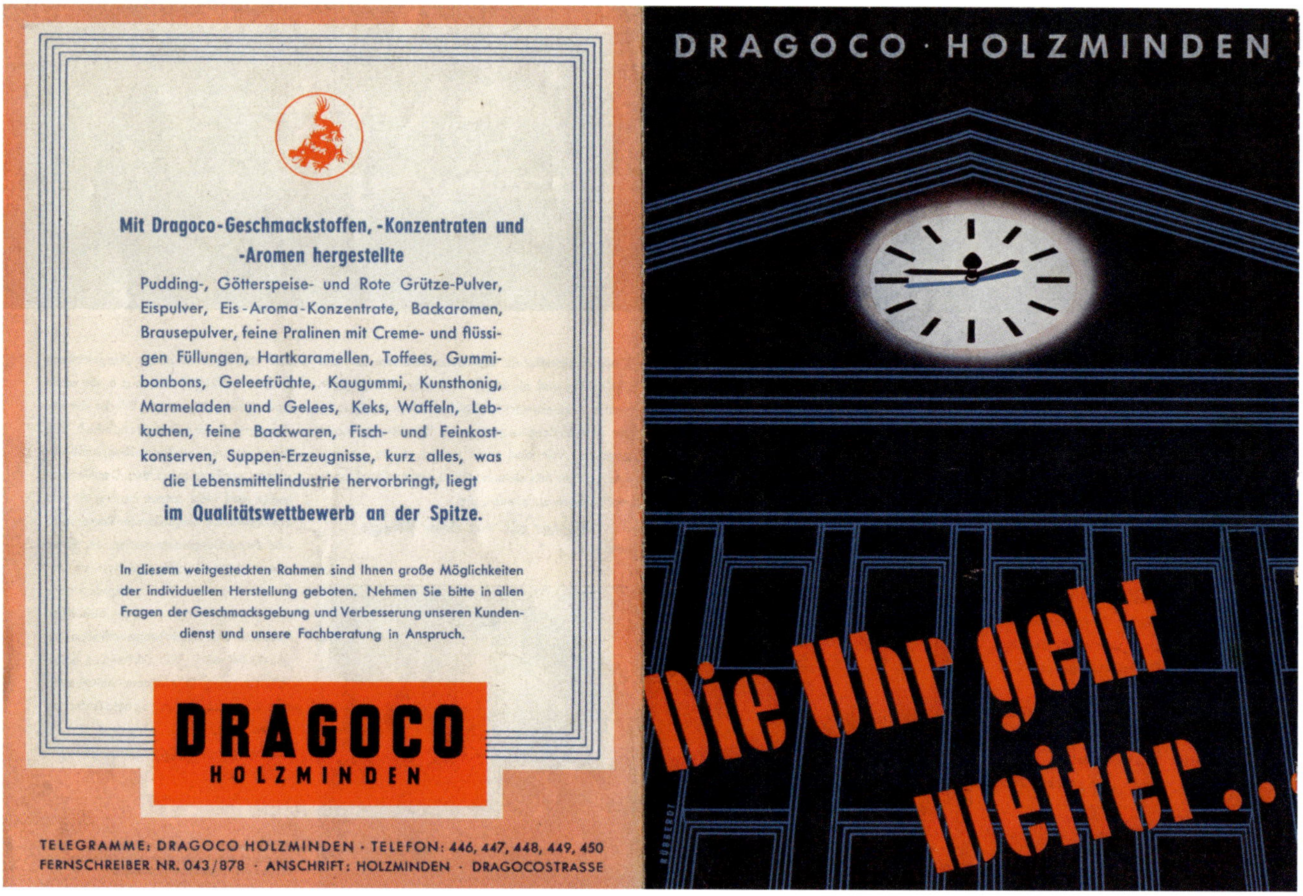

Ende der 1950er Jahre betont Dragoco, dass man nun Geschmackstoffe bieten kann, die „besser als vor dem Kriege sind".

Neubau des DRAGOCO-Verwaltungsgebäudes mit Laboratorien und Postamt

Wer könnte sich erlauben, in dem heutigen scharfen Konkurrenzkampf der freien Wirtschaft aller Länder der Erde stillzustehen? Unsere Kunden nicht und wir erst recht nicht. Unsere alten kontinentalen und überseeischen Geschäftsbeziehungen haben sich nach dem Kriege und besonders nach der Währungsreform in sprunghaft ansteigenden Exporten ausgewirkt. Diese brachten uns die erforderlichen Devisen für den Einkauf unentbehrlicher Auslandsrohstoffe, und so haben wir sehr rasch den Anschluß an den Qualitätsstand von 1938 gefunden.

Aber damit durfte es nicht sein Bewenden haben. Allgemein sind ja die Wertbegriffe für Waren jeder Art höhere geworden. Wie sich „die gute alte Zeit" heute in unserer Erinnerung reichlich idealisiert darstellt, so verknüpft der Durchschnittsverbraucher mit dem Begriff „Friedensqualität" meist höhere Vorstellungen, als den betreffenden Artikeln vor dem Kriege tatsächlich angemessen waren. Sie wie wir sind aber letzten Endes nur Diener seiner Majestät des Kunden.

Auf dem Gebiete der Lebens- und Genußmittel sind die Menschen besonders anspruchsvoll. Als Geschmackstoffabrik von internationalem Ruf und Bedeutung und als Lieferanten aller einschlägigen weiterverarbeitenden Industrien betrachten wir es als unsere Hauptaufgabe, der Entwicklung voranzugehen. Wir sind stolz darauf, heute unseren geschätzten Abnehmern aller Sparten Geschmackstoffe bieten zu können, die

besser als vor dem Kriege

sind.

Der ständigen weiteren Ausgestaltung unserer Produktion dienen u. a. die wuchtigen Neubauten unserer Werke, die aus der romantischen Weserlandschaft aufragen, unsere erweiterten Kesselanlagen, unsere großen, modernen Destillationshallen und nicht zuletzt unsere 20 aufs vollkommenste eingerichteten Forschungs- und Entwicklungslaboratorien, in denen wissenschaftlich und praktisch an der Entwicklung neuer Geschmackskörper wie der Verbesserung unserer bisherigen Produkte und Herstellungsmethoden gearbeitet wird. Wir dürfen uns glücklich schätzen, in unserem Mitarbeiterstab Kapazitäten ihres Spezialfaches zu wissen.

Für unsere geschätzten Abnehmer bedeutet das:

Eine unserer großen, modernen Vakuum-Destillationsanlagen

Anfuhr eines neuen Dampfkessels. Dieser Gigant hat die gleiche Leistung wie eine Güterzuglokomotive mit 120 Achsen im Schlepp

Auch auf dem Gelände von Haarmann & Reimer entstehen Ende der 1950er / Anfang der 1960er Jahre neue Fabrikations-anlagen, während die alten Gebäude nach und nach abgerissen werden (Fotos rechts unten)

Ausbau der Werksanlagen bei Haarmann & Reimer

Die Finanzkraft von Bayer ermöglichte Haarmann & Reimer, die dringend notwen-dige Modernisierung des Werkes in Holzminden voranzutreiben. Einige Anlagen und viele Gebäude auf dem Werksgelände zwischen Holzminden und Altendorf stammten noch aus dem 19. Jahrhundert.

Zur Einweihung einer neuen Produktionshalle schrieb die Holzmindener Tages-zeitung „Hannoversche Presse" unter der Überschrift: *„Richtfest bei Haarmann & Reimer / Neue Entwicklungsmöglichkeiten gegeben / Farbenfabriken Bayer jetzt alleiniger Gesellschafter / Gerüchte richtiggestellt"*, die Halle *„soll der Erhöhung der Kapazität, der Rationalisierung und der Modernisierung dienen."* In der Festrede be-tonte Geschäftsführer Dr. Grogers, dass Haarmann & Reimer zusätzliches Kapital

benötigt hätte, um nach dem Krieg an die Entwicklung der Auslandsbetriebe an-knüpfen zu können: *„Ein solches Kapital konnte aus verständlichen Gründen nicht von privater Hand aus den Gründerfamilien kommen. Die ehemaligen Gesellschafter der Firma Haarmann und Reimer haben es daher ermöglicht, eine Verbindung mit den Farbenfabriken Bayer AG. Leverkusen anzubahnen. Die Farbenfabriken Bayer hatten nach dem Kriege die bei den Farbenfabriken Wolfen eingerichtete Agfa-Riech-stoffabteilung in ihrem Werk Uerdingen aufgenommen. Im Oktober 1953 wurde der Entschluß gefaßt, dieses Riechstoffgeschäft der Firma Haarmann und Reimer zu übertragen und zugleich durch Erwerb von Geschäftsanteilen die Voraussetzung da-*

Sichtbares Wachstum: altes und neues Kesselhaus, 1959

für zu schaffen, der Firma das Kapital zur Verfügung zu stellen, das benötigt wird, um die bereits angedeuteten Ziele des Unternehmens zu erreichen."

Anschließend betonte Dr. Grogers, dass *„der Charakter der Firma Haarmann und Reimer und der Gegenstand des Unternehmens in nichts eine Änderung erfahren hat oder erfahren wird."*

Starkes Wachstum von 1952 bis 1960 für Haarmann & Reimer

Grafische Darstellung der Belegschafts- und Umsatzentwicklung von Haarmann & Reimer in den Jahren 1952 bis 1960

Die Beschäftigungs- und Umsatzzahlen von Haarmann & Reimer für den Zeitraum 1952 bis 1960 zeigen eine Verdoppelung der Belegschaft von 260 auf 599 Mitarbeiter, der Umsatz versechsfachte sich von knapp 5 Millionen auf 30 Millionen DM, und die Exportquote verdoppelte sich von 17% auf 33%. Letzteres ist vor allem darauf zurückzuführen, dass durch die Übernahme durch Bayer und die Anknüpfung an die Bayer-Auslandsvertretungen zeitnah die Gründung von Tochterfirmen in Mexiko, USA, Brasilien, Großbritannien, Frankreich und Spanien ermöglicht wurde.

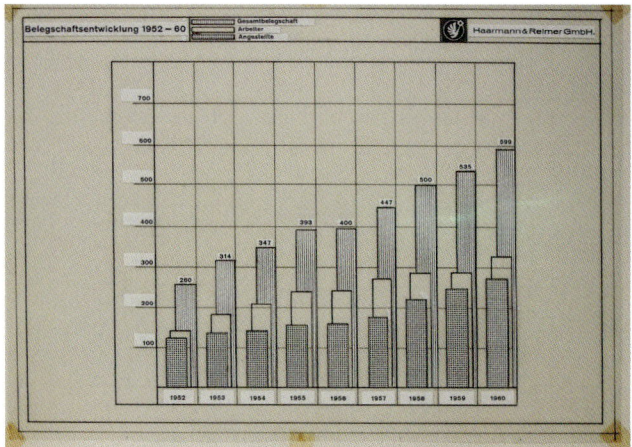
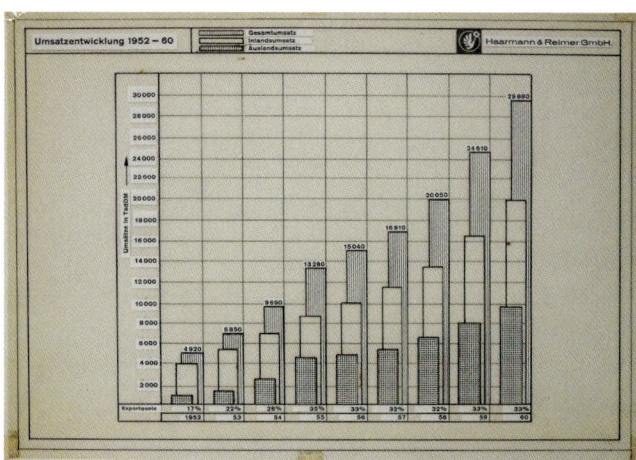

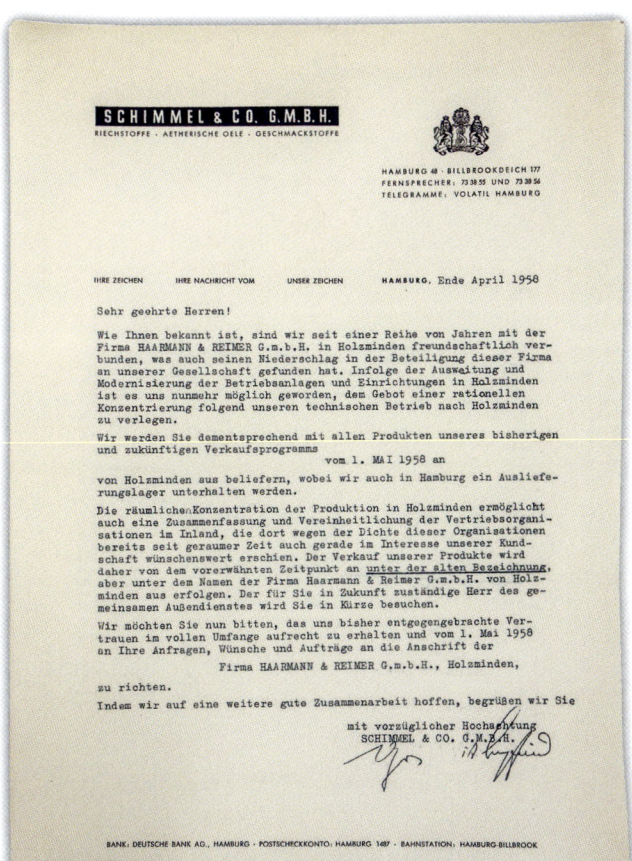

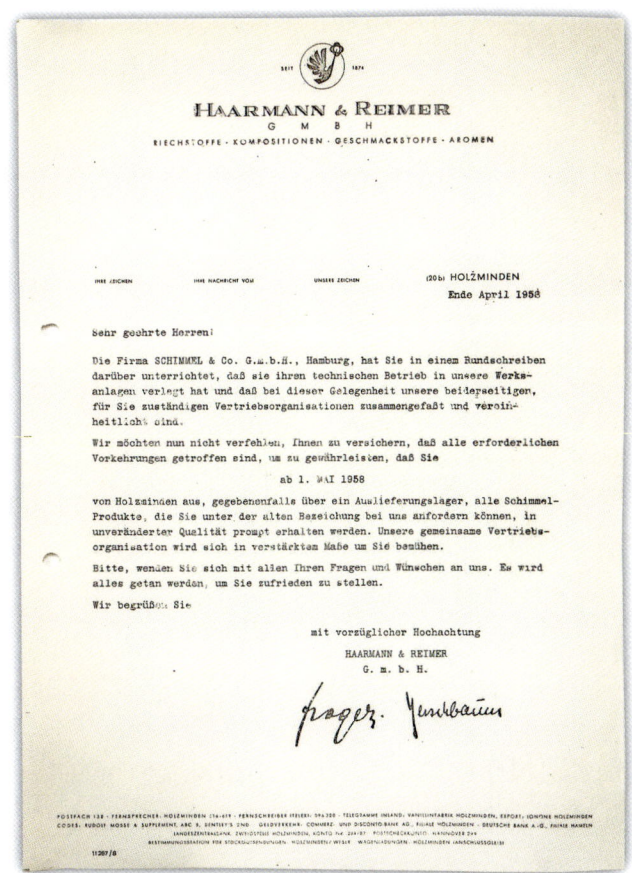

Informationsschreiben von Schimmel & Co. und Haarmann & Reimer über die Verlegung nach Holzminden

Schimmel & Co wird vollständig in Haarmann & Reimer integriert

Ende April 1958 informiert die Firma Schimmel & Co Hamburg ihre Kunden: „*Wie Ihnen bekannt ist, sind wir seit einer Reihe von Jahren mit der Firma Haarmann & Reimer G.m.b.H. in Holzminden freundschaftlich verbunden, was auch seinen Niederschlag in der Beteiligung dieser Firma an unserer Gesellschaft gefunden hat. Infolge der Ausweitung und Modernisierung der Betriebsanlagen und Einrichtungen in Holzminden ist es uns nunmehr möglich geworden, dem Gebot einer rationellen Konzentrierung folgend unseren technischen Betrieb nach Holzminden zu verlegen.*"

1964 – Dragoco stiftet Forschungs-Preis

Mit dem Otto-Wallach-Fonds, den Dragoco 1964 bei der Gesellschaft Deutscher Chemiker zum Andenken an den Chemiker Otto Wallach einrichtete, dokumentierte das Unternehmen seine Wertschätzung der Forschung. Von 1966 bis 2002 verlieh die Gesellschaft aus diesen Mitteln die mit einem Geldpreis dotierte Otto-Wallach-Plakette an Forscher aus europäischen Ländern für ihre besonderen Leistungen auf dem Gebiet der ätherischen Öle, der Terpene und Polyterpene oder der biochemischen Lock- und Abschreckungsstoffe.

Anlass für die Einrichtung des Fonds war der 70. Geburtstag des Firmengründers. Diese Gelegenheit nutzte darüberhinaus die Stadt Holzminden, um Carl Wilhelm Gerberding die Ehrenbürgerschaft zu verleihen.

Otto Wallach (* 27. März 1847 in Königsberg i. Pr.; † 26. Februar 1931 in Göttingen) war ein deutscher Chemiker und Nobelpreisträger. Wallach war organischer Chemiker und hat mehrere Reaktionen zum Aufbau heterozyklischer Verbindungen und von Farbstoffen entdeckt. Wallach hat in der Terpenchemie grundlegende Arbeiten zur Strukturaufklärung und der Synthese dieser Stoffklasse geleistet.

Im Laufe der Geschichte kam es in den Werken der Holzmindener Unternehmen auch zu Explosionen und Bränden – die Explosion 1961 bei Haarmann & Reimer, bei der zwei Arbeiter verletzt wurden, hatte überregionale Presseberichte zur Folge.

Die Werkfeuerwehren von Haarmann & Reimer und Dragoco wurden mit der Fusion zu Symrise zwar vereint, es gibt aber nach wie vor zwei Standorte mit Einsatzfahrzeugen in den Werken Solling und Weser. Zudem arbeitet die Werkfeuerwehr seit jeher eng mit der Freiwilligen Feuerwehr Holzminden zusammen.

Wachstum weltweit

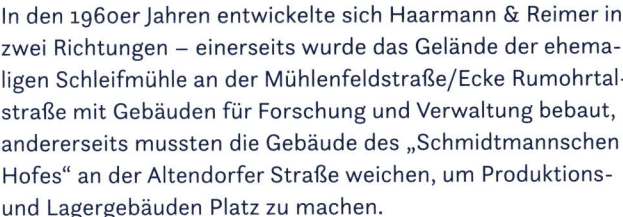

In den 1960er Jahren entwickelte sich Haarmann & Reimer in zwei Richtungen – einerseits wurde das Gelände der ehemaligen Schleifmühle an der Mühlenfeldstraße/Ecke Rumohrtalstraße mit Gebäuden für Forschung und Verwaltung bebaut, andererseits mussten die Gebäude des „Schmidtmannschen Hofes" an der Altendorfer Straße weichen, um Produktions- und Lagergebäuden Platz zu machen.

1968 – Mehr als 1000 Beschäftigte

Im Jahr 1968 überschritt die Mitarbeiterzahl von Haarmann & Reimer die Zahl 1000, was einer Verdoppelung innerhalb von zehn Jahren entsprach und die Firma wieder zum größten Holzmindener Riechstoffunternehmen machte. An der Rumohrtalstraße wurde das Forschungsgebäude neu gebaut. Ein Jahr später wurde eine Verladeanlage mit Gleisanschluss erreichtet, denn Haarmann & Reimer verlagerte den Versand von der Straße auf die Schiene. Das Werksgelände ist seit der Bayer-Übernahme von 70.000 auf eine Größe von 220.000 Quadratmeter gewachsen.

In einer Broschüre aus jener Zeit zeigt Haarmann & Reimer neben aktuellen Bildern des Werkgeländes auch Fotos von historischen Anlagen, um die Modernisierung der Fabrikation zu dokumentieren. In der Broschüre werden alle Haarmann & Reimer-Abteilungen mit Fotos aus Entwicklung und Produktion vorgestellt. In einem Bildtext zu Destillierblasen heißt es: „Auch diese Anlage gehört zur H+R Aromen-Herstellung. Alles ist klar, sachlich, sauber – sauber und rein, wie die H+R Aromen."

Die Exportquote des Unternehmens betrug 35%. In der Geschäftsführung löste Dr. Claus Skopalik Dr. Rudolf Grogers ab. Durch die Übernahme der Esarom GmbH Nördlingen wurde die Produktplatte um Getränke-Grund- und zusatzstoffe erweitert. Auch das – 1946 von ehemaligen H&R-Mitarbeitern gegründete – Holzmindener Unternehmen Bohnsack & Co GmbH Holzminden wurde übernommen. Nach Einschätzung des einstigen Betriebsratvorsitzenden Karl-Heinz Huchthausen brachten Geschäftsführer Skopalik und sein Stellvertreter Georg Kerschbaum das Unternehmen auf einen beständigen und erfolgreichen Wachstumskurs, von dem auch die Beschäftigten des Unternehmens in hohem Maße profitierten.

1968 – Reform des Patentrechts

In der Zeit um 1900 wurde die Entwicklung des Unternehmens Haarmann & Reimer stark von den Auseinandersetzungen um den Patentschutz der entwickelten Produkte geprägt. Ursache dafür waren die – aus Sicht forschungsorientierter Unternehmen – unzureichenden Regelungen im Deutschen Patentrecht von 1877. Dieses schützte bei synthetisierten und künstlichen Stoffen nur den Verfahrensweg, nicht die neue chemische Verbindung selbst. Erst 1968 wurde in Deutschland der absolute Stoffschutz nach Vorlage des US-amerikanischen Patentrechts eingeführt. Damit können chemische Verbindungen unabhängig von ihrer Verwendung patentiert werden. Der absolute Stoffschutz gilt auch für Verwendungsmöglichkeiten, die dem Patentinhaber bei Anmeldung nicht bekannt waren.

1956 – 2002

Bauarbeiten bei Dragoco im Jahre 1964 (links) und in den 1970er Jahren östlich des Hauptgebäudes (rechts)

Eine sehr frühe Ausgabe der „DRAGOCO BERICHTE" aus dem Jahr 1953

Dragoco Berichte

Mit der Vierteljahrsschrift „*DRAGOCO BERICHTE – Marktbericht, Forschungs-bericht, Preisbericht*" knüpft das Unternehmen ab den 1950er-Jahren – zumindest vom Namen her – an die in Fachkreisen hochgeschätzten Berichte von Schimmel & Co an. Während die Schimmel-Berichte aber ganz allgemeine wissenschaftliche Themen der Riech- und Geschmackstoffindustrie behandelten, widmen sich die „DRAGOCO BERICHTE" eher der Selbstdarstellung des Unternehmens.

Die „DRAGOCO BERICHTE" erscheinen von 1953 bis 1997 im DIN A5-Format. Schon ab den späten 1950er Jahren wurden die „BERICHTE" durch den „dragoco report" ergänzt, während erstere sich nun gezielt an die geschmackstoffverarbei-tende Industrien wendeten, sind letztere noch etwas allgemeinerer Natur und bil-deten eher populäre Duftthemen ab. Beide Publikationen wurden auch in englisch, spanisch und zeitweise auch italienisch herausgegeben.

Einerseits dokumen-tierten die „DRAGOCO BERICHTE" den Ausbau des Werkes, andererseits wurden auch Fachaufsät-ze veröffentlicht.

50 Jahre Dragoco

Vom kleinen Labor in der Bahnhofsstraße zum Unternehmen von Weltruf

Vor 50 Jahren begann Carl Wilhelm Gerberding in einem kleinen Labor in der Bahnhofstraße mit der Herstellung von Haarwasser. Mit kaufmännischer Begabung und einem Gespür für diese seltsame Branche entwickelte er aus kleinsten Anfängen eine Firma, die heute Weltgeltung besitzt: die „Dragoco" — Spezialfabrik konzentrierter Riech- und Aromastoffe Gerberding u. Co GmbH in Holzminden. 300 maßgebliche Unternehmen dieser Branche gibt es in der Welt, etwa 15 mischen entscheidend auf dem Weltmarkt mit und unter diesen steht — neben Haarmann und Reimer, Holzminden — heute die Dragoco. Das wurde anläßlich des Jubiläums, das am Wochenende begangen wurde, mit berechtigtem Stolz festgestellt.

Die Dragoco, das ist nicht nur das stark expandierende Werk mit 650 Beschäftigten und der Hauptverwaltung in Holzminden. Zur Firmengruppe, die sich im Jubiläumsjahr der 100-Millionen-Umsatzgrenze nähert und 1000 Menschen beschäftigt, gehören auch Schwestern- bzw. Tochtergesellschaften in Großbritannien, Frankreich, Österreich, Italien, USA und Mexico und Verkaufsbüros in der Schweiz, in Spanien, Japan und Australien. Die Firma, die in den letzten fünf Jahren 25 Millionen Mark investierte — allein die jetzt in Holzminden zusätzlich erstellten Hallen stehen mit fünf Millionen zu Buche — beabsichtigt in naher Zukunft auch in Südostasien stärker Fuß zu fassen und außerdem den südamerikanischen Markt zu erobern.

Das von Carl Wilhelm Gerberding, der an seinem 70. Geburtstag zum Ehrenbürger Holzmindens ernannt wurde, gegründete Unternehmen ist ein reines Familienunternehmen. Inhaber sind heute die beiden Söhne des Gründers, Geschäftsführer in Holzminden sind Carl Heinz Gerberding und Wilhelm Karl Prinz von Preußen.

Die Besitzer sehen auch für die Zukunft die Chance, als Familienunternehmen neben Großkonzernen zu bestehen. Sie wenden sich daher bewußt von der Herstellung konventioneller Riechstoffe ab und forcieren die Spezialisierung, die ihnen eine Sonderstellung und — die Zukunft zu sichern verspricht. Die Stärke des Unternehmens liegt in der engen Zusammenarbeit mit den Abnehmern der Erzeugnisse. Dragoco ist ausschließlich Zulieferer und will seinen Abnehmern keinesfalls mit eigenen Fertigprodukten Konkurrenz machen.

Jubiläumsveranstaltung in neuer Halle

In der neuen Produktionshalle, aus der die Bauunternehmer gerade ausgezogen, die Maschinen aber noch nicht eingezogen waren, feierte das Unternehmen jetzt mit seiner gesamten Belegschaft das 50jährige Bestehen. Wilhelm Karl Prinz von Preußen schilderte den Werdegang der Dragoco, umriß

ihre heutige Stellung und sprach namens der Inhaber und der Geschäftsleitung den Dank an alle Mitarbeiter aus. Jubiläumsgeschenk an alle Dragoco-Mitarbeiter ist eine neu eingerichtete Pensionskasse, auf deren Leistungen alle Betriebsangehörigen nach einer bestimmten Dauer der Betriebszugehörigkeit einen Anspruch haben.

Ihren Dank an Stadt und Landkreis stattet die Firma mit einem „namhaften" Betrag zur Modernisierung des evangelischen Krankenhauses in Holzminden ab.

Bürgermeister Willi Wolf würdigte in der Feierstunde die Verdienste Carl Wilhelm Gerberdings, dessen unternehmerischer Geist dazu beitrug, ein Werk zu schaffen, das heute vielen Holzmindenern eine berufliche Heimat bietet. Wolf dankte für eine vertrauensvolle und gute Zusammenarbeit. Mit einem Geschenk, das man für Geld nicht kaufen kann — eine Holzmindener Notgeldsammlung — gratulierte die Stadt dem Jubiläumsbetrieb.

Der Präsident der Bundesvereinigung Deutscher Arbeitgeberverbände, Prof. Dr. Siegfried Balke, hielt das Jubiläumsreferat über Zukunftsaufgaben für Staat und Wirtschaft. Balke kam zu der Überzeugung, daß der selbständige Unternehmer auch in der von kollektiver Verantwortung geprägter Umwelt eine Aufgabe habe. Das Leistungsprinzip müsse nach seiner Ansicht auch in dem Wirtschaftsgefüge der Zukunft Vorrang vor dem Anspruchsprinzip haben.

Wilhelm Karl Prinz von Preußen bei seiner Festansprache zum 50-jährigen Bestehen von Dragoco

IN DER ERSTEN REIHE bei der Jubiläumsveranstaltung in der neuen, noch maschinenleeren Produktionshalle der Dragoco, Firmengründer Carl Wilhelm Gerberding mit Gattin und den Söhnen, den heutigen Hauptgesellschaftern des Unternehmens.

25 Jahre nach Kriegsende konnte Dragoco das 50-jährige Bestehen des Unternehmens feiern. Geradezu symbolisch für das weitere Wachstum des Unternehmens wurden die Gäste in eine soeben fertiggestellte Halle eingeladen. Oben abgebildet ist der Bericht aus der Hannoverschen Presse. Im Täglichen Anzeiger Holzminden stand zu lesen, dass das Unternehmen vornehmlich nach dem Zweiten Weltkriege ihr Produktionsprogramm immens ausgeweitet habe: „Der Slogan ‚Der Duft, der eine schöne Frau begleitet, wird in Holzminden vorbereitet' stimmt zwar, wird aber der Bedeutung der Holzmindener Riech- und Aromastoffindustrie und damit auch der Dragoco keineswegs gerecht. Das Programm ist weit umfassender."

Im dragoco report 8/1972 ist zu lesen, wie Rosmarinöl in Tunesien auf dem Feld destilliert wird.

1969: Luftaufnahmen von Haarmann & Reimer (oben) und Dragoco (unten)

1970 – Marketing mit H&R Contact

Mit dem Magazin „H&R Contact" startete Haarmann & Reimer eine langfristige Marketingmaßnahme in Form eines attraktiven Magazins im DIN A4-Format. Die Publikation war nicht für die breite Öffentlichkeit gemacht, sprach aber mit zeitgemäßer Gestaltung und einer breiten Themenpalette eine Vielzahl von Menschen in der Riech- und Geschmackstoffbranche an. In dem Magazin wurden nicht nur Neuigkeiten aus dem Unternehmen und branchenspezifische Themen behandelt, in der Reihe „H&R Contact besucht Kunden" erfuhr man auch, welche Marken von H&R beliefert wurden. „H&R Contact" erschien vierteljährlich in einer deutschen und einer englischen Ausgabe.

Internationale Studios für die Kundenbetreuung

Für einen Industriezweig, der eher im Hintergrund arbeitet, weil dort einerseits keine Endprodukte entstehen und andererseits die Kunden keinen gesteigerten Wert auf die Nennung der Zulieferer legen, besitzt der Standort Holzminden Vor- und Nachteile. In der provinziellen Abgeschiedenheit kann man sich einerseits voll und ganz auf die Entwicklung und Produktion von Duft- und Aromastoffen konzentrieren. Im letzten Drittel des 20. Jahrhunderts stiegen aber auch die Ansprüche der Kunden im Business-to-Business-Geschäft, die Einkäufer der großen Markenhersteller wollten angemessen bedient werden. Die meisten Auslandsniederlassungen der Holzmindener Duft- und Geschmackstoffunternehmen sind jedoch reine Produktionsanlagen und Verkaufsbüros. In den 1970er Jahren begann Haarmann & Reimer deshalb mit dem Aufbau repräsentativer Studios. So wurde ein Parfum-Studio in Cannes eingerichtet und auch die Dependance im World-Trade-Center in New York ist ab Ende der 1970er Jahre eine Top-Adresse. Bereits in den 1990er Jahren hatte Haarmann & Reimer ein anderes Domizil in New York City bezogen. Dragoco richtete 1974 eine Außenstelle im französischen Grasse ein, um Neuentwicklungen im Bereich der Parfümkompositionen zu präsentieren.

Das Magazin „H&R Contact" erschien ab 1970 (oben rechts); 1979 wurde über das Studio im World Trade Center berichtet.

Luftaufnahme des Werksge-
ländes von Dragoco aus den
1970er Jahren.

Aus der gleichen Zeit stammt
das Luftbild von Haarmann
& Reimer. Vor allem südlich
der Rumohrtalstraße sind
End eder 1960er / Anfang
der 1970er Jahre einige neue
Gebäude entstanden.

1973 – Ausbau des Dragoco-Werksgeländes und weltweite Tochtergesellschaften
Während in Holzminden das Werksgelände weiter ausgebaut wurde – 1973 wurde
ein Anwendungs-Technikum für Riechstoffe und Kompositionen sowie ein Gebäude für die Werksfeuerwehr errichtet –, schritt auch die Internationalisierung des
Unternehmens fort. Durch selbstständige Mitarbeiter wurden Dragoco-Tochter-
gesellschaften in Europa, Amerika, Australien und Asien gegründet. Zeitgleich
wurden die Produktionsstätten in den USA ausgebaut.

Wachstum weltweit

1973 – Haarmann & Reimer entwickelt vollsynthetisches Menthol

1973 gelingt Haarmann & Reimer die erstmalige Produktion vollsynthetischen Menthols, des Hauptbestandteils des Pfefferminzöls. Der Stoff entspricht dem natürlichen Menthol – dessen Produktion Dragoco in den 1950er Jahren in großem Maßstab ausgebaut hatte – und gilt deshalb als „naturidentisch". Weltweit werden inzwischen ein Drittel der Produktionsmenge synthetisch hergestellt. Menthol wird als Duft- und Aromastoff, aber auch als desinfizierender Bestandteil von Salben und anderen Körperpflegeprodukten verwendet. Erst 1984 kommt mit der japanischen Firma Takasago ein zweiter Hersteller für synthetisches Menthol auf den Markt. Heute wird Menthol außerdem noch von BASF (seit 2012) hergestellt. Umstritten ist die Verwendung von Menthol bei der Aromatisierung von Tabak, da Menthol das Reiz- und Schmerzempfinden beim Einatmen des Rauchs mindert.

Holzminden baut Kläranlage für 400.000 Einwohner

Im Mai 1974 berichtete der „Tägliche Anzeiger" über den Neubau einer Kläranlage für Holzminden. Die vollbiologische Anlage sei konzipiert auf „400 000 Einwohner-Gleichwerte". In dem Bericht heißt es: „Dabei geht die Stadt von der Tatsache aus, daß Holzminden zu den Orten in Norddeutschland zählt, die die schwierigsten Abwässer zu klären haben. Fest steht inzwischen nämlich, daß nahezu 75 Prozent der in Holzminden zu klärenden Abwässer aus den großen chemischen Werken kommen. Mit ihnen steht die Stadt seit einem halben Jahr in Verhandlung. Es geht dabei um die Frage, ob diese Industrien bereits vorgeklärtes Abwasser der neuen biologischen Kläranlage an der Nordstraße zuleiten können oder nicht." Dem Artikel ist zu entnehmen, dass zunächst ein Probebetrieb geplant ist. Die Schwierigkeiten bei der Klärung des Abwassers könnten „sich allenfalls mit denen in Leverkusen und Dormagen vergleichen lassen." Weiter heißt es: „Holzminden, seit langer Zeit von übergeordneter Stelle zu dem Bau eines biologischen Klärwerkes gedrängt, will damit einen wichtigen Beitrag auf dem Wege zu einer sauberen Weser leisten."

Älteren Akten ist zu entnehmen, dass Haarmann & Reimer in der Anfangszeit ein Kanalrohr mit direktem Zugang zur Weser installieren ließ. Der Anschluss an die Holzmindener Kanalisation erfolgte erst in den 1930er Jahren. Es wurden aber auch Abwässer in die Holzminde-Bäche geleitet, die auf dem Betriebsgelände zusammenfließen – teilweise mit tödlichen Folgen für das Leben im Bach, davon zeugt unter anderem ein Pressebericht vom 6. August 1955 über ein Fischsterben in der Herrenbache unterhalb der Chemie-Werke.

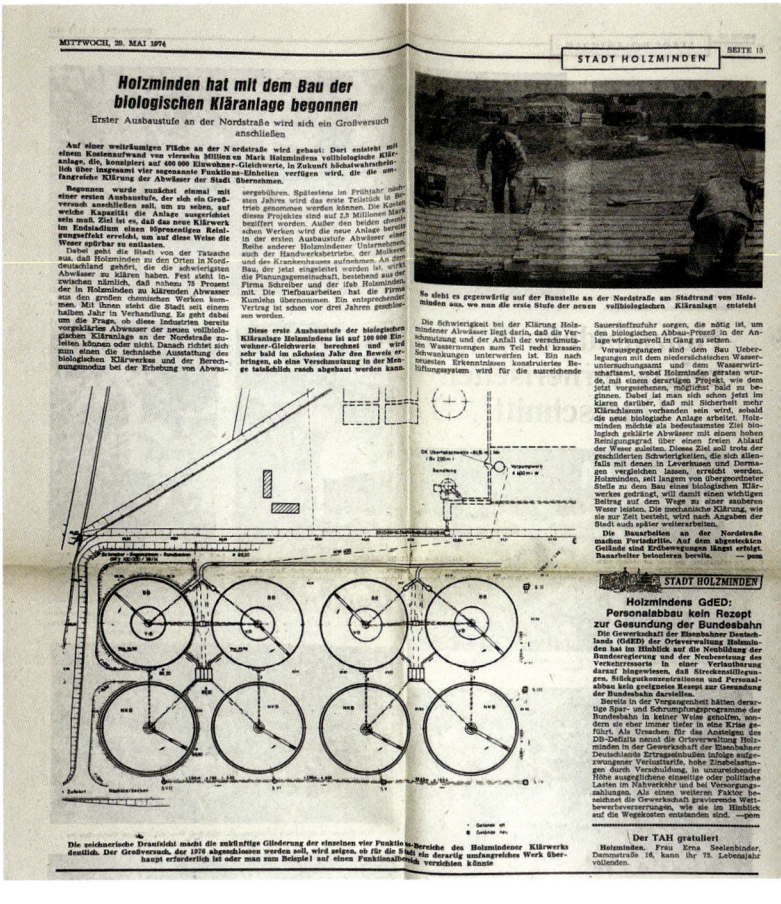

Zeitungsberichte über die neue Kläranlage (1974) und über ein Fischsterben in der Herrenbache (1955)

1956 – 2002

Natürlich, künstlich, synthetisch

Änderungen von Sprachgebrauch und Definitionen

In ihrem Buch *„Eine Geschichte mit Geschmack"* schreibt Paulina S. Gennermann: *„Die 1960er Jahre stellten zwei primäre Handlungsfelder für Unternehmen der Aroma- und Duftstoffindustrie in den Vordergrund: Erstens musste an der sich neu formierenden europäischen Regulierung aktiv teilgenommen und zweitens musste unmittelbar in diesem Zusammenhang der Negativität der Begriffe „synthetisch" und „künstlich" entgegengewirkt werden."*

Prinzipiell hat sich an dieser Herausforderung für die Duft- und Geschmackstoffunternehmen bis heute wenig geändert: Einerseits erfordert die industrielle Lebensmittelproduktion durch große Konzerne eine gleichbleibende Qualität und termingerechte Lieferung der Zusatzstoffe, andererseits ruft die Vielzahl neuer technischer, biotechnologischer und gentechnischer Herstellungsverfahren nach wie vor Befürchtungen von Verbrauchern gegenüber synthetischen Zusatzstoffen hervor – sie wünschen sich nachhaltig produzierte natürliche Nahrung.

In der EG-Verordnung (EG) Nr. 1334/2008 wird europaweit einheitlich geregelt, dass nur zugelassene Aromastoffe verkauft und in Lebensmitteln verarbeitet werden dürfen. Durch die Verordnung wird festgelegt, welche Aromen bewertet und zugelassen bzw. welche nicht bewertet oder nicht zugelassen werden müssen. Aromen dürfen nur verwendet werden, wenn sie für Verbraucher keine Gefahr darstellen und diese nicht irreführen.

Seit Inkrafttreten der EU-Aromenverordnung im Jahre 2009 wird nicht mehr zwischen „natürlichen", „naturidentischen" und „künstlichen" Aromastoffen unterschieden. Die Begriffe „naturidentisch" und „künstlich" wurden gestrichen; beide Arten von Aromen fallen nun unter den allgemeinen Begriff „Aromastoff". Man unterscheidet nach dieser Verordnung im Wesentlichen zwischen den zwei Kategorien „natürliche Aromastoffe" und „Aromastoffe".

Als „Aromastoffe" können alle chemisch definierten Stoffe mit Aromaeigenschaften bezeichnet werden. An einen sog. „natürlichen Aromastoff" werden dagegen klar definierte Anforderungen bezüglich seiner Herkunft bzw. Herstellung gestellt. Dieser Begriff darf nur verwendet werden, wenn der Stoff durch geeignete physikalische, enzymatische oder mikrobiologische Verfahren aus pflanzlichen, tierischen oder mikrobiologischen Ausgangsstoffen gewonnen wird, die als solche verwendet oder mittels eines oder mehrerer speziell definierter herkömmlicher Lebensmittelzubereitungsverfahren für den menschlichen Verzehr aufbereitet wurden. Natürliche Aromastoffe müssen zudem natürlicherweise vorkommen und in der Natur nachgewiesen worden sein.

Ergänzend zur Verordnung stellt die EU eine ständig aktualisierte Liste aller zugelassenen Aromastoffe bereit. Aktuell sind dort etwa 2500 Aromastoffe mit einer eindeutigen Identifikationsnummer aufgeführt.

Wie man müde
Milch-Muffel munter macht

Weshalb gehen die Leute in Milchbars?
Weil es noch keine Keller-Milchbars gibt.
Ist das keine Marktlücke für Bar-Baumeister?
Ist nicht — war! H&R hat jetzt Milchmixkonzentrate für Aerosole auf den Markt gebracht. Ab sofort kann sich jeder Erdbeer-, Himbeer-, Schokoladen- und Bananenmilch per Sprühdose mixen. Und natürlich noch andere „Milch". Ganz einfach am Frühstücks- oder Abendbrottisch. In der Küche und im Kinderzimmer. Ohne den letzten Keller auszubauen. Ohne Klümpchen. Ohne Löffel.
Und was machen dann die Technik und nehmen einfach auch diese Aerosol-Milchmixkonzentratra ...? trate. Richtig, warum eigentlich nicht?

In den 1970er Jahren war die Sensibilität der Verbraucher gegenüber künstlich hergestellten Lebensmitteln oft deutlich weniger ausgeprägt als in heutigen Zeiten: Milchdrinks aus der Sprühdose, wie sie seinerzeit in „H&R Contact" beworben wurden, wirken heute befremdlich.

Eine Duftorgel bei Haarmann & Reimer, 1970er Jahre

1974 – 100 Jahre Haarmann & Reimer

Zum 100-jährigen Jubiläum von Haarmann & Reimer gab die Firma ein aufwändig gestaltetes Buch heraus. Darin wird die Natur als Rohstofflieferant und Vorbild für die Herstellung synthetischer Produkte in der Geschmackstoffindustrie thematisiert: „Die Rolle der Natur als Vorbild für die Synthese zeigte sich zum ersten Mal in ihrer Bedeutung bei der künstlichen Darstellung des Vanillins. Höhepunkt der inzwischen 100-jährigen Entwicklung auf diesem Gebiet ist die Herstellung von synthetischem I-Menthol im großtechnischen Maßstab durch Haarmann & Reimer. Damit ist es gelungen, einen weiteren unentbehrlichen Riech- und Geschmackstoff, den die Natur in nicht mehr ausreichender Menge liefert, künstlich, aber naturidentisch, herzustellen."

Weiter heißt es zur Zukunft der Geschmackstoffherstellung: „Wachsende Bevölkerungszahlen und der damit verbundene steigende Bedarf an Nahrungsmitteln zwingen zur Entwicklung neuer, hochwertiger Nahrungsmittelformen – etwa Eiweißnahrung auf der Grundlage von Meeresalgen. Damit einher geht die Entwicklung neuer Geschmackstoffe, die auf die Erfordernisse einer hochindustrialisierten Nahrungsmittelherstellung abgestimmt sind."

Das Buch widmet sich, über einen kurzen Abriss der Geschichte hinaus, den unterschiedlichen Produktionsbereichen und H&R-Erzeugnissen. So liest man zum Thema Parfüm: „Ein edles Parfüm, zusammengesetzt aus erlesenen ätherischen Ölen und synthetischen Bausteinen, ist ein Kunstwerk. Nicht von ungefähr spricht man von einer Duftkomposition und

Das Anfang der 1970er Jahre entstandene Verwaltungsgebäude von Haarmann & Reimer.

Dr. Claus Skopalik

Zeitungsbericht über das einhundertjährige Bestehen von Haarmann & Reimer

preist die Harmonie eines Duftakkords. Auf die feine Abstimmung der einzelnen Komponenten zueinander kommt es an, um eine solche Harmonie zu erzielen. Der Künstler, dessen Betätigungsfeld die Klaviatur der ‚Duftorgel' ist, der Parfümeur also, beschreibt und ordnet die Welt der Düfte, die kaum überschaubar scheint. Ein ausgeprägtes Geruchsgedächtnis ist dabei eines seiner wichtigsten Hilfsmittel. Darüberhinaus aber verlangt sein Beruf von ihm rationales Denken ebenso wie ästhetisches Empfinden und schöpferische Begabung. Vor einem Jahrhundert kannte man 120 bis 150 natürliche Duftstoffe. Heute ist ihre Zahl – zusammen mit den Duftkörpern aus der Retorte – schon Legion."

In einem Artikel des TAH über die Pressekonferenz zum einhundertjährigen Bestehen heißt es am 8. Oktober 1974: *„Das Jubiläum wurde jetzt zum Anlaß genommen, darauf hinzuweisen, daß die Firma sich in der Stadt nicht weiter auszudehnen gedenkt und in Zukunft noch mehr für den Umweltschutz tun will."* Dr. Claus Skopalik und Rechtanwalt Georg Kerschbaum von der Geschäftsführung hätten die Beschäftigungslage als gut und die Ertragslage als zufriedenstellend bezeichnet. Bei einem Exportanteil von 42% habe der Umsatz 138,2 Millionen DM betragen, für 1974 würde sich aber eine deutliche Steigerung von Umsatz und Exportanteil abzeichnen. Weiter heißt es: *„Haarmann & Reimer nennt als größten Umsatzträger Menthol. Mit der Menthol-Herstellung in Holzminden wurde vor etwas über einem Jahr begonnen. Planungen sehen die Errichtung einer ähnlichen Anlage in den Vereinigten Staaten vor, [...] um zunächst einmal den amerikanischen und später von dort aus den Weltmarkt abzudecken."* Insgesamt seien die Produkte des Stammhauses 1973 in 112 Länder gegangen.

Wachstum weltweit

Menthol — die kühlenden Kristalle

Das aus dem ätherischen Öl der Pfefferminz-pflanze gewonnene natürliche Menthol war das Vorbild für die Entwicklung seines Eben-bildes, l-Menthol H&R. Haarmann & Reimer ist es nach langjähriger Forschungsarbeit gelungen, ein Verfahren zur Herstellung von vollsynthetischem l-Menthol im großtechni-schen Maßstab zu entwickeln.
Dieses Spitzenprodukt aus der Retorte der Chemie entspricht in seinen chemischen Konstanten und organoleptischen Eigen-schaften dem natürlichen Vorbild so voll-kommen, daß es als natur-identisch bezeich-net werden kann. Es kann unabhängig von der Natur in stets gleichbleibender Qualität hergestellt werden. Zwei bedeutende Meilen-steine aus einer Vielzahl von Produkten:
1874 synthetisches Vanillin,
1974 synthetisches Menthol: l-Menthol H&R.

Doppelseiten aus dem Buch „Geruch und Geschmack – ein Einblick in Tätigkeiten und Aufgaben eines Unternehmens der Riech-stoff- und Geschmackstoff. Herausgegeben von der Haarmann & Reimer GmbH aus Anlaß ihres 100jährigen Bestehens"

Glanzlicht Großfabrikation

In Mono- und Mehrzweckanlagen von imponierenden Dimensionen werden unter Einsatz von Meß- und Regeltechnik einheit-liche Riechstoffe von höchster Qualität produziert.
Der weltweit steigende Verbrauch von Parfümölen ist nur vor dem Hintergrund solcher Großanlagen denkbar. So „technisch" sie auch aussehen mögen: sie sind heute das Rückgrat jeglicher kreativer Arbeit des Parfümeurs, denn dessen Kunst besteht nicht zuletzt darin, seine Ideen optimal in individuelle Parfümöle unter Verwendung von preisgünstigen Bausteinen umzusetzen. Dies ist ihm umso leichter möglich, je reich-haltiger das Angebot an Riechstoffen aus der Großfabrikation ist, ohne die ein markt-gerechtes Angebot guter Düfte heute kaum möglich wäre.

1956 – 2002

Fachzeitungsbericht zum 25-jährigen Arbeitsjubiläum von Dr. Skopalik bei Bayer und Haarmann & Reimer

Gebremstes Wachstum nach dem „Wirtschaftswunder"

In einem Vortrag über die „langfristige Unternehmenskonzeption" bei einer Flavoristen-Tagung 1976 erläuterte Dr. Skopalik, dass *„der nach dem 2. Weltkrieg bestehende große Nachholbedarf an Konsumgütern, insbesondere in Europa und in Japan, [...] inzwischen voll gedeckt [ist]. Die Produktionsfaktoren Energie, Rohstoffe und insbesondere Arbeitskraft sind in den vorgenannten Regionen extrem teuer geworden. Zur Zeit sind keine das Wachstum stimulierenden revolutionären, neuen Technologien am Horizont zu sehen. Aus all den vorgenannten Gründen wird die Produktion in den meisten Industrieländern, zumindest in den nächsten Jahren, weitaus langsamer wachsen als im Durchschnitt der vergangenen zwei Jahrzehnte. Das Wachstum der Weltwirtschaft wird aller Voraussicht nach anhalten, sich aber besonders auf rohstoffreiche Entwicklungsländer verlagern."* Das Ziel künftiger Investitionen würde nicht so sehr Kapazitätserweiterung, sondern Rationalisierung sein. Skopalik sieht die Chance des allgemeinen Wirtschaftswachstums nun eher im technischen Fortschritt. Für die eigene Branche sieht es, nach Skopaliks Auffassung, nicht so schlecht aus, denn auf dem Parfümgebiet bestehe in den „*volkreichen Entwicklungsländern*" noch wachsender Bedarf. Und bei den Geschmacksstoffen „*dürfte das Wachstum sowohl in den Industriestaaten wie in den Entwicklungsländern unvermindert anhalten*." Besondere Wachstumsimpulse sieht der H&R-Geschäftsführer in der Substitution teurer Naturstoffe durch Syntheseprodukte, neuen Anwendungsgebieten für Geschmacksstoffe wie der „*Aromatisierung von halbsynthetischen und später synthetischen Proteinen*" und drittens in der „*fortschreitenden Verbreitung von vorfabrizierten Nahrungsmitteln (convenience food), bei deren Herstellung Aroma verlorengeht und welche daher noch aromatisiert werden müssen. Schließlich müssen der Bevölkerungszuwachs und eine, wenn*

Forschungsabteilung von Haarmann & Reimer, 1974

auch nur bescheidene, Verbesserung des Lebensstandards in den Entwicklungsländern dort zu einem erheblichen Mehrbedarf an Geschmacksstoffen führen. Alles in allem dürfte unsere Branche weiter zu den Wachstumsbranchen gehören." Nach dem Rezessionsjahr 1975 ging Skopalik für 1976 wieder von einem Umsatzwachstum aus. Als künftige Schwerpunkte für den Aromenbereich nannte Skopalik Pfefferminzaromen und Proteinaromatisierung.

1977 – Mehr als 1000 Beschäftigte bei Dragoco

Die Zahl von 1000 Beschäftigten erreichte das Unternehmen Dragoco im Jahre 1977. Somit hatten beide Holzmindener Duft- und Geschmackstoffunternehmen zusammen mehr als 2000 Beschäftigte, ein Großteil davon in Holzminden. Waren in den Anfangsjahren nach dem Zweiten Weltkrieg noch Stiebel Eltron und einige

Produktion

Wenn es um eine Entscheidung über Zentralisation oder Dezentralisation der Produktion geht, müssen Vor- und Nachteile der Alternativen auch stets aus der Sicht der Kunden in Betracht gezogen werden. Dezentralisierung bedeutet kürzere Lieferzeiten, mehr Flexibilität, Zentralisation dagegen bessere Wirtschaftlichkeit durch größere Ansätze und daher günstigere Preise. Wo hohe Importbarrieren vorliegen, wird eine Produktion im Lande unumgänglich.

Die diesbezüglichen Überlegungen von DRAGOCO sind flexibel und differenziert: Zentralisation wo möglich, Dezentralisation wo nötig. Parfumkompositionen werden von einer Reihe von DRAGOCO-Gesellschaften produziert. Die Synthese der DRAGOCO-Riechstoff-Spezialitäten, die sehr viel aufwendiger, komplexer und kapitalintensiver ist, liegt z. Z. noch ausschließlich beim Stammhaus Holzminden. Die kosmetischen Wirkstoffe werden zum großen Teil in Holzminden angefertigt. Bestimmte Spezialitäten werden jedoch auch an anderen Stellen produziert, so z.B. eine Reihe von Pflanzendestillaten und -extrakten von DRAGOCO Wien.

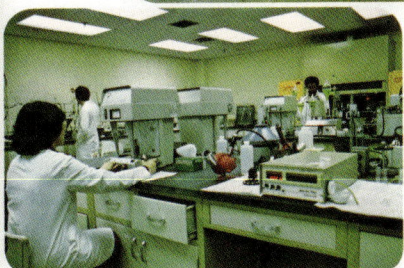

In einer Produktionshalle der Dragoco Österreich. Links eine Reihe von Lagergefäßen für die Herstellung von Pflanzenextrakten. Eine längere Lagerung ist hier erforderlich, um zu gewährleisten, daß bei dem fertigen, filtrierten Extrakt keine Nachtrübungen auftreten.

Die Produktions-Abteilung der Dragoco Brasilien, São Paulo, arbeitet regelmäßig in mehreren Schichten. Die ersten Schritte zum Bau einer neuen größeren Produktionsanlage wurden bereits unternommen.

Blick in eine Produktionshalle der Dragoco Mexico. In Ländern mit Importbeschränkungen ist eine Eigenproduktion unumgänglich.

Bei der Produktions-Qualitätskontrolle von Parfumkompositionen unterliegt jedes Parfum einer doppelten Prüfung: der chemisch-analytischen und der sensorischen, d. h. dem Geruchstest. Links oben Blick in das Laboratorium für Qualitätskontrolle der Dragoco Totowa, rechts das Qualitätskontroll-Panel der Dragoco Holzminden bei der Arbeit.

258

Doppelseiten aus der Ausgabe 10/1979 des „dragoco reports" zum 60-jährigen Bestehen von Dragoco

Kreative Parfümerie

Diese war schon immer und ist auch heute noch das Herz eines jeden Hauses, das Parfumkompositionen entwickelt. Auch der Erfolg unseres Hauses hängt vor allem anderen davon ab, daß unsere Parfümeure Parfums kreieren, die dem Geschmack des Publikums und den Qualitätsansprüchen des Kunden entsprechen, die allen technischen Anforderungen in bezug auf Duft, Farbbeständigkeit, Löslichkeit, Haftung usw. gerecht werden und die den immer strenger werdenden gesetzlichen Verordnungen und spezifischen Firmenwünschen hinsichtlich Hautverträglichkeit und gesundheitlicher Unbedenklichkeit Rechnung tragen.

Diese zentrale Stellung des Parfümeurs ist allerdings einer der wenigen Aspekte seiner Arbeit, der sich in den letzten Jahren nicht grundlegend geändert hat. Mit einigen der vielen Änderungen wollen wir uns auf den folgenden Seiten dieses Dragoco Report befassen. Zunächst wollen wir aber nur auf einen besonders wichtigen Aspekt in diesem Zusammenhang eingehen.

Man denkt oft noch an den Parfümeur als alleinschaffenden Künstler. Dieses Bild hat nie so ganz den Tatsachen entsprochen, doch trifft es heute weniger denn je zuvor. Die Schöpfung eines Parfums wird immer mehr zur Teamarbeit. So verwendet ein Parfümeur bei der Entwicklung einer

Gene Morgan, Vizepräsident der Fragrance Division, Dragoco Totowa, New Jersey (USA), ist ein überzeugter Verfechter der EDV als Arbeitshilfsmittel des Parfümeurs. Neben seinen administrativen Aufgaben findet Mr. Morgan immer noch Zeit zu kreativer Arbeit an wichtigen Projekten.

Ralf Knollmann, Chefparfümeur in Holzminden, an seinem Arbeitsplatz. Mit seinen über 20 Jahren Berufserfahrung ist Ralf Knollmann, neben seiner kreativen Arbeit an allen wichtigen Projekten, Lehrer der jüngeren Parfümeure und ein hochgeschätzter Berater unserer Kunden.

Die Laboratorien des internationalen Parfümerie-Zentrums der Dragoco Paris liegen, knapp 2 km vom Arc de Triomphe entfernt, im Stadtteil Neuilly. Hier einer der Senior-Parfümeure, André Girodroux, im Gespräch mit einer Assistentin.

237

1956 – 2002

Foto von den Produktions-anlagen bei Dragoco, das in einem Bildband über die Stadt Holzminden ver-öffentlicht wurde, mit dem Bildtext: „Bei der hohen Konzentration von Riech- und Geschmackstoffen reicht der Inhalt eines Behälters aus, um z.B. ca. 8 Millionen Stück Seife zu parfümieren oder ca. 50 Millionen 250-g-Tüten Bonbons zu aromatisieren."

Unternehmen der holzverarbeitenden Industrie die wichtigsten Arbeitgeber in der Weserstadt, so wandelte sich dies in den 1970er Jahren. Bis heute ist die chemische Industrie der wichtigste Arbeitgeber in der Region.

1981 – Horst-Otto Gerberding wird Geschäftsführer der Dragoco GmbH

Horst-Otto Gerberding, der Sohn von Carl-Heinz Gerberding, trat 1981 in die Geschäftsführung von Dragoco Holzminden ein – er vertrat nun die 3. Generation der Familie Gerberding. Das bisherige internationale Wachstum des Unternehmens baute auf dem Konzept, weitgehend eigenständige Tochtergesellschaften in die Hände bewährter Mitarbeiter zu geben. Ab den 1980er Jahren wurden die Tochtergesellschaften stärker in das global agierende Unternehmen integriert.

Horst-Otto Gerberding beim Jubiläum der Werkfeuerwehr von Dragoco im Jahre 1989. Die Feuerwehr wurde 40 Jahre zuvor gegründet. In der Festschrift zum Jubiläum wurde ein Brief von Haarmann & Reimer abgedruckt, in dem Dragoco für die „Einsatzbereitschaft Ihrer Werkfeuerwehr bei der Bekämpfung des Brandes vom 1. 11. 1960 in unserem Betrieb" vielmals gedankt wird. Als „ kleines Zeichen des Dankes" erlaubt sich Haarmann & Reimer einen Betrag in Höhe von 100 DM zu überweisen.

1984 – H&R Duftatlanten

In Zusammenarbeit mit dem Glöss Verlag Hamburg bringt Haarmann & Reimer ab 1984 vier großformatige und umfangreiche Duftatlanten heraus. Das H&R Buch „Parfum" behandelt Geschichte, Herkunft, Entwicklung und Bedeutung von Parfümdüften. Die Bücher „H&R Duftatlas Damen-Noten" und „H&R Duftatlas Herren-Noten" geben einen Überblick über die

Wachstum weltweit

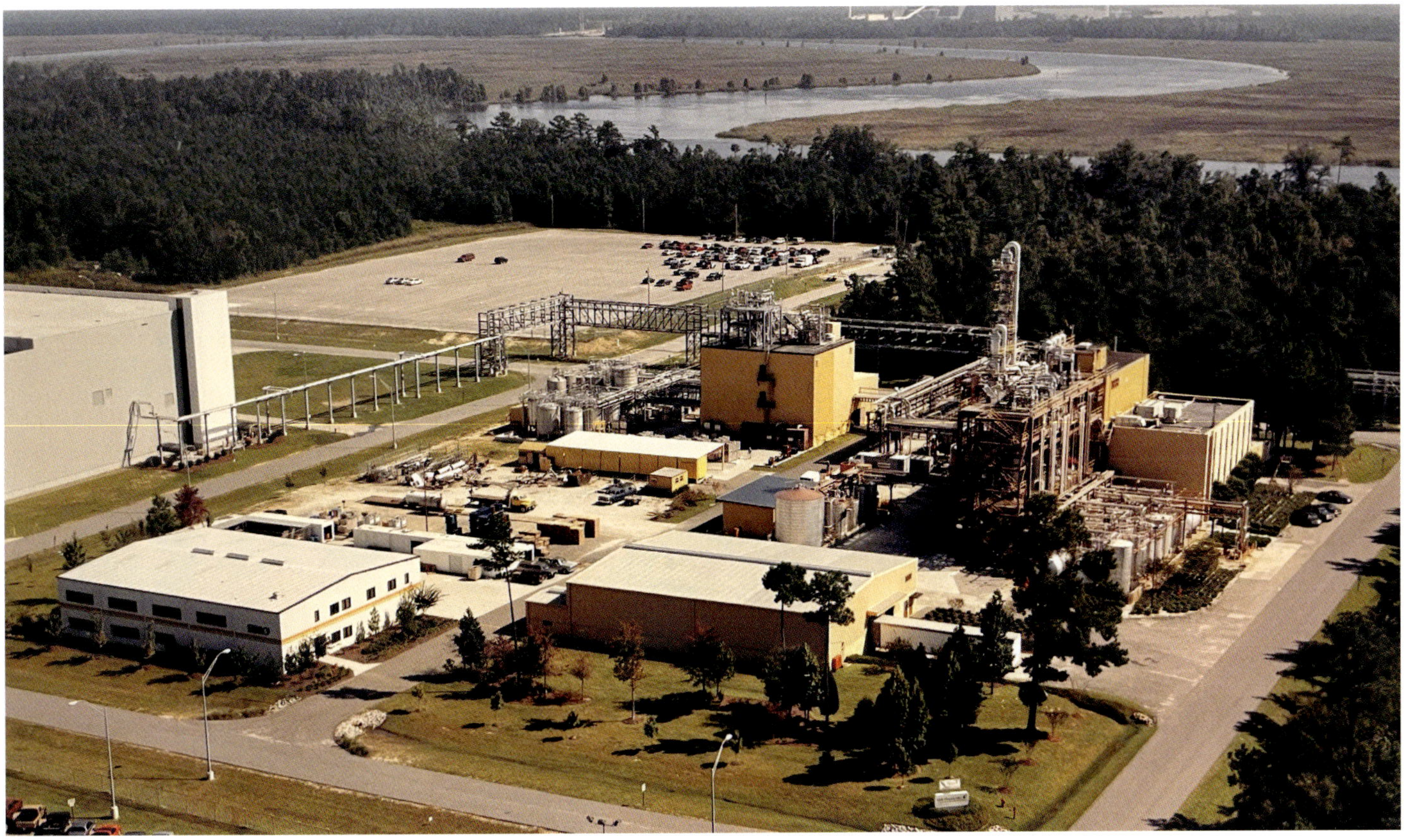

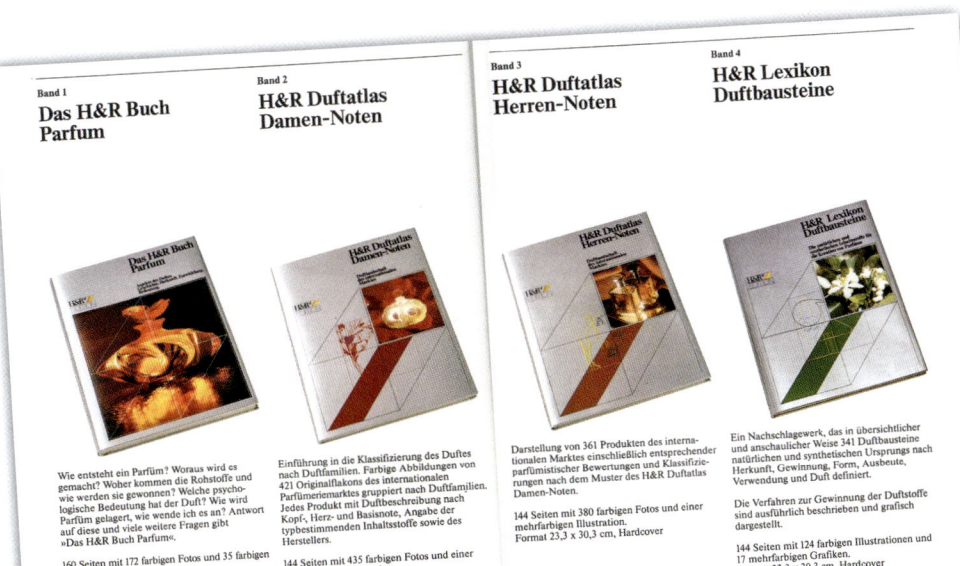

Klassifizierungen der Düfte nach Duftfamilien und stellen die aktuellen Düfte mit Abbildungen der Originalflakons und Beschreibungen nach Kopf-, Herz und Basisnote vor. Das „H&R Lexikon Duftbausteine" definiert „341 Duftbausteine natürlichen und synthetischen Ursprungs nach Herkunft, Gewinnung, Form, Ausbeute, Verwendung und Duft." Auch die Verfahren zur Gewinnung der Duftstoffe werden im Lexikon ausführlich beschrieben und grafisch dargestellt.

Mit der Eröffnung der Produktionsstätte Bushy Park in South Carolina startet H&R 1978 die Menthol-Produktion in den USA. In den Aufbau dieser Anlage hat der Bayer-Konzern 100 Millionen Dollar investiert. Fünf Jahre zuvor hatte Haarmann & Reimer das Verfahren entwickelt und erstmals in Holzminden produktionstechnisch angewendet.

Band 1
Das H&R Buch Parfum

Wie entsteht ein Parfüm? Woraus wird es gemacht? Woher kommen die Rohstoffe und wie werden sie gewonnen? Welche psychologische Bedeutung hat der Duft? Wie wird Parfüm gelagert, wie wende ich es an? Antwort auf diese und viele weitere Fragen gibt »Das H&R Buch Parfum«.

160 Seiten mit 172 farbigen Fotos und 35 farbigen Illustrationen.
Format 23,3 x 30,3 cm, Hardcover

Band 2
H&R Duftatlas Damen-Noten

Einführung in die Klassifizierung des Duftes nach Duftfamilien. Farbige Abbildungen von 421 Originalflakons des internationalen Parfümeriemarktes gruppiert nach Duftfamilien. Jedes Produkt mit Duftbeschreibung nach Kopf-, Herz- und Basisnote, Angabe der typbestimmenden Inhaltsstoffe sowie des Herstellers.

144 Seiten mit 435 farbigen Fotos und einer mehrfarbigen Illustration.
Format 23,3 x 30,3 cm, Hardcover

Band 3
H&R Duftatlas Herren-Noten

Darstellung von 361 Produkten des internationalen Marktes einschließlich entsprechender parfümistischer Bewertungen und Klassifizierungen nach dem Muster des H&R Duftatlas Damen-Noten.

144 Seiten mit 380 farbigen Fotos und einer mehrfarbigen Illustration.
Format 23,3 x 30,3 cm, Hardcover

Band 4
H&R Lexikon Duftbausteine

Ein Nachschlagewerk, das in übersichtlicher und anschaulicher Weise 341 Duftbausteine natürlichen und synthetischen Ursprungs nach Herkunft, Gewinnung, Form, Ausbeute, Verwendung und Duft definiert.

Die Verfahren zur Gewinnung der Duftstoffe sind ausführlich beschrieben und grafisch dargestellt.

144 Seiten mit 124 farbigen Illustrationen und 17 mehrfarbigen Grafiken.
Format 23,3 x 30,3 cm. Hardcover

Mit den H&R Duftatlanten publizierte das Unternehmen Standardwerke, die noch heute Beachtung finden.

DRAGOCO

Carl Wilhelm Gerberding 1894–1984

In Erinnerung und in Würdigung des Firmengründers brachte Dragoco eine Broschüre im Stil des dragoco reports über das Leben und Wirken von Carl Wilhelm Gerberding heraus.

1984 – Carl Wilhelm Gerberding stirbt

In einer Sonderausgabe des Dragoco Reports wurde das Lebenswerk Carl Wilhelm Gerberdings von Wilhelm Karl Prinz von Preußen gewürdigt. Unter der Überschrift „Ausklang und Ausblick" schreibt er:

„Bis zuletzt verfolgte Carl Wilhelm Gerberding sein Lebenswerk – „sein Kind DRAGOCO", wie er zu sagen pflegte – mit größtem Interesse und versuchte, manchen Rat aus seinem reichen Erfahrungsschatz zu geben. Er war nie und für niemand ein bequemer Mann. Das ist wohl immer so bei den Gründervätern. Aber er hat sich um viele verdient gemacht, denen er in schwerer Zeit Arbeit, Brot und eine neue Heimat verschaffte.

Aus dem Nichts hat er einen vorbildlichen Familienbetrieb aufgebaut, der in den weiteren Generationen seinen und den Namen seiner Vaterstadt in alle Welt trug und heute internationale Geltung hat. Natürlich hat Carl Wilhelm Gerberding auch Glück gehabt. Aber es war jenes Glück, das nach einem Moltkewort auf die Dauer nur der Tüchtige hat. [...] Seinen Mut und seine Willenskraft bewies er schon als junger Kriegsurlauber, als er ein Kind, das ins Eis eingebrochen war, vor dem Ertrinken rettete. Die Lebensrettungsmedaille, die er damals erhielt, empfand er bis an sein Ende als seine wichtigste Auszeichnung.

[...]

Es war ein erfülltes Leben, und es muß für ihn nach dem alten Bibelwort köstlich gewesen sein, eben weil es Mühe und Arbeit war. Wenn er nun in seinem 10. Lebensjahrzehnt in sein heimatliches Weserbergland zurückgekehrt ist, könnte man von ihm wie vom biblischen Hiob sagen: „Er starb alt und lebenssatt" weil er seine DRAGOCO noch im Jahr ihrer größten Blüte bewußt erlebt hat und weil er den Fortbestand seiner Familie gesichert sah.

Luftaufnahme des Werksgeländes von Dragoco, um 1990

1989 – Auf- und Ausbau von Regionalzentren der Dragoco

Im selben Jahr erfolgte der Umzug der Dragoco Hongkong nach Singapur. In den Auf- und Ausbau dieser Gesellschaft wurden 27 Mio. DM investiert. Singapur wurde das neue Regionalzentrum für Asien, neben den Regionalzentren New York für Amerika, Sao Paulo für Südamerika und Holzminden für Europa. Die Dragoco Wien war bereits seit den 1970er Jahren verantwortlich für die Comecon Länder. In den 1990er Jahren kam die Bearbeitung des mittleren Ostens und Südafrikas für die Parfümerie und Kosmetik hinzu.

1993 – Umstrukturierung der Dragoco-Gruppe

Durch das Ausscheiden des Gesellschafters Horst Gerberding wurde die Umstrukturierung der Dragoco-Gruppe notwendig. Die Dragoco Schweiz mit den Tochtergesellschaften in Asien und die Dragoco Inc. USA wurden mit dem Stammhaus der Dragoco GmbH Holzminden und ihren Tochtergesellsachaften verschmolzen. Anschließend wurde die GmbH in eine AG umgewandelt. An dieser Aktiengesellschaft beteiligte sich die Equita (Harald Quandt) mit 25,1 %. Ziel dieser neuen Struktur war ein zukünftig angedachter Börsengang. Um das hohe Investitionsvolumen weiter aufrechtzuerhalten, beteiligte sich die Nord/LB als Vorzugsaktionär an dem Unternehmen. Allein in Holzminden wurde in den 1990er Jahren ein Betrag von über 100 Millionen DM investiert, zunächst wurde die Aromenentwicklung ausgebaut. Die Erneuerung und Modernisierung des Werkes wurde fortgesetzt mit jeweils einer automatischen Produktion für Flüssigaromen und Parfümöle, einem neuen Sprühturm für Aromen sowie einer vollständigen Erneuerung der chemischen Produktion inklusive Lager für besondere Stoffe.

Der Vorstand setzte sich zusammen aus: Horst-Otto Gerberding (Vorstandvorsitzender), Dietrich Fuhrmann und Richard Winter (CFO). Später wurde die Regionalstruktur mit den vier Regionalzentren aufgegeben zugunsten einer Spartenorganisation mit einer einheitlichen IT-Plattform.

Holzminden. Seniorchef der Dragoco, Carl-Heinz Gerberding, dem die Stadt Holzminden die Ehrenbürgerrechte verlieh, hier zusammen mit Bürgermeister Uwe Schünemann. Foto: pom

1987 geht Carl-Heinz Gerberding in den Ruhestand. Sein Sohn Horst-Otto Gerberding und Dietrich Fuhrmann übernehmen die internationale Gesamtverantwortung. Das Foto zeigt den Seniorchef im Jahre 1997 mit Holzmindens Bürgermeister Uwe Schünemann bei der Verleihung der Ehrenbürgerwürde.

Dragoco expandiert weltweit!

Deutliche Umsatz- und Ertragssteigerung im Jubiläums-Geschäftsjahr 1994

Holzminden (r). Die Dragoco Gerberding & Co. Aktiengesellschaft ist mit der Geschäftsentwicklung des Konzerns im Jubiläumsjahr 1994 sehr zufrieden. Dragoco, einer der weltweit führenden Hersteller von Duft- und Aromastoffen erzielte in 1994 – dem Jahr des 75jährigen Bestehens – einen Konzernumsatz von 466 Millionen Mark, sieben Prozent oder 33 Millionen Mark mehr als im Vorjahr. davon entfielen 289 Millionen Mark auf den Geschäftsbereich Parfümerie und Kosmetik (plus neun Prozent) und 186 Millionen Mark auf den Geschäftsbereich Aromen (plus fünf Prozent). Das Ergebnis der gewöhnlichen Geschäftstätigkeit von 34,2 Millionen in 1993 wuchs im Konzern überpropotional.

Horst-Otto Gerberding, Vorstandsvorsitzender und Mehrheitsaktionär der weltweit operierenden Familien-AG, bezeichnete 1994 als das beste Geschäftsjahr der Firmengeschichte: „Durch unsere internationale Präsenz und Stärke können wir selbst in Rezessionszeiten den Absatz und Ertrag von Jahr zu Jahr steigern."

Zum Dragoco-Kundenstamm gehören die großen multinationalen Konzerne der Kosmetik- und Pflegemittelindustrie und des Food- und Getränkebereiches. Das 1919 gegründete Familienunternehmen ist mit 24 Auslandstöchtern und etwa 1800 Mitarbeitern rund um den Globus aktiv. 1994 nahm die Dragoco India ihren Betrieb auf. Zum Ausbau der weltweiten Präsenz und für die Ausweitung der Kapazitäten investierte der Konzern 1994 die Rekordsumme von 50 Millionen in moderne, rationelle Produktionsanlagen, die kontinuierliche Entwicklung innovativer Produkte und in die Anwendungstechnik.

Forschungsbereich

Die wissenschaftliche Forschung – Schwerpunkte bilden die analytische Untersuchung natürlicher Aromen und etherischer Öle, ferner die Synthese von naturidentischen Aromen und Riechstoffen sowie die Verfahrensentwicklung zur Aroma- und Riechstoffgewinnung – erfolgt vom Stammhaus in Holzminden. Daneben verfügt Dragoco weltweit über drei regionale Entwicklungszentren in Holzminden,

Totowa/USA und Singapur sowie über ein Kreativzentrum für alkoholische Parfümerie in Paris.

Rund drei Viertel des Konzernumsatzes erwirtschaftet Dragoco im Ausland. In der Region Europa wurde in 1994 ein Wachstum von 5,7 Prozent erzielt. Neben Dragoco Holzminden trugen vor allem die Gesellschaften in Holland, Frankreich und Spanien dazu bei. Besonders hohe Zuwachsraten sind im amerikanischen und asiatisch-pazifischen Raum zu verzeichnen. Die Region Amerika steigerte den Umsatz um 6,5 Prozent. Die Region Asia Pacific hat in 1994 ihre Marktstellung mit einer Umsatzsteigerung von 20 Prozent weiter ausgebaut.

Um die weltweiten Wachstumschancen noch besser nutzen zu können, werden die Investitionen auch für 1995 wieder Rekordniveau erreichen. Die Höhe des Investitionsbudget liegt bei der AG bei 30 Millionen Mark, über 50 Millionen Mark stehen für den Konzern bereit.

Gerberding wertet das Investitionsbudget als ein sichtbares Zeichen dafür, daß Dragoco auch den zukünftigen Herausforderungen des internationalen Marktes voll gewachsen sein wird. In Holzminden rechnet man deshalb für 1995 mit einer anhaltend positiven Umsatz- und Ertragsentwicklung.

Für große und starke Herren
weber-moden
international
Höxter, Nicolaistraße 1
Telefon: (0 52 71) 76 07

1995 kann die Presse über ein wirtschaftlich erfolgreiches Jubiläumsjahr 1994 bei Dragoco berichten.

1956 – 2002

Haarmann und Reimer kaufte 1988 das Gelände der ehemaligen Holzverzuckerung – auf dem Luftbild ist am rechten Bildrand bereits das leuchtend rote Fasslager erkennbar.

Neubau von Haarmann & Reimer an der Mühlenfeldstraße, 1993

1990 – H&R übernimmt bedeutende Duft- und Geschmackstoffhersteller

Haarmann & Reimer übernimmt 1990 den Duftstoffhersteller Créations Aromatiques und 1992 das Parfümerie-Geschäft von PFW. Im Jahr 1993 erwirtschaftete das Unternehmen einen Gruppenumsatz von 1,3 Milliarden DM (651,4 Millionen Euro). Neuer Geschäftsführer wurde Lambert Courth, Stellvertreter Dr. Reinhard Kaiser. Zum 120. Jubiläum 1994 hat Haarmann & Reimer 30 Gesellschaften weltweit und Vertretungen in 97 Ländern. Mit der DQS-Zertifizierung nach DIN ISO 9001/9002 stellte das Unternehmen eine standardisierte Produktion sicher.

Bei einem Umsatz von 1,4 Mrd. DM hat H&R 1994 weltweit 4500 Beschäftigte, davon 1200 in Holzminden. Ein Jahr später übernimmt Bayer den Geschmackstoffhersteller Florasynth aus den USA mit weltweit 900 Mitarbeitern – Florasynth wird in das Geschäft von H&R integriert. Der Umsatz der H&R Gruppe wächst damit auf etwa 1,75 Milliarden DM.

Wegen des hart umkämpften Marktes, ist die Bedeutung der Vanillin-Herstellung bei Haarmann & Reimer im 20. Jahrhundert deutlich gesunken. Allerdings

Rumohrtalstraße und Kokenhammer werden Firmengelände:

Rat macht den Weg frei für H&R und Dragoco

Holzminden (bs). Diskutiert wurde schon lange darüber. Jetzt wird es ernst: Die Rumohrtalstraße zwischen Mühlenfeldstraße und Paulikirche wird dichtgemacht, wahrscheinlich noch in diesem Jahr. Der Rat der Stadt Holzminden hat das Einziehungsverfahren dafür auf den Weg geschickt. Und auch der Kokenhammer soll bald Firmengelände werden. Deshalb änderten die Ratsmitglieder jetzt den Flächennutzungs- und die Bebauungspläne.

Wahrscheinlich noch in diesem Jahr wird ein Teil der Rumohrtalstraße zum H&R-Firmengelände. Um das zu erreichen, muß ein Einziehungsverfahren eingeleitet wer-

den. Drei Monate lang liegen die Pläne dazu dann im Holzmindener Rathaus aus. Gleichzeitig wird die Rumohrtalstraße, jetzt noch als Kreisstraße 50, ab- (das hat der Rat der Stadt Holzminden in seiner letzten Sitzung getan) und die ausgebaute Liebigstraße zu K 50 aufgestuft. Das ist Sache des Landkreises und soll im Frühjahr über die Bühne gehen.

Wenn alle Verfahren abgeschlossen sind, werden sich die Autofahrer, die bislang die Rumohrtalstraße als Verbindung nach Neuhaus oder zum Kiesberg benutzt haben, an einen Umweg gewöhnen müssen.

Ist das Verfahren Rumohrtalstraße – das Straßengrundstück hat H&R bereits gekauft – schon recht

Holzminden. Die Rumohrtalstraße in Holzminden, zwischen Mühlenfeldstraße und An der Paulikirche, soll noch in diesem Jahr H&R-Firmengelände werden. Foto: sie

Holzminden. Auch der Kokenhammer soll als Straße aus den Plänen gestrichen werden. Foto: sie

weit gediehen, so gewinnt das Verfahren Kokenhammer erst jetzt an Tempo. Und das, obwohl die Planungen bereits seit sechs Jahren laufen. Doch, so Ewald Ebrecht (FDP) der das Thema im Holzmindener Rat vortrug, „besteht jetzt Planungs- und Rechtssicherheit". Der Kokenhammer führt über das Firmengelände der Dragoco und soll jetzt als Straße entwidmet und als Fläche in das Werksgelände einbezogen werden.

Arbeitsplätze sichern

Das diene dem Bestandsschutz des Unternehmens, betonte Ebrecht, der mit Blick auf die Anlie-

ger für gegenseitige Rücksichtnahme warb. Die Maßnahme, so Ebrecht, „ist von großer Bedeutung für die Stadt und die Region", würden doch Arbeitsplätze gesichert. „Wir haben uns unendlich viel Mühe gegeben", betonte Hans-Werner Koch (CDU). Mit dem Beschluß aber eröffneten sich langfristige Perspektiven für die Stadt und die Firma. „Das ist der richtige Weg".

Davon war schließlich auch Carl-Otto Künnecke überzeugt, in Holzminden würden Entwicklungsmöglichkeiten für die Industrie nicht nur gehalten sondern geschaffen. „Das ist ein Bündnis für Arbeit über die Fraktionen hinweg", formulierte er schlagzeilenträchtig.

1996 verschwanden gleich zwei Straßen in Holzminden aus der öffentlichen Nutzung: Die ehemalige Fabrikstraße, später Rumohrtalstraße, wurde wieder zu einer reinen Fabrikstraße, denn das Firmengelände von Haarmann & Reimer hatte sich inzwischen auf beide Seiten der Straße ausgedehnt, so war die Sperrung für den Durchgangsverkehr letztendlich nur konsequent. Ähnlich war die Situation am Kokenhammer. Dort konnten zuletzt ohnehin nur noch Fußgänger und Radfahrer das Firmengelände von Dragoco queren. Nach der Schließung des Postamtes gab es auch keine öffentliche Nutzung mehr in diesem Bereich.

wurde das Thema Vanillin nie ganz fallen gelassen – deshalb konnte das Unternehmen in den 1990er Jahren ein Patent zur biotechnologischen Herstellung von Vanillin anmelden – das in diesem Verfahren aus Eugenol hergestellte Vanillin gilt als natürliches Aroma.

Dragocos Umsatzzahlen „nicht rosig"

In einem Bericht der „Welt" vom 21.07.1999 über das neu eingerichtete Hamburger Kompetenz-Zentrum der Dragoco heißt es, dass der Konzern mit einem Investitionsaufwand von rund 66 Millionen Mark umstrukturiert wurde, um für den globalen Markt gerüstet zu sein. „Folge: Die Bilanzzahlen sahen nicht rosig aus. Das Ergebnis der gewöhnlichen Geschäftstätigkeit ging von 36,2 Millionen Mark im Vorjahr auf 16 Millionen Mark zurück. Das Konzernergebnis weist einen Fehlbetrag von 2,5 Millionen Mark (Vorjahr: plus 16,8 Millionen Mark) aus." Dazu wird Horst-Otto Gerberding zitiert: „Wir sind mit dem Ergebnis nicht zufrieden". Er rechne aber in diesem Jahr mit einem Konzernjahresüberschuss von 12,4 Millionen Mark und einem moderaten Wachstum um fünf Prozent. „Wir setzen für das Jahr 2000 auf einen Umsatzschub aus den Investitionen."

Weiter heißt es in dem Zeitungsbericht: „Um auch in Amerika die Nase im Wind zu haben, eröffnet Dragoco für das Geschäftsfeld Feinparfümerie ein Kreativstudio in New York. [...] Mittelfristig soll nach den Vorstellungen des Vorstandes Dragoco an die Börse gehen. Als Konsortialführer stehen Nord LB und Deutsche Bank bereit. Gerberding: ‚Unser Ziel ist es, in den amtlichen Handel zu gehen, aber noch nicht in diesem Jahr.'"

Titelblatt des Dragoco Reports im Jahr des 80. Firmenjubiläums 1999

Im Jahr 2000 baut Dragoco ein neues Werk in Shanghai, China. Insgesamt hat das Unternehmen zur Jahrtausendwende weltweit 25 Tochtergesellschaften bei einer Mitarbeiterzahl von etwa 2000, davon ca. 800 in Holzminden. Bei einem Umsatz von ca. 700 Millionen DM liegt die Exportquote bei ca. 80%.

2000 – erfolgreiche Entwicklung der Dragoco Börsengang wird nicht weiterverfolgt

Das Jahr 2000 war aus Sicht der Dragoco-Gruppe ein erfolgreiches Jahr. Der Konzernumsatz erhöhte sich um 11 % auf 687 Mio. DM. Das Ergebnis der gewöhnlichen Geschäftätigkeit stieg um 10,6 Mio. DM auf 32,8 Mio. DM trotz höherer Abschreibungen und Zinsen. Das EBITDA belief sich mit 88,4 Mio. DM auf das höchste Ergebnis in der Dragoco-Geschichte. Die Investitionen im Geschäftsjahr 2000 lagen bei 39 Mio. DM bei einer Eigenkapitalquote von 36,3 %. Eines der vorrangigen Ziele des geplanten Börsengangs war für die Dragoco die Stärkung der Eigenkapitalbasis zur Finanzierung von Investitionen im globalen Maßstab. Da Dragoco in den 1990er Jahren 464 Mio. DM investiert hat, wurde dieses Ziel aus eigener Kraft erreicht. Zukünftige Investitionen waren auf dem Niveau der Abschreibungen geplant. Dragoco verfügte über eine gesunde Kapitalstruktur. Vorgesehen war eine weitere Steigerung der Eigenkapitalquote auf 40 %. Daher wurde das Ziel des Börsengangs nicht weiterverfolgt. Nachdem auch der Wettbewerber Givaudan erfolgreich an die Börse gegangen war und damit die Nummer eins und zwei (IFF, International Flavors & Fragrances) der Branche bereits börsennotiert waren, wäre der geplante Börsengang für Dragoco als Nummer sieben der Branche sehr schwer geworden.

Niederlassung der Dragoco in Shanghai

Mit dem 20. Jahrhundert enden auch die Sicherheiten

Die beiden Holzmindener Duftstoffunternehmen konnten für die Nachkriegszeit bis zum Ende des 20. Jahrhunderts auf einen nahezu ungebremsten Wachstumsprozess zurückblicken. Dragoco und Haarmann & Reimer wuchsen von der Zeit des Wirtschaftswunders bis in die 1990er Jahre hinein stärker als der Durchschnitt der deutschen Wirtschaft. Die Rezessionsjahre zum Ende des Wirtschaftswunders 1967 und später dann 1973 und 1982 infolge der Ölkrisen sowie Anfang der 1990er Jahre während des Zweiten Golfkrieges trafen zwar auch die Holzmindener Unternehmen. Dies führte aber nie zu einem stärkeren Einbruch, meist ging es sehr schnell wieder bergauf. Die Nachfrage nach den Produkten aus Holzminden stieg bis zum Ende der 1990er Jahre beständig an.

Der Dragoco-Vorstand im Jahr 2000: Horst-Otto Gerberding, Roger F. Schmid, Daniel E. Stebbins und Dr. Richard Winter; Foto aus dem Geschäftsbericht 2000

Die Prosperität der Unternehmen zeichnete sich für die Mitarbeiter durch eine einzigartige Sicherheit aus – wer bei Haarmann & Reimer oder Dragoco Arbeit gefunden hatte und – wie es Betriebsratchef Harald Feist im Rückblick ausdrückt – „keine goldenen Löffel gestohlen hat", konnte sich seines Arbeitsplatzes sicher sein. So bildeten sich in der Belegschaft nicht wenige Familiendynastien heraus mit mehreren Generationen von Familienmitgliedern, die in der jeweiligen Firma einen Arbeitsplatz gefunden hatten. Wohlgemerkt in der jeweiligen Firma, denn Wechsel zwischen den Unternehmen waren bei qualifizierten Mitarbeitern vertraglich untersagt und bei einfachen Arbeitern zumindest nicht gern gesehen.

Zum Ende des 20. Jahrhunderts ändern sich die Rahmenbedingungen teilweise dramatisch. Im Konzernatlas 2017 konstatiert die Heinrich-Böll-Stiftung: *„Seit den 1980er-Jahren wandeln sich die transnationalen Konzerne, die pflanzliche Nahrungsmittel produzieren, weiter zu Global Playern, die nicht mehr nur in einigen Ländern, sondern auf der ganzen Welt tätig sind. [...] Heute bestimmen einige wenige globale Konzerne die großen Trends in der Landwirtschaft und beim Nahrungsmittelkonsum."* Mit der Größe und Globalität dieser Unternehmen wuchsen auch die Ansprüche gegenüber den Zulieferern. Gefordert sind immer größere Mengen bei gleichbleibender Qualität und schnellster Verfügbarkeit. Selbst für ein Unternehmen wie Dragoco, was sich rühmen konnte unter den weltweit zehn größten Unternehmen der Branche den siebten oder achten Platz zu belegen, wurde es schwer, diese Bedingungen zu erfüllen.

Haarmann & Reimer war diesbezüglich aufgrund der Größe und der Verbindung zum Bayer Konzern etwas besser aufgestellt, allerdings sollte sich bald zeigen, dass die Verbindung zum Bayer Konzern in ganz anderer Weise sehr schwerwiegende Probleme mit sich bringen würde.

Die Fusion
zu Symrise
2003 - heute

Die Fusion von Haarmann & Reimer mit Dragoco wird im Logo von Symrise festgehalten: dort finden sich der Drache (Dragoco AG) und der Kolibri (H&R) – angelegt an das Ying-Yang-Symbol – wieder.

Im Rückblick lesen sich Geschichtserzählungen oftmals zwangsläufig und kontinuierlich: ‚Es hätte ja gar nicht anders kommen können'. Vielleicht aber doch: Die Geschichte der Duft- und Aromenindustrie in Holzminden hätte auch nach 130 Jahren im Jahre 2004 oder schon 2002 ein Ende haben können. Mit der Ankündigung, sein Tochterunternehmen Haarmann & Reimer zu verkaufen, erschütterte der Mutterkonzern Bayer Ende 2001 die vermeintliche Ruhe und Beschaulichkeit in der Weserstadt Holzminden nachdrücklich. Nicht genug, dass drei Monate zuvor durch die Anschläge vom 11. September 2001 die ganze Welt ohnehin in Unordnung gebracht wurde. In den folgenden fünf Jahren herrschte in Holzminden eine große Unsicherheit bezüglich der Zukunft der örtlichen Duft- und Aromenindustrie. Die Jahre waren geprägt von der Fusion eines konzerngeführten mit einem familiär geprägten Unternehmen unter der Hoheit eines privaten Finanzinvestors. Die Absicht des Investors EQT war es, durch die Zusammenführung der beiden Unternehmen Synergien zu schaffen, um den Wert des Unternehmens für einen späteren Börsengang zu steigern. Für die Steigerung der Rentabilität wurden auch Produktionsverlagerungen nach Osteuropa erwogen. Es entstand eine große Unsicherheit bei den Mitarbeitern und Führungskräften. Qualifizierte Mitarbeiter drohten abzuwandern. Erst der Abschluss einer Standortsicherungsvereinbarung im Oktober 2004 sorgte für Entspannung. Auch der Börsengang im Jahre 2006 trug dazu bei, dass Symrise in ruhigere Fahrwasser kam. Nach der Zeit des Sparens wuchs das Unternehmen in den Folgejahren durch Zukäufe. Vor allem, nachdem Heinz Jürgen Bertram 2009 die Position des CEO übernahm, wurde der Wachstumskurs durch weitere Zukäufe intensiviert. Dabei wurde das Portfolio des Unternehmens in verschiedene Richtungen erweitert und diversifiziert.

Mit fast 3000 Beschäftigten am Standort Holzminden arbeiten bei Symrise im Jahre 2024 mehr Menschen als bei den Vorgängerunternehmen Haarmann & Reimer und Dragoco jemals zusammen beschäftigt waren. Hinzu kommen noch einige hundert Beschäftigte bei den Firmen Th. Geyer Ingredients, NeoCos und ACS International, deren Geschäftstätigkeit unmittelbar von der Belieferung durch Symrise abhängig ist. Im Rückblick muss man die Fusion zu Symrise also als Erfolgsgeschichte betrachten. Da es aber ganz anders hätte kommen können, ist es sehr aufschlussreich zu analysieren, welche Faktoren zum Gelingen dieser Fusion beigetragen haben.

2001 – Alles begann mit Bayers Absicht, H&R zu verkaufen

Am 8. August 2001 zog Bayer den bis dahin am Markt erfolgreichen Cholesterinsenker Lipobay wegen starker Wechselwirkungen mit Todesfolgen vom Markt zurück. Nach Bekanntwerden der Probleme wurde Bayer in ca. 15 000 Fällen verklagt. Insgesamt hat das Unternehmen mehr als eine Milliarde US-Dollar in Vergleichen gezahlt. Um die entstandene wirtschaftliche Schieflage auszugleichen, fiel Ende 2001 die Entscheidung, die profitable Konzerntochter H&R im Rahmen eines offenen Bieterverfahrens zu verkaufen.

Am 16. August 2001 berichtete die Tagesschau über die Kritik an Bayer wegen der Nebenwirkungen von Lipobay.

Pressemitteilung EU Kommission
Brüssel, den 17. September 2002

Kommission genehmigt Übernahme von H&R und Dragoco durch EQT

Die Europäische Kommission hat die Übernahme von zwei deutschen Herstellern von Duft- und Geschmacksstoffen, der Haarmann & Reimer GmbH (H&R) und der Dragoco Gerberding & Co. AG, durch den privaten Kapitalfonds EQT, der schlussendlich von der schwedischen Investorgruppe AB kontrolliert wird, gemäß der Fusionskontrollverordnung genehmigt. Nach der Marktanalyse der Kommission ist der Wettbewerb auf dem europäischen Markt für Duft- und Geschmacksstoffe, Aromachemikalien und kosmetische Inhaltsstoffe auch nach der Übernahme hinreichend gesichert.

Am 12. August 2002 ging bei der Kommission die Anmeldung des geplanten Zusammenschlusses ein, mit dem die EQT Northern Europe durch den Kauf von Anteilsrechten und Vermögenswerten die Kontrolle über die Gesamtheit der Unternehmen Dragoco und H&R erhält. Der Kauf soll durch eine speziell zu diesem Zweck geschaffene Gesellschaft mit Sitz in Deutschland, der Isis Vermögensverwaltung GmbH, abgewickelt werden.

H&R ist derzeit im Besitz der deutschen Bayer-Gruppe, während Mehrheitsgesellschafter von Dragoco ihr Vorstandsvorsitzender Horst-Otto Gerberding ist, der seine Unternehmensanteile gegen eine Minderheitsbeteiligung an Isis abtritt. Gerberding wird die Leitung der neuen Gesellschaft übernehmen.

Unternehmensstrategie von EQT ist es, in mittelständische Firmen zu investieren und auf diesem Wege Gewinne für seine Investoren zu erzielen; EQT will das aus dem Zusammenschluss von H&R und Dragoco hervorgehende Unternehmen an die Börse bringen.

Die beiden Unternehmen haben ihren Sitz in Holzminden und stellen Duft- und Geschmacksstoffe, Aromachemikalien und kosmetische Inhaltsstoffe her; ihr künftiger gemeinsamer Marktanteil wird 15% nicht überschreiten. Die Kommission stellte fest, dass die Produktabnehmer, insbesondere die Lebensmittel- und Getränkehersteller sowie die Kosmetikindustrie, nicht in eine übermäßige Abhängigkeit von H&R/Dragoco geraten werden, da ihnen in ganz Europa und möglicherweise sogar außerhalb Europas Lieferanten zur Verfügung stehen.

Außerdem berücksichtigte die Kommission, dass wichtige Wettbewerber auf dem Markt vorhanden sind, die über das erforderliche Know-how verfügen, um eine breite Palette von Duft- und Geschmacksstoffen, Aromachemikalien und kosmetischen Inhaltsstoffen für unterschiedlichste Endprodukte herzustellen.

Der Verkauf

Unternehmenskäufe und -übernahmen ziehen sich durch die Geschichte der Holzmindener Unternehmen: Bereits in 1935 hat Dragoco die Firma Heinrich Haensel gekauft und damit das eigene Unternehmen deutlich vergrößert. In die 1950er Jahren fielen die Übernahmen der Vertretungen von Schimmel & Co durch Haarmann & Reimer und Dragoco. Und 1954 wurde Haarmann & Reimer schließlich von Bayer gekauft. Der nachhaltige Aufschwung, der mit diesem Kauf verbunden war, machte in den folgenden Jahrzehnten weitere Unternehmenskäufe durch Bayer möglich, die in den Betrieb von Haarmann & Reimer eingegliedert wurden. Auch Dragoco konnte in den Nachkriegsjahrzehnten einige kleinere Unternehmen der Branche erwerben, die in das Geschäft eingegliedert werden konnten.

Der Verkauf von Haarmann & Reimer stand im Jahre 2002 allerdings unter anderen Vorzeichen. Angesichts der globalen Konzentrationsprozesse befand sich das Unternehmen im Fokus größerer Mitbewerber. Es bestand somit die konkrete Gefahr, dass Haarmann & Reimer von einem Mitbewerber übernommen und der Standort Holzminden zu einem reinen Produktionsstandort umgewandelt werden könnte.

Wie läuft der Verkauf eines großen Unternehmens?

Der spätere CEO Dr. Heinz-Jürgen Bertram war gerade zum Gesamtforschungsleiter bei Haarmann & Reimer aufgestiegen, als die Entscheidung von Bayer bekanntgegeben wurde, das Unternehmen zu verkaufen. Zusammen mit den fünf anderen Bereichsleitern musste er das Unternehmen in dem anberaumten Bieterverfahren den potenziellen Käufern präsentieren. Während es normaler Weise gerade darum geht, die technischen Spezifikationen und Fähigkeiten eines Gegenstandes öffentlich zu machen und damit die Käufer zu überzeugen, entsteht beim Verkauf eines Unternehmens, in dem es in erster Linie um Geheimhaltung von Rezepten und Prozessen geht, eine heikle Situation. Denn die Geheimnisse müssen zwangsläufig auch jenen offenbart werden, die das Unternehmen letztlich nicht kaufen. Heinz-Jürgen Bertram erinnert sich, dass einzelne Interessenten in „Armeestärke" zu den Verkaufsgesprächen gekommen seien. Auch in den „Datenraum", in dem die Interessenten Einblick in die Aktenordner mit den wichtigsten Geschäftsdaten nehmen konnten, seien die Firmen teilweise mit einer größeren Anzahl von Mitarbeitern gekommen. Weder die Deutsche Bank, unter deren Führung das Verfahren abgelaufen ist, noch H&R selbst hätten angesichts der Vielzahl der Akten gewährleisten können, dass alle sensiblen Informationen vor Kopieren geschützt werden konnten.

Laut Dr. Bertram lief das Verfahren in der ersten Jahreshälfte 2002 darauf hinaus, dass der Weltmarktführer aus der Schweiz, das Unternehmen Givaudan, Haarmann & Reimer kaufen würde. Auch Fachmedien berichteten, dass Givaudan großes Interesse an der Holzmindener Firma hätte. Private-equity-Gesellschaften hätten ebenfalls Interesse gezeigt, seien aber bereits in einem früheren Stadium des Verfahrens ausgeschieden. Da Givaudan einige Jahre später den ähnlich

Die weltweit größten Unternehmen der Duft- und Geschmackstoffherstellung: Durch Fusionen und Zusammenschlüsse hat sich die Struktur der Branche in den vergangenen Jahren deutlich verändert:

International Flavors & Fragrances Inc., USA, gegründet 1958, 2021 gab das Unternehmen bekannt, sich mit der Sparte für Nahrungszusatzstoffe (Nutrition & Biosciences) des US-Chemiekonzerns DuPont zusammen zu schließen. Durch die Fusion entstand der weltweit größte Anbieter von Duftstoffen und Aromen.

Die Firmenich International SA, Schweiz, gegründet 1895, fusionierte 2023 mit dem niederländischen Chemie-Unternehmen DSM. Nach Umsatz ist DSM-Firmenich nun die Nr. 2 der Branche.

Givaudan SA, Schweiz, gegründet 1895, der langjährige Branchenprimus rangiert nun auf Platz 3.

Nach Umsatzzahlen belegt die **Symrise AG** nun den vierten Platz im Markt für Düfte und Aromen.

großen Mitbewerber Quest gekauft hat, ist anzunehmen, dass auch der Kauf von Haarmann & Reimer kartellrechtlich genehmigt worden wäre.

EQT Partners AB ist eine vor allem in Nordeuropa und Asien tätige Investitionsgruppe (Risiko- und Beteiligungskapital) mit dem Hauptsitz in Stockholm. Sie wurde 1994 von der schwedischen Investor AB gegründet. Das Unternehmen ist seit September 2019 an der Börse in Stockholm gelistet.

EQT kauft oder finanziert über seine Fonds vor allem gut positionierte mittelständische Firmen und versucht deren Marktposition nachhaltig zu entwickeln und somit den Wert des Unternehmens zu steigern. Ziel ist letztendlich der Weiterverkauf oder Börsengang.

EQT hat bisher insgesamt 38 Mrd. EUR Beteiligungskapital bei über 400 Investoren aufgenommen und davon bisher 22 Mrd. EUR in 170 Unternehmen investiert. Inzwischen hat das Unternehmen Büros in 16 Ländern mit etwa 700 Mitarbeitern.

Privat Equity Unternehmen zeigen bereits 2001 Interesse an Dragoco

Obwohl das Unternehmen Dragoco sehr gute Zahlen aufzuweisen hatte, hat sich die Eigentümerfamilie Gerberding Gedanken um die weitere erfolgreiche Entwicklung des Unternehmens gemacht. Denn Dragoco rangierte unter den Duft- und Aromenherstellern weltweit auf dem siebten Platz. Analog zu anderen Industrien haben die großen global tätigen Konzerne die Anzahl ihrer Zulieferer auf drei bis fünf reduziert. Angesichts der Konzentrationsprozesse war allen Beteiligten klar, dass Dragoco zunehmend unter Druck geraten würde.

2002 – Die Fusionsidee entsteht

Horst-Otto Gerberding lehnte nach eigenem Bekunden die ersten Avancen von EQT aus dem Jahr 2001 und einem anderen Private Equity Unternehmen ab. Deshalb beteiligte sich EQT zunächst mit einem anderen Unternehmen der Industrie am Bieterprozess. Die Idee von EQT war zu diesem Zeitpunkt die Teilung des Unternehmens in ein Parfümeriehaus mit den Segmenten Kosmetik und chemische Produktion sowie eines Aromenhauses. Als der Partner allerdings absprang, kam EQT erneut auf Horst Otto Gerberding und das Unternehmen Dragoco zu. Nach Ostern 2002 wurde sich EQT mit den Eigentümern der Dragoco dann schlussendlich einig, in den Bieterprozess einzutreten und nach Kauf von H&R durch EQT die beiden Unternehmen zu verschmelzen.

EQT würde eine Minderheitenbeteiligung an Dragoco erwerben und Horst-Otto Gerberding seine Anteile dann in das neu zu schaffende Unternehmen einbringen. Dieser Überlegung habe er nach längerem Nachdenken zugestimmt und eine entsprechende Aufsichtsratentscheidung herbeigeführt.

Da EQT als Käufer auftrat, durfte Gerberding nicht an den Verhandlungen mit Bayer mitwirken und bekam auch keinen Einblick in die internen Zahlen von Haarmann & Reimer.

Um sicherzustellen, dass für das Unternehmen und den Standort Holzminden der Prozess positiv verlaufen würde, hat Horst-Otto Gerberding Kontakt zur niedersächsischen Landesregierung mit dem damaligen Ministerpräsidenten Gabriel sowie dem Vorsitzenden der Gewerkschaft der IG BCE und Aufsichtsratmitglied von Bayer Hubertus Schmoldt aufgenommen. Über den Betriebsrat von Bayer wurde auch Karl-Heinz Huchthausen als Betriebsratsvorsitzende von Haarmann & Reimer über die Fusionspläne informiert und beurteilte diese grundsätzlich positiv. Huchthausen war als Mitglied des Gesamtbetriebsrats der Bayer AG gut vernetzt und tauschte sich zu diesem Thema ebenfalls mit dem Vorsitzenden der IGBCE (1997 gegründet als Industriegewerkschaft Bergbau, Chemie, Energie) Hubertus Schmoldt aus, der als Arbeitnehmervertreter im Aufsichtsrat der Bayer AG saß. Da Huchthausen die Fusion als die bestmögliche Lösung für das Unternehmen ansah, trat die Arbeitnehmerseite bei Bayer für diese Lösung ein.

Zuschlag für EQT für 1,66 Milliarden Euro

Letztendlich erhielt EQT im Rahmen des offenen Bieterverfahren den Zuschlag für den Kauf von Haarmann & Reimer. Gleichzeitig erwarb EQT eine Minderheitsbeteiligung an der Dragoco. Möglicherweise war das Engagement von Politik und Gewerkschaft das Zünglein an der Waage, denn EQT hatte ganz offensichtlich nicht den höchsten Preis geboten und bekam zudem von Bayer noch einen Kredit. Am 17. Juli 2002 veröffentlicht EQT eine Presseerklärung mit dem Inhalt, dass H&R und Dragoco von der EQT zu einem neuen Unternehmen zusammengeführt werden. Neben EQT mit 76% sind Horst-Otto Gerberding mit 22% und die Nord/LB mit 2% Anteilseigner des neuen Unternehmens. Der Kaufpreis für Haarmann & Reimer betrug 1,66 Mrd. €. Geschäftsführer wurde Horst-Otto Gerberding. Haarmann & Reimer-Geschäftsführer Lambert Courth ging zu Bayer zurück.

2003 – Offizielle Fusion im Februar

Am 20. Februar 2003 fusionieren die beiden in Holzminden ansässigen Firmen Dragoco AG (heute das Werk Solling) und Haarmann & Reimer (H&R, heute das Werk Weser). Aus dieser Fusion resultierte das neue Unternehmen mit Namen Symrise GmbH & Co. KG. Die Fusion beider Unternehmen ist auch im Logo von Symrise festgehalten, in dem sich der Drache (Dragoco AG) und der Kolibri (H&R) – angelegt an das Ying-Yang-Symbol – wiederfinden. Der neu kreierte Name Symrise ist zusammengesetzt aus den Begriffen „Symbiose" und „Rise". Mit einem Umsatz von 1,245 Milliarden Euro und 5.800 Mitarbeitern stieg Symrise im Jahre 2002 zum weltweit viertgrößten Unternehmen der Duft- und Geschmackstoffindustrie auf.

Fusion eines konzerngeführten Unternehmens mit einem Familienbetrieb

Die Fusion der beiden Unternehmen, die zwar am selben Standort wirtschafteten, aber in Konkurrenz standen, war eine anspruchsvolle Aufgabe. Es mussten unterschiedliche Unternehmenskulturen zusammengebracht und jahrzehnte lang gepflegte Vorurteile abgebaut werden. Im April 2003 wurde bei einem ersten „globalen Mangement Meeting" ein „Unternehmenskodex entwickelt, der verbindlich für alle Mitarbeiter des Symrise-Konzerns sein soll." Anschließend wandte sich Horst-Otto Gerberding in einem Brief an die Mitarbeiterinnen und Mitarbeiter von Symrise.

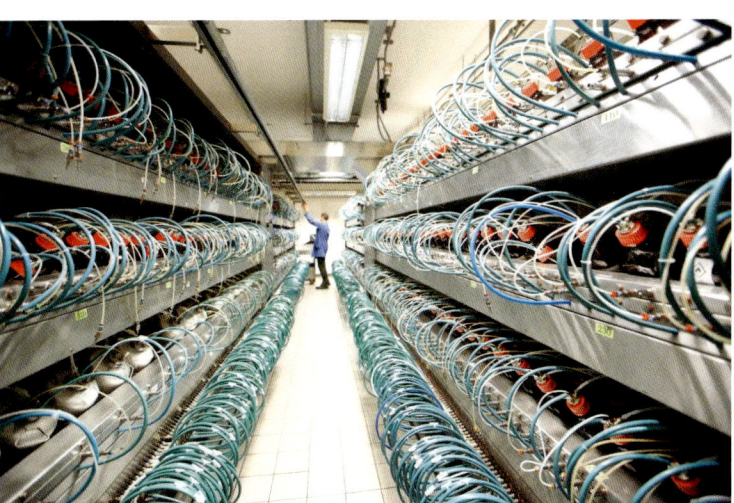

Erst nach der Fusion wurde allen Beteiligten deutlich, wie gut die beiden Unternehmen zusammenpassten: Stärken und Schwächen in den Segmenten Aroma und Parfum ergänzten sich nahezu perfekt. Das obere Bild zeigt die Menthol-Produktion, das untere Bild dokumentiert die Aromastoff-Herstellung bei Symrise.

Darin heißt es unter anderem: „*EQT hat kein Interesse daran, kurzfristige Gewinne aus dem Unternehmen zu ziehen, was Konsequenzen für den Cash-flow und das Investitionsverhalten des Unternehmens hätte. Ziel ist es vielmehr, das Unternehmen in 3-5 Jahren an die Börse zu führen – unter der Voraussetzung, dass ein kontinuierliches Wachstum in Umsatz und Ertrag verzeichnet werden kann.*
In diesem Zusammenhang möchte ich noch einmal betonen, wie wichtig die Erreichung des Budgets ist!"

Am 15. September 2003 wechselte Horst-Otto Gerberding in den Beirat von Symrise. Ihm folgte von September 2003 bis Februar 2005 James D. Forman.

Arbeit an einem Sprüh-Trockner bei Symrise in Holzminden

„*Noch lange nicht zusammengewachsen, was zusammengehört*"

Ein Schlaglicht auf die Situation in Holzminden warf die Hannoversche Allgemeine Zeitung (HAZ) am 6. März 2004 mit einem Bericht unter der Überschrift „*Weder Führung noch klare Linie zu erkennen*". Darin schreibt der Autor Lars Ruzic: „*Es ist der derzeit spannendste Fusionsprozess in Niedersachsen. Auch knapp ein Jahr, nachdem aus den Holzmindener Nachbarn Haarmann & Reimer und Dragoco der Symrise-Konzern wurde, ist längst nicht zusammengewachsen, was zusammengehört. Die Unsicherheit in der Belegschaft ist groß. [...] Mehr als 80 Jahre lang arbeiteten Generationen von Holzmindenern entweder beim Familienbetrieb Dragoco oder bei der Bayer-Tochter H&R. Jobwechsel zwischen den Unternehmen waren verpönt. Jede Firma litt unter der Paranoia, die andere könnte etwas mehr über sie erfahren. Schließlich zählt ihre Branche zu den geheimniskrämerischsten überhaupt. Die bedeutenden Hersteller von Düften, Aromen und Kosmetikgrundstoffen kann man an einer Hand abzählen. Ihre Kunden verlangen Verschwiegenheit – oft weiß nicht einmal der Mitarbeiter, für welche Parfümmarke er gerade die Essenz zusammenstellt. Die Kaste der Autozulieferer ist dagegen geschwätzig.*"

Angesichts dieser Analyse ist es kein Wunder, dass die Fusion schwierig zu bewerkstelligen war. Der Wechsel von Horst-Otto Gerberding in den Beirat im Jahr 2003 trug zur weiteren Verunsicherung in der Belegschaft bei. Der neue Geschäftsführer, US-Amerikaner James D. Forman, der von Stollwerck zu Symrise gekommen war, wurde vom Autor des Presseartikels recht kritisch betrachtet. Im Artikel heiß es, dass weder „*eine klare Linie noch eine Führung*" zu erkennen sei. Außerdem habe die Belegschaft in den ersten Monaten „*Forman gar nicht zu Gesicht bekommen.*" Der Artikel wirft ein Schlaglicht auf die damalige Stimmung bei Symrise in Holzminden, denn zum beschlossenen Stellenabbau, den Forman mit Wachstum verhindern wollte, hieß es zum Schluss des Textes: „*,Und da die Märkte sich nicht wesentlich ändern werden', sagt ein Symrise-Insider, ,wird das Gewinnwachstum vorwiegend aus Einsparmaßnahmen kommen müssen.' Deshalb sind die Symrise-Mitarbeiter skeptisch, ob beim Arbeitsplatzabbau schon das letzte Wort gesprochen ist. Zumindest in dieser Frage gibt es keine Unterschiede zwischen ,Werk Weser' und ,Werk Solling'*" – so Lars Ruzic in der HAZ.

Symrise investiert 46 Mio. Euro in den Standort Holzminden!

325 Stellen werden abgebaut / Wiedereinführung der 40-Stunden-Woche / Trotzdem Beifall von der Belegschaft

Holzminden (rei). Die Geschäftsführung nennt es „Prozessoptimierung" oder „Maßnahmen zur Steigerung der Wettbewerbsfähigkeit", Betriebsrat und Landesregierung reden von „Sicherung des Standortes und der Arbeitsplätze". Aber so unterschiedlich Sichtweise und Motivation auch sein mögen: Die meisten Symrise-Mitarbeiter kamen gestern kurz nach 15 Uhr mit zufriedenem Gesicht aus der Stadthalle. Und das, obwohl man ihnen gerade mitgeteilt hatte, dass sie demnächst wieder 40 Stunden die Woche arbeiten müssen, dass es zwei Jahre lang keine Lohnerhöhungen gibt und dass weitere 325 Stellen abgebaut werden sollen. Was diese negativen Nachrichten in den Schatten stellte, war eine Zahl: Symrise wird in den nächsten drei Jahren in Holzminden für rund 46 Millionen Euro investieren!

„Es knisterte förmlich vor Spannung im Saal", beschrieb Niedersachsens Innenminister Uwe Schünemann im anschließenden Pressegespräch die Stimmung zu Beginn der Informationsveranstaltung. Nach Bekanntgabe der Entscheidung der Geschäftsführung sei die Erleichterung zu spüren gewesen. Es war der wohl wichtigste Tag für das Unternehmen seit der Fusion vor gut zwei Jahren. Die

Holzminden. Gespannte Gesichter vor der Infoveranstaltung in der Stadthalle. Übrigens wurden die Mitarbeiter auf der Einladung auch gebeten, „von Kommentaren und Aussagen gegenüber der Presse Abstand zu nehmen"...　　Foto: rei

Mitarbeiter wussten: Es steht sehr viel auf dem Spiel. Seit Geschäftsführer James D. Forman im Juni verkündet hatte, dass auch an Produktionsverlagerungen in Billiglohnländer gedacht werde, ging die Angst um in Holzminden - nicht nur innerhalb der Belegschaft.

Was seitdem hinter den Kulissen gelaufen ist, lässt sich nur erahnen. Fest steht, dass fast bis zum letzten Tag vor der Infoveranstaltung weiter verhandelt wurde. Die „Verhandlungsbasis" wäre für Holzminden eine

Katastrophe geworden: Verlagerung von weiten Teilen der Produktion nach Polen oder in die Slowakei, verbunden damit ein Abbau von fast 950 Stellen.

Dieses „Horrorszenario" konnte durch eine Gemeinschaftsleistung abgewendet wer-

den, die Ministerpräsident Christian Wulff als „Modellfall für Deutschland" bezeichnete. Er kam gestern persönlich nach Holzminden, um seine Zufriedenheit über das Verhandlungsergebnis kund zu tun - und brachte gleich noch drei seiner

Minister mit. Neben Uwe Schünemann saßen Wirtschaftsminister Walter Hirche und Umweltminister Hans-Heinrich Sander in der ersten Reihe.

Geschäftsführung, Betriebsrat und Gewerkschaft haben in den letzten Monaten ein Paket geschnürt, dass die Investoren offenbar überzeugt hat. Rückkehr zur 40-Stunden-Woche ohne Lohnausgleich und Verzicht auf Lohnerhöhungen in den nächsten zwei Jahren sind wohl die einschneidendsten Beiträge, die die Mitarbeiter für dieses Paket leisten. Die 325 Stellen, die bis Ende 2006 noch abgebaut werden sollen, sind natürlich auch ein schwerer Brocken.

Doch der Betriebsrat hofft, hierfür sozialverträgliche Lösungen zu finden. Übrigens: „Die verabschiedeten Maßnahmen gelten für alle Mitarbeiter des Unternehmens, auch für Management und Geschäftsführung", heißt es ausdrücklich in der gestern von Symrise versandten Pressemitteilung.

Beeindruckt hat die Investoren bei ihrer Entscheidungsfindung aber offenbar auch der Einsatz der Landesregierung. Nicht nur, dass sie die Verhandlungen aktiv begleitet hat, sie wird sich auch finanziell engagieren - mit erheblichen Zuschüssen zu den geplanten Investitionen.

„Das macht man nicht nur für fünf Jahre"

Geschäftsführung, Betriebsrat und Minister äußern sich zufrieden gegenüber der Presse

Holzminden (rei). „Ich bin äußerst glücklich für das Unternehmen und seine Mitarbeiter", betonte Symrise-Geschäftsführer James D. Forman direkt im Anschluss an die Informationsveranstaltung gegenüber der Presse. Nicht nur das große Medienecho, auch die Anwesenheit der Minister Hirche und Schünemann in der Pressekonferenz unterstrich die Bedeutung dieses Termins für die Stadt Holzminden, für die Region und für das ganze Land Niedersachsen.

Von zahlreichen Gesprächen in den letzten vier Monaten berichtete Betriebsratsvorsitzender Karl-Heinz Huchthausen. Das Ergebnis sei bei der Belegschaft positiv angekommen, es habe sogar Beifall in der Stadthalle gegeben. Er selbst bezeichnete das Ergebnis als „vertretbaren Kompromiss", der die Arbeitsplätze in Holzminden und Nördlingen sichere. Der geplante Stellenabbau lasse sich nach seiner Einschätzung sozial verträglich gestalten. Huchthausen rechnete vor: 200 befristete Verträge laufen aus, 100 Mitarbeiter könnten in Altersteilzeit gehen, anderen würde man Teilzeitangebote machen können.

Wirtschaftsminister Hirche wertete die Entscheidungen als

Signal, dass die Wettbewerbsfähigkeit in Deutschland eine Zukunft habe. 46 Millionen Euro zu investieren, sei mehr als die Absicherung von Arbeitsplätzen - „hier wird nach vorn gegangen". „Das macht man nicht nur für fünf Jahre", so des Ministers Hoffnung. Ein großes Lob gebühre Betriebsrat und Belegschaft, „ihre Art von Flexibilität und Hartnäckigkeit bringt den Standort nach vorn".

Innenminister Schünemann, selbst einst H&R-Mitarbeiter, war die Erleichterung deutlich anzumerken. Vor einem halben Jahr hätte er sich diese Art von Flexibilität und Zusammenarbeit noch nicht vorstellen können. Was hier erreicht wurde - ohne Arbeitskampf oder ähnliche Aktivitäten - zeige auch, wie sehr die Region mit der Firma verhaftet sei. Das alles werde positiv auf das Betriebsklima wirken und das Betriebsklima sicher wieder deutlich verbessern. „Für die Region wäre ein unaufholbarer Schaden entstanden, wenn 950 Arbeitsplätze weggefallen wären", so der Holzmindener Minister.

Die 46 Millionen Euro würden letztlich noch viel mehr in der Region auslösen, man denke nur an die Aufträge für das Handwerk. Ministerpräsident

Wulff habe übrigens seine Hilfe angeboten, sei es doch zu betriebsbedingten Kündigungen kommt.

James D. Forman wirkte ebenfalls erleichtert. Er gab zu bedenken: „Wir sind in den Händen von Privatinvestoren, und es ist keine leichte Aufgabe, Investoren zu überzeugen!" Er bestätigte, dass man sich „in allen osteuropäischen Ländern" nach möglichen Produktionsstandorten umgesehen hätte. Polen und die Slowakei kamen in die engere Wahl, das Lohnkosten-Verhältnis zu Deutschland beträgt hier etwa 1:8. Letztlich müsse bei einem solchen „Umzug" aber mehr berücksichtigt werden, nämlich auch die Qualitätssicherung, das Image und die Resonanz bei den Kunden. „Wir denken alle international. Aber das Know how ist nun mal seit drei bis vier Generationen hier in Holzminden!", so der Geschäftsführer. Minister Schünemann ergänzte: „Hier weiß man, was man hat!"

Die 46 Millionen sollen übrigens innerhalb der nächsten drei Jahre investiert werden, und zwar hauptsächlich in drei große Projekte: Zusammenlegung beziehungsweise Neubau der Bereiche Fragances und „natürliche Aromen" sowie des Pulver-

mischbetriebes (noch gibt es sie jeweils in den Werken „Weser" und „Solling") mit Logistiklager.

Wie hoch die Zuschüsse des Landes werden, wollte Minister Hirche nicht sagen. Das richte sich nach den jeweiligen Förderanträgen, es geht vor allem um Mittel aus den Töpfen „Gemeinschaftsaufgabe regionale Wirtschaftsförderung" und „Ziel-2". Er bestätigte, dass das Unternehmen im Falle der Förderung gewisse Auflagen erfüllen müsse - zum Beispiel Arbeitsplatzsicherung für fünf Jahre. „Kann ein liberaler Minister damit leben, ein gesundes Unternehmen zu bezuschussen?", wollte die Presse wissen. Hirche verteidigte die Haltung der Landesregierung: Besser jetzt helfen, als später, wenn es vielleicht zu spät ist.

Zuletzt sprach der TAH noch das Thema „Börsengang" an. Doch eine Antwort gab es nicht. „Ich bin nicht in der Lage, heute was dazu zu sagen", so James D. Forman.

„Ein Modellfall für Deutschland"

Christian Wulff lobt Flexibilität der Belegschaft

Christian Wulff.

Holzminden (rei). Trotz übervollen Terminkalenders ließ es sich Ministerpräsident Christian Wulff nicht nehmen, gestern in der Stadthalle persönlich zu den Mitarbeitern von Symrise zu sprechen und damit die Bedeutung dieser Unternehmensentscheidung für die Menschen in der ganzen Region zu unterstreichen. Gegenüber dem TAH nahm er am Rande der Veranstaltung kurz Stellung.

„Eine große Phase der Verunsicherung geht zu Ende", kommentierte Wulff den Prozess seit der Fusion von H&R und Dragoco bis zum heutigen Tag. Dass es statt einer Verlagerung nach Mittel- und Osteuropa nun zu einer Entscheidung für den Standort Holzminden gekommen sei, war laut Wulff nur möglich, „weil alle an einem Strang gezogen haben". Dafür sei allen Beteiligten zu danken - besonders der Belegschaft für eine hohe Flexibilität, aber auch den Eigentümern für ihre „Sensibilität für den Standort". Besonders hob der Ministerpräsident außerdem den Betriebsratsvorsitzenden Karl-Heinz Huchthausen und mit ihm die IG BCE hervor.

Nach dem Abschluss des VW-Tarifes gehe nun von Symrise ein weiteres tolles Signal aus für die Wettbewerbsfähigkeit des Standortes Deutschland. Wulff nannte Symrise sogar ei-

nen „Modellfall für Deutschland".

Natürlich sprach er auch das Engagement der Landesregierung an. Sie wisse, wie wichtig dieser Arbeitgeber für die ganze Region sei und wie sehr sich die Region mit Symrise identifiziere. Darum habe die Landesregierung alle ihre Möglichkeiten ausgeschöpft, um sich für den Erhalt des Standortes und damit der Arbeitsplätze einzusetzen. Dieses enge Zusammenwirken von Land, Betriebsrat, Gewerkschaft, Geschäftsführung und Beitrat habe letztlich zum Erfolg geführt.

Zentnerlast vom Herzen gefallen

Holzminden (rei). „Mir fällt eine Zentnerlast vom Herzen, ich bin heilfroh und freue mich für die Menschen in der Region" - überschwänglich kommentierte Holzmindens Bürgermeister Dr. Wolfgang Bönig gestern Nachmittag die Entscheidungen bei Symrise. Sein besonderer Dank für ihren „unglaublichen Einsatz" galt dem Betriebsratsvorsitzenden Karl-Heinz Huchthausen und Niedersachsens Innenminister Uwe Schünemann.

Dr. Wolfgang Bönig.

Holzminden. Betriebsrat, Geschäftsführung und Landesregierung standen der Presse Rede und Antwort.　　Foto: rei

Bericht im Täglichen Anzeiger Holzminden über die Betriebsversammlung vom 16. November 2004

2003 – 2024

2004 – Keine Produktionsverlagerung
Verhandlungen mit dem Betriebsrat retten den Standort Holzminden

Die Sorgen und die Verunsicherung unter den Beschäftigten und den Bewohnern der Region waren also groß. Unter diesen Vorzeichen wurde im Herbst 2004 über die von EQT in die Diskussion gebrachten Produktionsverlagerungen nach Osteuropa verhandelt. In diese Verhandlungen zwischen Betriebsrat, Geschäftsführung und Vorstand wurde auch die niedersächsische Landesregierung mit einbezogen. Auf einer ganzen Zeitungseite berichtete der Tägliche Anzeiger Holzminden (TAH) am 17. November 2004 über die tags zuvor stattgefundene Betriebsversammlung, auf der das Ergebnis der Verhandlungen bekanntgegeben wurde, und die anschließende Pressekonferenz:

Das Symrise-Verwaltungsgebäude in Holzminden

Daran nahmen auch der niedersächsische Ministerpräsident Christian Wulff, Innenminister Uwe Schünemann, der ebenfalls aus dem Landkreis stammende Umweltminister Hans-Heinrich Sander sowie Wirtschaftsminister Walter Hirche teil. Als Ergebnis der Verhandlungen konnte die Geschäftsführung den Verzicht auf eine zuvor geplante Produktionsverlagerung nach Osteuropa bekanntgeben. Dazu schrieb der TAH: *„Die Geschäftsführung nennt es ‚Prozessoptimierung' oder ‚Maßnahmen zur Steigerung der Wettbewerbsfähigkeit'. Betriebsrat und Landesregierung reden von ‚Sicherung des Standortes und der Arbeitsplätze'. Aber so unterschiedlich Sichtweise und Motivation auch sein mögen: Die meisten Symrise-Mitarbeiter kamen gestern kurz nach 15 Uhr mit zufriedenen Gesichtern aus der Stadthalle. Und das, obwohl man ihnen gerade mitgeteilt hatte, dass sie demnächst wieder 40 Stunden die Woche arbeiten müssen, dass es zwei Jahre keine Lohnerhöhungen gibt und dass weitere 325 Stellen abgebaut werden sollen. Was diese negative Nachrichten in den Schatten stellte war eine Zahl: Symrise wird in den nächsten drei Jahren in Holzminden für rund 46 Millionen Euro investieren!"* Das „Horrorszenario" der Produktionsverlagerung sei durch eine Gemeinschaftsleistung abgewendet worden, die Niedersachsens Ministerpräsident Wulff in der anschließenden Pressekonferenz als *„Modellfall für Deutschland"* bezeichnet hat. Dies sei möglich geworden, *„weil alle an einem Strang gezogen haben"*. Wulff dankte allen Beteiligten – besonders der Belegschaft für eine hohe Flexibilität, aber auch den Eigentümern für ihre *„Sensibilität für den Standort"*. *„Besonders hob der Ministerpräsident außerdem den Betriebsratvorsitzenden Karl-Heinz Huchthausen und mit ihm die Gewerkschaft IG BCE hervor,"* heißt es weiter im TAH-Bericht. Symrise-Geschäftsführer James D. Forman wird mit den Worten zitiert: *„Ich bin äußerst glücklich für das Unternehmen und seine Mitarbeiter."* Zum weiter geplanten Stellenabbau wird Karl-Heinz Huchthausen zitiert, der erklärte, dass 200 befristete Verträge auslaufen würden, 100 Mitarbeiter in Altersteilzeit gehen könnten und allen anderen würde man Änderungsverträge vorlegen, sodass alles sozialverträglich gestaltet werden könne.

Einen positiven Ausschlag für das Verhandlungsergebnis hat die Bereitschaft des Landes gegeben, die Investitionen von Symrise mit weiteren Millionen zu fördern. Dazu sagte Karl-Heinz Huchthausen 2024, dass dieses Geld nie abgerufen worden sei.

Tesium und Symotion

Um die Wettbewerbsfähigkeit von Symrise im Vorfeld des Börsengangs weiter zu verbessern, wurde von Seiten der Inhaber und der Geschäftsführung die Auslagerung (Outsourcing) von Unternehmensteilen vorgeschlagen. Im Fokus lagen dabei Technik, Logistik und Informatik. Während die Informatik dann tatsächlich an den EDV-Dienstleister Atos Origin ausgelagert wurde, konnten durch die Gründung der Tochterunternehmen Tesium und Symotion die anderen beiden Bereiche in Holzminden bleiben. Diese Lösung wurde sowohl vom Betriebsrat und der IGBCE als auch von der Geschäftsführung getragen und im Oktober 2004 Inhalt des Standortsicherungsvertrages mit einer Laufzeit von zunächst 5 Jahren. Danach wurde der Vertrag noch zweimal um jeweils fünf Jahre verlängert und soll ab 2025 durch neue Tarifverträge ersetzt werden. Im Jahre 2024 haben beide Unternehmen zusammen etwa 500 Beschäftigte und wirtschaften sehr erfolgreich.

2006 – Börsengang von Symrise

2005 erzielte Symrise mit dem CEO Gerold Linzbach, der im März James D. Forman abgelöst hatte, und rund 4800 Mitarbeitern einen Umsatz von 1,15 Mrd. Euro. Seit der Fusion hatte sich die Mitarbeiterzahl um ca. 1000 reduziert.

Das Unternehmen wurde verschlankt und „fit für den Verkauf" gemacht. Neben den oben beschriebenen Maßnahmen wurden unter anderem zwei Produktionsstätten in Skokie (Illinois) und in Grasse geschlossen sowie das Parfümerie Kreativzentrum im Herzen Hamburgs. Die verschiedenen Geschäftsbereiche der Firma wurden neu strukturiert. Es entstanden die beiden etwa gleich großen Bereiche *Scent & Care* sowie Flavors (inzwischen: *Taste, Nutrition & Health*.)

Im Dezember 2006 ging das Unternehmen an die Börse. Schon im März 2007 wurde die Aktie in den MDAX aufgenommen.

Nach Einschätzung von Dr. Heinz Jürgen Bertram, wurde das Unternehmen Symrise „an die Börse gespart". Die entscheidenden Unternehmenskennzahlen seien nur durch Sparmaßnahmen erreicht worden.

Symrise Jahres-Schlusskurse

Jahr	Erster	Hoch	Tief	Schluss	Veränderung
2024	99,48	120,60	92,34	120,10	20,73%
2023	101,80	109,80	87,90	99,48	-2,28%
2022	130,95	131,60	94,30	101,80	-22,26%
2021	109,40	132,00	96,64	130,95	19,70%
2020	93,90	120,50	73,90	109,40	16,51%
2019	65,06	93,90	64,48	93,90	44,33%
2018	71,39	81,50	62,40	65,06	-8,86%
2017	57,92	72,40	54,50	71,39	23,26%
2016	61,44	68,49	54,13	57,92	-5,74%
2015	50,08	64,02	49,56	61,44	22,69%
2014	33,53	50,61	33,51	50,08	49,36%
2013	27,07	35,07	26,05	33,53	23,87%
2012	20,55	27,83	20,55	27,07	31,72%
2011	20,48	22,75	16,37	20,55	0,37%
2010	15,00	22,36	15,00	20,48	36,50%
2009	9,93	15,75	7,10	15,00	51,06%
2008	19,00	18,90	7,86	9,93	-47,74%
2007	19,56	22,23	17,52	19,00	-2,86%
2006	18,48	19,84	18,48	19,56	5,84%

Tabelle der Symrise Jahres-Schlusskurse an der Frankfurter Börse (2024: Stand September, Quelle: www.boerse.de)

Aktie und Aktionärsstruktur (2024)
Massachusetts Financial Services Company (MFS) 9,96 %
BlackRock Inc. 6,07 %
Ministry of Finance on behalf of the State of Norway 5,05 %
Horst-Otto Gerberding 5,024 %
Canada Pension Plan Investment Board 4,97 %
APG Asset Management N.V. 3,01 %

2003 – 2024

Unternehmen im Umfeld von Symrise

Im Umfeld der beiden großen Hersteller von Duft- und Aromastoffen Dragoco und Haarmann & Reimer entstanden im Laufe der Geschichte immer wieder ähnliche Unternehmen, die sich weiter spezialisierten oder auf Kundenwünsche eingingen, die von den beiden Großunternehmen nicht erfüllt werden konnten. Nach der Fusion zu Symrise kam noch der Aspekt hinzu, dass aufgrund des Sparkurses zahlreiche Mitarbeiter kündigten oder freigestellt sowie eine Reihe von Prozessen ausgelagert wurden. Wie auch immer: durch das starke Wachstum von Symrise seit den 2010er Jahren wuchsen auch die teilweise neu gegründeten regionalen Unternehmen im Umfeld des Global Players. So sind über Symrise hinaus inzwischen einige hundert Menschen im Duft- und Aromengewerbe der Region beschäftigt.

Th. Geyer Ingredients

Der 1838 geborene Theodor Geyer hatte bei dem Unternehmen C.F. Boehringer & Söhne gearbeitet, aus dem später Böhringer Ingelheim und Boehringer Mannheim hervorgegangen sind. Das von Wachstum geprägte Umfeld der Chemieindustrie veranlasste Theodor Geyer am 15. Oktober 1892 eine Chemikalienhandlung in Stuttgart zu gründen. Das kleine Unternehmen wuchs und konnte auch in den folgenden von Krisen geprägten Jahrzehnten am Markt bestehen. In den 1950er Jahren spezialisierte man sich auf Laborchemikalien – bis heute das Kerngeschäft am Standort in Schwaben. 1972 kam allerdings ein weiteres Segment dazu: Mit Haarmann & Reimer wird ein Kooperationsvertrag über den Vertrieb von Aromen und Riechstoffen abgeschlossen. Eine Postkarte im Firmenarchiv von Geyer belegt übrigens, das bereits 77 Jahre vor Beginn der Zusammenarbeit mit Haarmann & Reimer ein Geschäftskontakt bestand – damals bestellte die Firma „1-2 kg *Vanillin*" bei Haarmann & Reimer.

Bis zur Fusion zu Symrise konnte die Firma Th. Geyer den Vertrieb der Produkte von Haarmann & Reimer von Stuttgart bzw. Renningen abwickeln. Nach der Fusion entwickelte sich das Geschäft mit Symrise sprunghaft. Als Vertriebspartner von Symrise beliefert Th. Geyer auch kleinere Kunden mit dem Produktportfolio des Großunternehmens. Im Jahre 2009 bezog das Unternehmen einen Neubau in Stahle in unmittelbarer Nähe zu Symrise. 2010 wird mit der „Th. Geyer Ingredients GmbH & Co. KG" ein Tochterunternehmen mit dem Unternehmensgegenstand „Entwicklung, Vertrieb und Distribution von Hilfsmitteln, Substanzen und

Zusatzstoffen für Produkte der Pharma-, Kosmetik- und Lebensmittelindustrie sowie anderer Industriezweige" gegründet. 2014 wird das Produktportfolio in die Bereiche „Food & Beverages" sowie „Scent & Care" untergliedert. 2014 und 2019 wird der Standort Höxter-Stahle deutlich erweitert außerdem werden neue Marken für spezialisierte Produktlinien eingeführt. Inzwischen sind fast 150 Menschen bei Th. Geyer in Stahle beschäftigt.

Das Unternehmen Geyer hat allerdings nicht nur die Kontakte zur Duft- und Aromenindustrie gepflegt. Einer ganz anderen regionalen Verbindung entspringt die Marke *Floral*, unter der Th. Geyer heute am Standort Stahle Lederpflegeprodukte herstellt. Ursprünglich war *Floral* eine Marke der Firma Florida Chemie, die 1960 in Holzminden gegründet wurde und später von der Firma Firma Gregor Chemie übernommen wurde. Unter der Marke FLORAL vereinte man neben Lederpflege ursprünglich auch Kosmetik- und Haushaltsprodukte. Heute wird nur noch die Schuhcreme produziert. Nachdem Th. Geyer im Jahre 2016 die Firma Gregor Chemie und damit auch die Markenrechte übernahm, konnte die traditionsreiche Produktion der Schuhpflegemittel in Stahle fortgeführt werden.

NeoCos Service GmbH

Die Firma NeoCos Service ist spezialisiert auf die Entwicklung und Herstellung von qualitätssicheren Kosmetikprodukten in unterschiedlichen Chargengrößen. Der ehemals bei Haarmann & Reimer angestellte Chemiker und Kosmetikentwickler Wilhelm Kühn hatte erkannt, dass Kosmetikmarken von neu entwickelten Produkten zunächst eher kleine Mengen abnehmen wollten. Zusammen mit seiner Frau Petra Kühn, gründete er 1991 die Neo Cos Service GmbH als Dienstleister im Bereich der professionellen und exklusiven Wirkkosmetik.

2017 konnte am Standort Stahle ein eigens geplantes neues Firmengebäude mit über 7000 m² Produktions- und Lagerfläche bezogen werden. Dort sind etwa 60 Mitarbeiter beschäftigt.

ACSInternational

Die Gründung des Unternehmens Aroma Chemical Services International GmbH im Jahre 2004 geht direkt auf die Fusion von Haarmann & Reimer und Dragoco zu Symrise zurück. Zwei ehemalige H&R-Mitarbeiter starteten zunächst als Handelsagentur, wobei ihnen vor allem ihre gute Vernetzung in der Branche und die vorhandenen Kontakte als Startkapital dienten. Im Jahre 2006 konnte ein Produktionsunternehmen in Rumänien erworben werden. Am rumänischen Standort Onesti beschäftigt ACSI etwa 95 Mitarbeiter.

Dort werden biotechnologische Herstellungsverfahren sowie Verfahren der Peroxidchemie praktiziert. Auf der Grundlage dieser Verfahren werden verschiedene makrozyklische Moschusriechstoffe und zusätzlich weitere Duftspezialitäten hergestellt.

Das Vertriebszentrum bildet der Standort in Stahle in unmittelbarer Nähe von Th. Geyer und NeoCos. Dort sind etwa 30 Mitarbeiter beschäftigt

Unternehmen im Umfeld

Heinz-Jürgen Bertram – Geschäftsführer von 2009 bis 2024

Im Sommer 2009 löste Dr. Heinz-Jürgen Bertram Gerold Linzbach als CEO ab. Linzbach wollte den Vertrag „aus persönlichen Gründen" nicht verlängern. Ebenso wie Forman wurde Linzbach mit dem Unternehmenssitz Holzminden nicht wirklich warm. Insofern passte die Wahl von Bertram viel besser zum Standort: Der Landwirts-Sohn aus Südniedersachsen absolvierte sein Chemie-Studium in Hannover mit einer Promotion und kam 1990 von Bayer zu Haarmann & reimer nach Holzminden. Dadurch hatte er eine viel tiefere Bindung zur Firma und Belegschaft – auch deshalb wurde seine Wahl vom damaligen Betriebsrat unterstützt. Trotz seiner vermeintlichen Bodenständigkeit entwickelte sich das Unternehmen in den 15 Jahren unter der Leitung von Dr. Heinz-Jürgen Bertram um das Kerngeschäft herum in teilweise ungeahnte Richtungen.

Dr. Heinz-Jürgen Bertram, Foto aus „moments / 10 years symrise"

Nach der erfolgreichen von ihm verantworteten milliardenschweren Akqustion des französischen Tierfutterspezialisten „Diana" im sagte Bertram in einem Interview: *„Im Jahre 2008 lagen 10% des Geschäftes jenseits von Flavor und Fragrances, heute* [2015] *sind es schon mehr als 30%, und 2028 wollen wir für unsere neuen Ziele mehr als die Hälfte des Umsatzes außerhalb des klassischen Geschäfts machen. Diese Diversifizierung war und ist entscheidend für unseren Erfolg."*
Als weiteren Erfolgsfaktor nannte Bertram die Innovationskraft des Unternehmens. In diesem Zusammenhang ist wohl auch die Gründung der Parfümerie-Schule in Holzminden zu sehen. Inzwischen unterhält das Unternehmen auch in Indien eine eigene Parfümerie-Schule. Mit diesen Parfümerie-Schulen knüpft das Unternehmen an ähnliche Ausbildungseinrichtungen an, die Dragoco in den 1980er Jahren in Holzminden etabliert hatte. Weitere Entwicklungs- und Forschungszentren betreibt das Unternehmen neben dem Holzmindener Forschungsbereich insbesondere in Frankreich, Brasilien, China, Singapur und den USA.

Dr. Heinz-Jürgen Bertram wurde in seiner Karriere mehrfach als „CEO des Jahres" ausgezeichnet. Unter seiner Leitung ist der Symrise-Konzern enorm gewachsen und konnte seine Marktposition in verschiedenen Bereichen festigen. Von Arbeitnehmerseite wurde Bertram allerdings mehrfach dafür kritisiert, dass der Gewinn des Unternehmens mehr den Aktionären als den Mitarbeitern zugute komme.

Bertram ging Anfang 2024 in der Ruhestand. Den Vorsitz des Vorstandes übernahm Dr. Jean-Yves Parisot, der über den französischen Aromenhersteller Diana, der 2014 von Symrise übernommen wurde, in das Unternehmen kam.

„Rein in den DAX und raus aus dem Tarif?"

Unter diesem Motto hat die IG BCE zusammen mit dem Gesamtbetriebsrat von Symrise, Tesium und Symotion am Samstag, 21. August 2021, zu einer Demonstration

Täglicher Anzeiger
HOLZMINDEN SEIT 1777

Nr. 195 / 1,50 €

Montag, 23. August 2021

www.tah.de

Rückkehr an den Verhandlu[ngstisch]

Fast 500 Teilnehmer folgen Aufruf der IG BCE zur Kundgebung zum [...]

VON THOMAS SPECHT

HOLZMINDEN. Die Gewerkschaft Bergbau, Chemie, Energie (IG BCE) hatte am Sonnabend die Mitarbeiter von Symrise und Tochterunternehmen zur Teilnahme an einer Kundgebung in der Holzmindener Fußgängerzone aufgerufen. „Symrise: Rein in den DAX und raus aus dem Tarif?" lautete der Titel, und nahezu 500 Teilnehmer kamen zu dieser Kundgebung in die Obere Straße. Hier war eine Bühne als Podium aufgebaut, wurden Gewerkschaftsfahnen geschwenkt. Der Vorwurf der IG BCE lautet, Symrise wolle sich, obwohl das Unternehmen fast vier Milliarden Euro Umsatz erwirtschafte und möglicherweise demnächst in den DAX aufsteige, „aus der Tarifbindung stehlen". Die Unternehmensleitung hatte die Tarifverhandlungen einseitig abgebrochen. Gewerkschaft und Betriebsrat fordern nun die Rückkehr an den Verhandlungstisch und eine dauerhaft stärkere Beteiligung der Belegschaft an den Gewinnen. Zuvor hatte die IG BCE den 2009 ausgehandelten Standortsicherungsvertrag aufgekündigt. Von weltweit 11.000 Beschäftigten arbeiten rund 2.700 in Holzminden. Seit der Fusion von Dragoco und H & R 2003 fühlt sich der Konzern nicht mehr dem Chemie-Flächenvertrag zugehörig. Die Gewerkschaft will im ersten Schritt zumindest eine Annäherung an diesen erreichen. Gewerkschaft und Betriebsrat fordern ein sozialverantwortliches Handeln des Unternehmens, die Anwen-

dung des Flächentarifvertrags, mehr Gehalt und eine Reduzierung der Arbeitszeit für alle Mitarbeiter. Die IG BCE droht – gebe es keine Bewegung – mit Arbeitskampfmaßnahmen.

Redner aus Gewerkschaften, Betriebsrat und Politik kritisierten auf der Kundgebung den einseitigen Abbruch der Gespräche zum Teil scharf. Besonders deutliche Worte wählte Hauptredner Ralf Becker, Landesbezirksleiter Nord der IG BCE. Er ging mit dem Symrise-Vorstandsvorsitzenden Dr. Heinz-Jürgen Bertram scharf ins Gericht, warf ihm ein „asoziales Verhalten" vor.

„Rein in den DAX und raus aus dem Tarif?"

IG BCE-Bezirksleiter Südniedersachsen und Verhandlungsführer Peter Winkelmann moderierte die Kundgebung. 2,5 Stunden mehr Arbeit und neun Prozent unter Flächentarif verdienten die Symriser, im Gesamtvolumen sei dies 20 Prozent weniger, führte er aus. Es müsse „Richtung 37,5 Stunden" gehen. Man sei in den Verhandlungen beschimpft worden, den Betriebsfrieden zu stören und es sei mit Ausgliederungen gedroht worden. Dabei gehöre zur Nachhaltigkeit eines Unternehmens auch der Umgang mit seinen Mitarbeitern und die soziale Verantwortung für sie. Müsse es erst zu Arbeitsniederlegungen kommen? fragte er. Symrise könne und müsse die Forderungen „locker erfüllen können".

Ralf Becker, Landesbezirks-

Hunderte Symrise-Mitarbeiter kamen zu der einstündigen Kundgebung am Sonnabend in die Holzmindener Fußgängerzone.

leiter Nord der IG BCE, zeigte sich begeistert von den hunderten Symrisern, die gekommen waren um zu dokumentieren, dass sie sich nicht gefallen ließen, „was Dr. Bertram hier verzapft". „Ohne Euch gäbe es Symrise nicht", rief er ihnen zu. Gute Arbeit gebe es nur mit Tarif und Sozialpartnerschaft nur auf Augenhöhe. Die aber habe Dr. Bertram schon lange verlassen. Er sei ein Dogmatiker, möge ein guter Manager sein, bei den „Soft Skills" habe er aber „noch ordentlich Nachholbedarf". Becker forderte

ihn auf: „Reden Sie mit uns! Kehren Sie an den Verhandlungstisch zurück! Im Konsens, im Kompromiss liegt die Kraft, die Symrise weiterbringen wird." Rein in den DAX und raus aus dem Tarif, das dürfe es in Deutschland nicht geben. Das sei das Gegenteil von sozial. „Rein in den DAX nur mit Tarif", lautete seine Forderung und Applaus brandete auf.

> **Die Belastungen nehmen weiter zu, aber die Regenerationszeiten werden immer kürzer."**
>
> Harald Feist
> Mitglied der Tarifkommission und
> Symrise-Betriebsratsvorsitzender

Harald Feist, Betriebsratsvorsitzender und Mitglied der Tarifkommission, verwies auf die „einzige Erfolgsgeschichte" von Symrise und die Wertsteigerung der Aktie von 17 auf 125 Euro. Demnächst werde Symrise im DAX vertreten sein. Einen großen Anteil habe sicher die Führungsriege, doch ohne seine Mitarbeiter und ihren vollen Einsatz hätte Symrise das alles nicht erreichen können. Ihr Beitrag müsse gebührend anerkannt werden. Er erinnerte an Nullrunden und verweigerte Gesprä-

che. Man arbeite unter Volllast, immer mehr Schichten an den Wochenenden. „Die Belastungen nehmen weiter zu, aber die Regenerationszeiten werden immer kürzer", führte Feist aus. Deshalb fordere man eine Arbeitszeitreduzierung für alle um eine Stunde pro Woche.

Die vom Unternehmen getroffene Entscheidung, für alle Schichtarbeiter drei Tage zusätzlichen Urlaub zu gewähren, sei eine Ausweitung auf 800 Mitarbeiter, knapp 2.000 gingen leer aus. Dabei habe nicht nur beim „Cyber Event" im Dezember und nach der Verpuffung in der Produktion die Belegschaft Identifikation und Einsatzbereitschaft bewiesen und dass auf sie Verlass ist. „Sie hat es verdient, fair am Unternehmenserfolg beteiligt zu werden", sagte Harald Feist.

Ihre Solidarität mit den Beschäftigten bekundeten auf dem Podium Petra Keune-Wirtz als stellvertretende Konzernbetriebsratsvorsitzende Atos, Hartmut Kahmann für den DGB-Kreisverband Holzminden und Jürgen Hesse für den Verdi-Ortsverein Holz-

minden („Es kann nicht sein, dass sich unternehmerischer Erfolg nur in den Taschen der Aktionäre widerspiegelt").

Solidarische Grüße überbrachten persönlich der SPD-Bundestagsabgeordnete Johannes Schraps und Christian Meyer, Landtagsabgeordneter der Grünen aus Holzminden. „Ihr habt dafür gesorgt, dass Umsatz und Gewinn gesteigert wurden. Ihr habt ordentliche Löhne verdient", wandte sich Johannes Schraps an die Menge und erntete Jubel. „Ein Extravertrag muss die Ausnahme sein. Sie haben zehn Jahre verzichtet", sagte Meyer. Es müsse selbstverständlich sein, Tarifverträge abzuschließen. Symrise müsse die Mitarbeiter stärker mitnehmen. An Dr. Bertram richtete er den Appell: „Gehen Sie an den Verhandlungstisch zurück."

MdL Uwe Schünemann hatte eine Teilnahme mit dem Verweis auf die Tarifautonomie abgelehnt. Sabine Tippelt MdL übermittelte Grüße aus dem Urlaub. MdL Hermann Grupe habe sich, laut Peter Winkelmann, nicht zurückgemeldet.

Ralf Becker, Landesbezirksleiter Nord der IG BCE.

Symrise-Betriebsratsvorsitzender Harald Feist.

„Interne Mitteilung zur aktuellen tarifpolitischen Situation bei Symrise"

In einer „Internen Mitteilung zur aktuellen tarifpolitischen Situation bei Symrise", die dem TAH vorliegt, hatten sich am Freitag der Vorstandsvorsitzende Bertram und die Konzernpersonalleiterin Dürbaum an die Mitarbeiter gewandt. Darin weisen sie den Vorwurf der Tarifflucht und Argumente der Gewerkschaft zurück und erklären ihre Bereitschaft zu Gesprächen für den Abschluss eines Haustarifvertrages. „Wir werden die Mitarbeiter weiter angemessen am Erfolg beteiligen, und wir wollen für gute und sichere Arbeitsplätze eintreten", heißt es da.

„Um nach monatelangen, erfolglosen Gesprächen mit der Gewerkschaft noch für dieses Jahr zu einem greifbaren Ergebnis zu kommen", wolle man die Löhne und Gehälter ab Juli dieses Jahres für alle Mitarbeiter um zwei Prozent anheben und zusätzlich einen

Coronabonus von 500 Euro und eine Erfolgsbeteiligung ausschütten. Zusätzlich sollten Schichtarbeiter ab 2022 drei Tage mehr Urlaub erhalten. Der Wert dieses Gesamtpaketes betrage vier Prozent. „Wir sind davon überzeugt, dass wir unsere Mitarbeiter damit angemessen am Erfolg des Unternehmens beteiligen", schreiben Heinz-Jürgen Bertram und Katharina Dürbaum.

Symrise sei nie im Flächentarif der Chemie gewesen, deshalb könne von Tarifflucht nicht die Rede sein. Die traditionelle Chemie spiele im Konzern nur noch eine „untergeordnete Rolle", deshalb sei Symrise auch aus dem Interessenverband VCI ausgetreten. Man sei gleichwohl bereit, die Rahmenbedingungen anzupassen" und werde sich „weiterhin am Abschluss der Chemieverhandlungen orientieren". (spe)

Die Redner, von links: Hartmut Kahmann, Jürgen Hesse, Christian Meyer, Ralf Becker, Johannes Schraps, Peter Winkelmann, Petra Keune-Wirtz, Harald Feist.

FOTOS: SPE

Festival der Blasmusik open air

CORVEY (spe). Das „Festival der Blasmusik" fand erstmals an zwei Tagen und open air im Corveyer Schlossgarten statt. ▶ SEITE: 13

Marktsommer mit junger Verstärkung

HOLZMINDEN (spe). Die „Waseland Gang" bekam bei ihrem Marktsommer-Konzert Unterstützung von zwei jungen Geigerinnen. ▶ SEITE: 12

Fast 500 kommen zu Symrise-Tarifkundgebung

HOLZMINDEN (spe). An die 500 Teilnehmer hatte die Kundgebung unter dem Motto „Symrise: Rein in den DAX und raus aus dem Tarif?" am Sonnabend in Holzminden. Aufgerufen und eingeladen in die Fußgängerzone Obere Straße hatte die Gewerkschaft IG BCE. Die Forderung an die Symrise-Führungsetage lautete unmissverständlich, zu den Verhandlungstisch zurückzukehren. Symrise hatte das Scheitern der Tarifverhandlungen erklärt und neue Tarifbedingungen einseitig festgelegt. Das einseitige Gewerkschaft und Betriebsrat nicht bieten lassen. Insbesondere Hauptredner Ralf Becker, Landesbezirksleiter Nord der IG BCE, ging mit dem Vorstandsvorsitzenden Dr. Bertram hart ins Gericht. Auch Arbeitsniederlegungen wurden angedroht. ▶ SEITE: 11

Am Montag, 23. August 2021, berichtete der Tägliche Anzeiger Holzminden über die von der IG BCE organisierte Protest-Kundgebung von Symrise-Mitarbeitern.

2003 – 2024

in der Fußgängerzone Holzminden aufgerufen. Anlass war der Abbruch von Tarifverhandlungen durch die Unternehmensleitung. Angesichts der steigenden Unternehmensgewinne und des angepeilten Aufstiegs der Symrise-Aktie in den DAX hatte die IG BCE den 2009 ausgehandelten Standortsicherungsvertrag gekündigt, um die Beschäftigten am Erfolg des Unternehmens zu beteiligen. Ziel war es, die Wochenarbeitszeit von 40 Stunden wieder zu reduzieren und die Löhne dem Flächentarifvertrag anzupassen. 500 Teilnehmer an der Demonstration zeigten, dass die Gewerkschaft auf eine breite Unterstützung durch die Beschäftigten setzen konnte. Das Ziel der Wiederaufnahme von Verhandlungen wurde erreicht, man einigte sich auf einen neuen Haustarifvertrag mit einer Vielzahl von Verbesserungen für die Beschäftigten. Nur bei der Wochenarbeitszeit blieb die Unternehmensführung hart: nach wie vor gilt bei Symrise die 40-Stunden-Woche. Angesichts einer EBIT-Marge von knapp unter oder über 20% und Dividendenerhöhungen für die Aktionäre ist es für viele Beschäftigte von Symrise nach wie vor unverständlich, dass sie nicht stärker am Gewinn beteiligt werden.

Diesem Argument entgegnet Dr. Heinz-Jürgen Bertram, dass die Realität an der Börse anerkannt werden müsse. Wenn das Unternehmen an Börsenwert verliere, bestehe die Gefahr einer Übernahme durch einen Mitbewerber.

Darstellung der Symrise-Geschäftsbereiche 2006 (oben), 2023 (unten)

2021 – Symrise steigt in den Dax auf und wächst weiter

Zum 20. September 2021 wurde die Symrise AG in den deutschen Leitindex DAX aufgenommen. Durch weitere Zukäufe in den Bereichen Lebensmittel und Tierfutter wuchs das Unternehmen weiter: 2021 konnte ein Umsatz von 3,8 Mrd. € erzielt werden. Gleichzeitig wurde das operative Geschäft neu strukturiert und in zwei Segmenten organisiert: *Taste, Nutrition & Health* sowie *Scent & Care*. Im Vergleich zur Vergangenheit, als ausschließlich Geschmackstoffe hergestellt wurden, liefert Symrise neben Aromen nun auch Nahrungsergänzungsmittel sowie Tierfutter. Im Duftbereich wurde das Portfolio dahingehend erweitert, dass Symrise nicht nur Parfüme, sondern auch Inhaltsstoffe für Körperpflegeprodukte herstellt. Im März 2022 verstärkte Symrise auch das Feinparfümerie-Geschäft durch zwei weitere Zukäufe. Zudem stieg Symrise bei zwei bedeutenden Biotechnologie-Unternehmen ein. Ende des Jahres erreichte Symrise mit nun mehr als 12.000 Mitarbeitern einen Umsatz von 4,6 Mrd. €.

Taste, Nutrition & Health				Scent & Care		
Food & Beverage	Pet Food	Aqua Feed	Probi*	Fragrance	Cosmetic Ingredients	Aroma Molecules
Beverages	Pet Food Palatability	Aqua Feed Palatability	Probiotics	Fine Fragrances	Actives & Botanicals	Fragrance Ingredients
Sweet	Pet Nutrition			Consumer Fragrances	Sun Protection, Functionals & Colors	Menthol
Savory	Pet Food Protection			Oral Care	Micro Protection	
Naturals	Veterinary					

Forschung und Patentschutz

Mit etwa 2000 Mitarbeitern ist der Forschungs- und Entwicklungsbereich des Unternehmens Symrise im Vergleich zu anderen Branchen sehr stark ausgebaut; hier liegt seit jeher das eigentliche Kapital des Unternehmens.

Dies wird auch belegt durch die Vielzahl von Patenten, die alljährlich von Symrise angemeldet werden. Üblicherweis liegt das jährliche Anmeldevolumen von Symrise bei ca. 30 bis 70 Erstanmeldungen pro Jahr. 2024 hatte Symrise weltweit insgesamt 4817 Patente bzw. Patentanmeldungen. Dabei beziehen sich meist mehrere Patente bzw. Patentanmeldungen in verschiedenen Ländern auf jeweils eine Erfindung. Insgesamt sind 825 Erfindungen von Symrise patentrechtlich geschützt.

Im Gegensatz zu früher müssen Patente aber nicht mehr für einzelne Länder angemeldet werden. Dazu schreibt Dr. Sven Siegel, Director Global Intellectual Property: „Während man früher Schutz in sehr wenigen Ländern hatte, meldet man heute Patente in vielen Regionen an, insbesondere in Europa, Nord- und Südamerika sowie in Asien. Innerhalb Europas haben Anmeldestrategien über das Europäische Patentamt eine hohe Bedeutung erlangt, diese werden von uns zu fast 100% genutzt." Die Zahl der Personen, die mögliche Patentverletzungen überwachen, schätzt Siegel auf „einige hundert, wenn nicht gar tausende" – Mitarbeiter vieler Abteilungen würden diesbezüglich ständig Augen und Ohren offenhalten.

Parfumentwicklung mit künstlicher Intelligenz

2018 gibt Symrise bekannt, dass man gemeinsam mit IBM Research eine Methode entwickelt habe (Projektname „Philyra"), mit Hilfe künstlicher Intelligenz Parfüms auf Basis digitaler Duftmodelle zu kreieren. In der Pressemitteilung des Konzerns heißt es dazu:

„Die Parfümerie als Kunst besitzt eine lange Tradition und seit mehreren hundert Jahren nutzen wir diesen Erfahrungs-Schatz. Ende des 19. Jahrhunderts revolutionierten dann die synthetischen Duftstoffe unsere Branche. Mit der künstlichen Intelligenz überschreiten wir jetzt die nächste Schwelle. Ich bin stolz darauf, daran mitzuwirken, so der New Yorker Parfümeur David Apel."

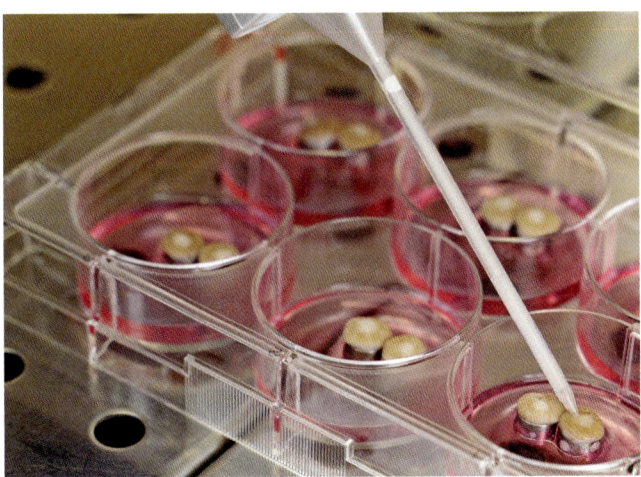

Die Fotos auf dieser Seite stammen aus der Symrise-Bilddatenbank und zeigen Impressionen aus Forschung und Entwicklung im Unternehmen.

2003 – 2024

Symrise in Holzminden, unten: Werk
Weser, oben Werk Solling

Fotos (oben und nächste Seite oben)
aus der Bilddatenbank des Unternehmens zeigen Symrise-Mitarbeiter aus
unterschiedlichen Ländern und Unternehmensbereichen.

2023 – Aktuelle Situation des Unternehmens Symrise

Im Vergleich zur Vergangenheit entwickelte sich das Unternehmen Symrise in den
2020er Jahren sehr dynamisch. Deshalb kann die folgende Aufstellung nur eine
Momentaufnahme darstellen:

Insgesamt bietet das Unternehmen rund 30.000 Produkte an, für die es aus mehr
als 100 Ländern rund 10.000 Rohstoffe bezieht. Seine über 6.000 Kunden in mehr
als 150 Ländern kommen vor allem aus der Parfüm-, Kosmetik-, Lebensmit-
tel- und Getränkebranche sowie der pharmazeutischen Industrie. Auch Hersteller
von Nahrungsergänzungsmitteln und von Heimtiernahrung zählen dazu. Am globalen Markt für Duftstoffe und Aromen hält das Unternehmen einen Anteil von 10
Prozent. Es belegt damit gleich hinter Givaudan den vierten Platz.

Firmensitz und nach wie vor größter Standort der Symrise AG ist Holzminden. Die
dortigen Mitarbeiter sind in den Bereichen Forschung, Entwicklung, Produktion,
Marketing und Vertrieb tätig sowie im Corporate Center tätig.

Regionale Hauptsitze unterhält das Unternehmen in den USA (Teterboro, New
Jersey), Brasilien (São Paulo), Singapur und Frankreich (Rennes). Wichtige Produktionsanlagen befinden sich in Deutschland, Frankreich, Brasilien, Mexiko, Singapur, China und den USA. Darüber hinaus gibt es Vertriebsniederlassungen in
über 40 Ländern.

Das Unternehmen Symrise engagiert sich vor allem in den Bereichen Nachhaltigkeit und Forschung.

Beschäftigte bei Symrise

Zum 31. Dezember 2023 beschäftigte Symrise weltweit 12.435 Mitarbeiter und darüber hinaus 221 Auszubildende und Trainees. Die größte Gruppe (etwa 6.000) ist im Bereich Produktion & Technologie tätig, 2.600 Mitarbeiter im Vertrieb & Marketing und fast 2.000 Angestellte im Bereich Forschung & Entwicklung. Etwa 3.000 Mitarbeiter arbeiten an Standorten in Deutschland, ca. 6.000 in der gesamten Region EMEA (Europa-Arabien-Afrika). Auf Lateinamerika entfallen etwa 2.000 Angestellte der Konzernbelegschaft und auf die Regionen Asien/Pazifik sowie Nordamerika rund 2.000 beziehungsweise 2.400 Mitarbeiter. Aufgegliedert nach Unternehmensbereichen sind dreieinhalbtausend Beschäftigte im Segment Scent & Care tätig, mehr als siebentausend Mitarbeiter im Bereich Taste, Nutrition & Health. 1.626 Mitarbeiter nehmen konzernübergreifende Tätigkeiten wahr.

Nachhaltigkeitbestrebungen

Als wesentliche Unternehmenszweck heißt es bei Symrise: *„Wir entwickeln nachhaltige, sichere und maßgeschneiderte Produkte, die für Lebensqualität, für Schönheit und Wohlbefinden sorgen. Wir wissen um unsere Verantwortung für eine zukunftsgerichtete Welt."* Zur transparenten Nachhaltigkeitsberichterstattung gibt Symrise an, dass das Unternehmen als aktives Mitglied des Global Compacts sowohl von deren universelle Prinzipien für eine verantwortungsvolle Unternehmensführung als auch die nachhaltigen Entwicklungsziele der Vereinten Nationen – die Sustainable Development Goals (SDGs) geleitet werde. Alle Informationen würden einer externen Prüfung unterzogen und dokumentiert: *„Mit unserer Nachhaltigkeitsberichterstattung erfüllen wir die Richtlinien der Global Reporting Initiative (GRI) in der Fassung der „GRI Standards" (2021) inklusive aller Updates der vergangenen Jahre."*

2023 ist Symrise folgenden folgenden neuen Initiativen, Commitments und partnerschaftlichen Allianzen beigerteten bzw. hat die entsprechenden Erklärungen unterzeichnet: „Renewable Carbon Initiative", „Low Carbon Transition Project" sowie „ProSpecieRara".

Sensoria – das Haus der Düfte und Aromen

Im September 2024 – 150 Jahre nach der Gründung von Wilhelm Haarmanns Vanillinfabrik wird in Holzminden „Sensoria – Haus der Düfte und Aromen" eröffnet. Direkt an der Weserbrücke gelegen, begrüßt das architektonisch anspruchsvolle Gebäude die Besucher der Stadt.

Sensoria zeigt die faszinierende Welt der Düfte und Aromen in unterschiedlichen Themenbereichen. Die Besucher sind aufgefordert, durch Zeit und Raum zu wandeln und können mehr zu geschichtlichen und wissenschaftlichen Hintergründen erfahren. „Sensoria" macht die oftmals überraschende Bedeutung der Sinne im Alltag erlebbar.

Im jährlichen Unternehmensbericht dokumentiert Symrise auch die in den vergangenen Jahren mehrfach ausgezeichnete Nachhaltigkeits-Strategie des Unternehmens.

Resümee und Ausblick

Im Laufe seiner Geschichte hat sich der Holzmindener Konzern von einem Hersteller chemischer oder naturidentischer Duft- und Geschmacksstoffe zu einem Produzenten komplexer – möglichst natürlicher – Zusatzstoffe in den Bereichen Ernährung und Gesundheit entwickelt.

Diese Entwicklung entspricht den Ambitionen von Wilhelm Haarmann, der 1874 den Grundstock für das Unternehmen legte. Haarmann war immer auf der Suche nach Innovationen, neuen Produkten und neuen Märkten. Die zusammen mit Ferdinand Tiemann geführten Kämpfe um Patentrechte zeigten schon im 19. Jahrhundert, wie wichtig Forschung und Entwicklung dem Holzmindener Unternehmen je waren.

Das von Wilhelm Haarmann vor 150 Jahren erstmals künstlich nachgebildete Vanillin ist mit einer Produktionsmenge von heute schätzungsweise 15.000 Tonnen im Jahr der weltweit wichtigste Aromastoff. Vanillin wird immer noch aus den Grundstoffen Eugenol und Guajokol hergestellt. Allerdings ist für Eugenol ein mikrobiologisches Verfahren entwickelt worden. Dieses Vanillin gilt ebenso wie das aus Ferulasäure hergestellte Vanillin als natürliches Aroma. Guajokol und vor allem Lignin, das in Holz vorkommt und vor allem bei der Papierproduktion anfällt, sind die Ausgangsstoffe für die synthetische Vanillinherstellung.

Symrise engagiert sich heute für den nachhaltigen Anbau natürlicher Vanille auf Madagaskar und die Produktion natürlichen Vanillearomas. Denn inzwischen hat man erkannt, dass das natürliche Vanillearoma – entgegen der Behauptung von Wilhelm Haarmann und Ferdinand Tiemann – nicht allein auf dem in der Vanille zu etwa zwei Prozent enthaltenen Vanillin beruht, sondern durch das Zusammenwirken einer Vielzahl weiterer Stoffe entsteht. Man muss Haarmann und Tiemann zugute halten, dass die Analysetechniken im 19. Jahrhundert nicht annähernd in der Lage waren, diesen Reichtum an Aromastoffen zu entdecken.

Zwiebelfeld im Weserbergland

Nach 150 Jahren technischen Fortschritts hat man erkannt, dass man einerseits von der Natur lernen und andererseits im Einklang mit der Natur wirtschaften muss. Die ambitionierten Nachhaltigkeitsziele und die Rückwärtsintegration von auch landwirtschaftlichen Produktionsprozessen sind Faktoren, mit denen Symrise den Herausforderungen von Gegenwart und Zukunft begegnen will. Heute würde man zwar keinen Lavendel mehr am Burgberg anbauen – stattdessen engagiert sich Symrise heute in Frankreich beim Anbau von Duftpflanzen, in Ecuador werden Bio-Bananen für Babybrei kultiviert, aus dem Nordosten Brasiliens stammen die Acerola-Kirschen, aus Madagascar die natürliche Vanille, aus denen Symrise das erste Fairtrade-Acerolapulver auf den Markt gebracht hat, und auf den Feldern im Weserbergland werden heute großflächig Zwiebeln für die Weiterverarbeitung im Unternehmen angebaut.

Im Gegensatz zu früher, konzentriert sich das Holzmindener Unternehmen heute auf das Aroma natürlicher Vanille und engagiert sich beim Anbau und der Verarbeitung von Vanille auf Madagaskar.

Anhang

Literatur und Quellen

Verwendete Literatur und Literaturempfehlungen

Becker, Dörte: „Vanillin – seit 150 Jahren ein Aroma der Zukunft der Lebensmittelindustrie", Rheinisch-westfälische Zeitschrift für Volkskunde, 53. Jg., Bonn und Münster 2008, S. 235-260

Coordination gegen BAYER-Gefahren (Hrsg.): IG Farben – Von Anilin bis Zwangsarbeit – Zur Geschichte von BASF, BAYER, Hoechst und anderen deutschen Chemie-Konzernen, Stuttgart, 1995

Gennermann, Paulina S.: Eine Geschichte mit Geschmack – Die Natur synthetischer Aromastoffe im 20. Jahrhundert am Beispiel Vanillin, Oldenburg 2023

Gerberding, Carl-Heinz: Erfüllte Jahre – Private Aufzeichnungen aus 65 Jahren, 1922 – 1987, Holzminden, 1991

Grimm, Hans-Ulrich: Die Suppe lügt – Die schöne neue Welt des Essens, München, 2014

Haarmann und Reimer GmbH: Das H&R Buch Parfum – Aspektes des Duftes, Geschichte, Herkunft, Entwicklung. Lexikon der Duftbausteine., Hamburg, 1991

Haarmann & Reimer GmbH (Hrsg.): Geruch und Geschmack – Ein Einblick in Tätigkeiten und Aufgaben eines Unternehmens der Riechstoff- und Geschmackstoffindustrie, Holzminden, 1974

Haarmann und Reimer GmbH: H-&-R-Duftatlas – Damen-Noten, Herren-Noten – Duftlandschaft des internationalen Marktes, Hamburg, 2. Aufl. 1991

Haarmann und Reimer GmbH: H-&-R-Duftatlas – Herren-Noten – Duftlandschaft des internationalen Marktes, Hamburg, 1985

Klammt, Karlheinz: „DRAGOCO – ein globalers Familienunternehmen in Altendorf", Altendorf – Erinnerungen und Geschichten, Holzminden, 2008, S. 277-283

Koch, Hans-Werner: „Haarmann & Reimer", Altendorf – Erinnerungen und Geschichten, Holzminden, 2008, S. 271-277

Kretschmer, Paul: Die Weser-Solling-Stadt Holzminden – wie sie wurde, was sie ist, Holzminden, 1981

Krueger, Thomas: Arbeit, Holz und Porzellan – Carl I. und die Wirtschaftspolitik im 18. Jahrhundert – Der Weserdistrict –, Holzminden, 2013

Kuhse, Björn: Wilhelm Haarmann auf den Spuren der Vanille / Forscher, Unternehmer und Pionier der Riechstoffe, Holzminden, 2012

Müller-Grünow, Robert: Die Geheime Macht der Düfte – Warum wir unserem Geruchssinn mehr vertrauen sollten, Hamburg, 2018

Piech, Roland: Wiege einer Industrie – Düfte und Aromen aus Mitteldeutschland, Leipzig, 2022

Preußen, Wilhelm Karl Prinz von: „65 Jahre DRAGOCO", Jahrbuch für den Landkreis Holzminden 1984, Bd 2, S. 98-103.

Schwedt, Georg: Am Anfang war das Vanillin: Die Väter der Aromen-Industrie in Holzminden, Norderstedt, 2017

Seeliger, Matthias (Hrsg.): Holzminden im Aufbau – Luftaufnahmen aus dem Jahr 1956, Holzminden, 2005

Stanzl, Klaus: „Die Industrie der Riechstoffe im 19. Jahrhundert", Mitteilungen der Fachgruppe Geschichte der Chemie 26, 2020, S. 142—167

Vaupel, Elisabeth: (Hrsg.): Ersatzstoffe im Zeitalter der Weltkriege – Geschichte, Bedeutung, Perspektiven, München 2021

Vaupel, Elisabeth: Ersatzgewürze (1916–1948) – Der Chemie-Nobelpreisträger Hermann Staudinger und der Kunstpfeffer, Technikgeschichte Bd. 78 (2011) 2, S. 91-122

Vaupel, Elisabeth: „Ersatz für die Naturvanille –Rezeption und rechtliche Behandlung der Aromastoffe Vanillin und Ethylvanillin in Deutschland (1874–2011). In: Ferrum 89 (2017), S. 44–55.

Vogelmann, Margot: „Wilhelm Haarmann und seine Zeit", Jahrbuch für den Landkreis Holzminden 1986, Bd 4, S. 58-99.

Manuskripte

Collin, Gerhard: Die Geschichte der Dragoco, maschinenschriftlich, Holzminden o.J.

Grohs, Wolfram: Auf den Spuren der Familien Haarmann in der weiteren Region Holzminden – ein Beitrag zur Stadtgeschichte in lexikalischer Form, Holzminden 2014

Archive, Sammlungen und weitere Quellen

Firmen-Archiv Symrise

Archiv des Betriebsrates von Symrise

Stadtarchiv Holzminden | Regionalarchiv

Bundesarchiv - Akten Vanillin-Konvention

Sammlung Gerberding

Abschrift der ‚Haus-Chronik' der Familie Wilhelm Haarmann, Höxter

Geschäftsberichte und Firmenschriften
    Haarmann & Reimer
    Dragoco
    Symrise
    Th. Geyer

Diverse Ausgaben der Firmenzeitschriften:
    Berichte von Schimmel & Co
    Dragoco Berichte
    dragoco report,
    H&R Contact,
    Team Spirit, Symrise

Internetquellen:

Für die Recherche zu diesem Buch wurden unter anderem öffentlich zugängliche Online-Enzyklopädien und Informationsplattformen herangezogen, die durch ihre umfassenden Inhalte eine wertvolle Grundlage für eine grundsätzliche Orientierung im Bereich der Chemie- und Wirtschaftsgeschichte bildeten.

https://zeitpunkt.nrw/ – Zeitungsportal NRW
Das vom Land NRW geförderte Projekt digitalisiert Lokalzeitungen aus NRW im Zeitraum von 1801-1945.

Bildnachweis:

Bundesarchiv: 59 (2), 70,

Firmenarchiv Symrise: 11, 14, 15 (3), 20 (3), 23, 24, 25, 30, 32 (8), 33 (4), 34 u., 35, 36 (2), 37 re. (3), 38, 39 u., 40 (2), 41 o., 42 (3), 43 (3), 44 o., 45 (2), 46 (2), 47 (2), 48, 49 (2), 53 (2), 56 (2), 57 (3), 60 (2), 62 o., u., 63 re., 64, 65 o., 67, 68 (2), 69 u., 77, 78, 80, 81, 84, 87, 88, 90, 93 o., 94 (3), 96 (2), 97 o., 98 (2), 99 (5), 100 (3), 101 (5), 100 o., 107 u. (2), 109 (3), 110 (4), 111 (2), 112 (3), 113 (3), 114 u. (3), 116 o., 117 (4), 118 (2), 119 (2), 120, 121 (2), 122 (2), 124 (2), 127 o., 128 u., 130 (2), 131, 132 o., 133, 145, 159 (2)

Bilddatenbank Symrise: 141 (2), 142, 144, 151 (4), 152 (2), 153 o. (2), 155

Historische Unterlagen Betriebsrat Symrise: 16, 17, 21 (2), 22, 54, 55, 63 o., 69 (2), 71, 72 (2), 73, 74, 75, 76 u., 85 (2), 86 (2), 91, 92,

Nds. Staatsarchiv Wolfenbüttel: 18 o. (STAWO K 14739)

Stadtarchiv Holzminden: 10 (2), 12 o., 18 u., 27, 42 li., 52, 58 (3), 61, 65 (3), 66 (4), 76 o., 79, 89 (2), 95 (4), 97 (2), 98 o., 100 (2), 106 (2), 107 (2), 114 o. (2), 115 (2), 116 u., 126 (2),

Stadtarchiv Höxter: 34

Sammlung Gerberding: 96 o., 108 (2), 112 u., 115 u., 128 o., 129 (2), 132 u.,

Sammlung Stefan Nowak: 103 (3)

Jörg Mitzkat: 12 u.,147 (3), 153 re. (2), 154 u.,

Sammlung Verlag Jörg Mitzkat: 19, 26, 41 u., 44 u., 62 mi., 93 u., 123 (2), 125 (2), 127 u., 137, 146, 148, 150, 154 o.,

Täglicher Anzeiger Holzminden: 143, 149

Wikipedia: 13, 20 o., 31, 49 re.,

zeitpunkt nrw: 23 re., 31, 37 u., 39 o.,

Dank für Unterstützung, wichtige Hinweise
und weitergehende Informationen:

Elisabeth Belik

Wolfgang Bellmer

Dr. Heinz-Jürgen Bertram

Cristof Bode

Harald Feist

Horst-Otto Gerberding

Dr. Wolfram Grohs

Karl-Heinz Huchthausen

Bernhard Kott

Julian Kühn

Stefan Nowak

Dominik Rzepka

Dr. Christoph Sandforth

Dr. Wolfgang Schäfer

Caroline Schütte

Dr. Matthias Seeliger

Dr. Sven Siegel

Blick über das Betriebsgelände von Haarmann & Reimer über Holzminden in Richtung Köterberg, 1960er Jahre

Blick aus dem Hauptgebäude von Dragoco über Holzminden in Richtung Köterberg, 1950er Jahre

Kann Frische zärtlich sein?

Zwischen einer erfolgreichen und einer weniger erfolgreichen Lösung liegen oft nur Nuancen.

Wir wissen das und gehen deshalb auf Nummer sicher: Wir experimentieren. Zum Beispiel mit dem Thema Frische. In allen Variationen. Bis in die zärtlichste Nuance. Wir glauben nämlich, daß neben Zeit und Geld vor allem das Gefühl für Nuancen bei dem Erfolg einer Duftnote

mitentscheidet. Gefühl für Nuancen kennzeichnet die Arbeit in unseren Parfümerie- und Forschungslaboratorien. Und die produktnahe Zusammenarbeit mit unseren Kunden. Sprechen Sie mit uns. Sie werden es spüren.

DRAGOCO
Wir haben mehr Zeit für Ihre Probleme.

Dragoco Werbung, 1970er
Dragoco advertising, 1970s

Haarmann & Reimer Werbung, 1970
Haarmann & Reimer advertising, 1970

Dragoco Kantine mit *Tante Mieze*, 1950er
Dragoco canteen with *Aunt Mieze*, 1950s